Das Leben

Deutsch als Fremdsprache

Kurs- und Übungsbuch

B1.1

Christina Kuhn
Hermann Funk
Rita von Eggeling
Gunther Weimann

 Alle **Zusatzmaterialien** online verfügbar unter cornelsen.de/webcodes **Code: qofupu**

 Dieses Buch als E-Book nutzen:
Use this book as an e-book:
mein.cornelsen.de
((individueller Code)) m9an-tk-mhks

Cornelsen

IMPRESSUM

Deutsch als Fremdsprache
Kurs- und Übungsbuch B1.1

Herausgegeben von Hermann Funk und Christina Kuhn
Im Auftrag des Verlages erarbeitet von Christina Kuhn, Rita von Eggeling, Gunther Weimann sowie Laura Nielsen

Übungen: Marie-Luise Funk, Theresa-Cecilia Krinke, Miriam Tornero Pérez, Rita von Eggeling, Gunther Weimann
Interaktive Übungen: Rita von Eggeling
Grammatik im Überblick: Hermann Funk

Beratende Mitwirkung: Alvaro Camú, Goethe-Institut Chile; Geraldo Carvalho und das Team des Werther-Instituts, Brasilien; Nicole Hawner, Goethe-Institut Nancy; Anja Häusler, Ruhr-Universität Bochum; Wai Meng Chan, National University of Singapore; Cihan Yavuzyilmaz, Goethe-Institut Istanbul

In Zusammenarbeit mit der Redaktion: Dagmar Garve, Meike Wilken, Karin Wagenblatt, Alessandra Frattin
Bildredaktion: Katharina Hoppe-Brill
Redaktionsleitung: Gertrud Deutz

Umschlaggestaltung: Rosendahl Berlin, Agentur für Markendesign
Umschlagfoto: Daniel Meyer, Hamburg

Layoutkonzept: Rosendahl Berlin, Agentur für Markendesign
Technische Umsetzung: Klein & Halm Grafikdesign, Berlin
Illustrationen: Christoph Grundmann, Peter Kast, Ing.-Büro für Kartographie, Wismar (S. 60/61)

Audios: Clarity Studio, Berlin
Videos: Gunnar Rossow Cinematography, Berlin

Soweit in diesem Lehrwerk Personen fotografisch abgebildet sind und ihnen von der Redaktion fiktive Namen, Berufe, Dialoge und Ähnliches zugeordnet oder diese Personen in bestimmte Kontexte gesetzt werden, dienen diese Zuordnungen und Darstellungen ausschließlich der Veranschaulichung und dem besseren Verständnis des Inhalts.

www.cornelsen.de

Die Webseiten Dritter, deren Internetadressen in diesem Lehrwerk angegeben sind, wurden teilweise von Cornelsen mit fiktiven Inhalten zur Veranschaulichung und/oder Illustration von Aufgabenstellungen und Inhalten erstellt. Alle anderen Webseiten wurden vor Drucklegung sorgfältig geprüft. Der Verlag übernimmt keine Gewähr für die Aktualität und den Inhalt dieser Seiten oder solcher, die mit ihnen verlinkt sind.

1. Auflage, 1. Druck 2022

© 2022 Cornelsen Verlag GmbH, Berlin
Das Werk und seine Teile sind urheberrechtlich geschützt. Jede Nutzung in anderen als den gesetzlich zugelassenen Fällen bedarf der vorherigen schriftlichen Einwilligung des Verlages. Hinweis zu §§ 60 a, 60 b UrhG: Weder das Werk noch seine Teile dürfen ohne eine solche Einwilligung an Schulen oder in Unterrichts- und Lehrmedien (§ 60 b Abs. 3 UrhG) vervielfältigt, insbesondere kopiert oder eingescannt, verbreitet oder in ein Netzwerk eingestellt oder sonst öffentlich zugänglich gemacht oder wiedergegeben werden. Dies gilt auch für Intranets von Schulen.

Druck: AZ Druck und Datentechnik GmbH, Kempten

ISBN: 978-3-06-121970-3 (Kurs- und Übungsbuch)
ISBN: 978-3-06-121976-5 (E-Book)

VORWORT

Das Leben

Die selbstverständliche Art, Deutsch zu lernen

Liebe Deutschlernende, liebe Deutschlehrende,

das Lehrwerk **Das Leben** richtet sich an Erwachsene, die im In- und Ausland ohne Vorkenntnisse Deutsch lernen. Es führt in drei Gesamtbänden bzw. sechs Teilbänden zur Niveaustufe B1 und setzt die Anforderungen des erweiterten Gemeinsamen europäischen Referenzrahmens um.

Das Leben verbindet das Kurs- und Übungsbuch mit dem multimedialen Lehr- und Lernangebot in der PagePlayer-App. Alle Audios und Videos sowie die zusätzlichen Texte, erweiterten Aufgaben und interaktiven Übungen lassen sich auf dem Smartphone oder Tablet direkt abrufen.

Das Kurs- und Übungsbuch enthält 12 Einheiten und vier Plateaus. Jede Einheit besteht aus sechs Seiten für gemeinsames Lernen im Kurs und acht Seiten Übungen zum Wiederholen und Festigen – im Kurs oder zuhause. Zusätzliche interaktive Übungen über die PagePlayer App ermöglichen eine weitere Vertiefung des Gelernten.

Auf jede dritte Einheit folgt ein Plateau, das optional bearbeitet werden kann. Zu Beginn wird das Gelernte spielerisch wiederholt und erweitert. Eine zweite Doppelseite führt die Lernenden behutsam an Literatur heran. Darauf folgt die erfolgreiche Video-Novela „Nicos Weg" der Deutschen Welle, die die Lernenden mit abwechslungsreichen Aufgaben und Übungen begleitet.
Abschließend bereitet das Prüfungstraining auf das Goethe-Zertifikat B1 vor.

Der Wortschatz von **Das Leben** bezieht die Frequenzliste des DUDEN-Korpus mit ein und trainiert gezielt die häufigsten Wörter der deutschen Sprache.

Mit seinem großen Aufgaben- und Übungsangebot bereitet **Das Leben** optimal auf alle B1-Prüfungen vor.

Wir wünschen Ihnen viel Spaß und Erfolg beim Lernen und Lehren mit **Das Leben**!

Ihr Autor*innenteam

Blick ins Buch

Die Magazinseite

Im Kursbuch beginnt jede Einheit mit einer Magazinseite. Das Layout der Magazinseiten orientiert sich an den alltäglichen Sehgewohnheiten. Wiederkehrende Elemente ermöglichen einen klaren Überblick. Texte und Abbildungen geben einen authentischen Einblick in die Themen der Einheiten, motivieren zum entdeckenden Lernen und führen in Wortschatz und Strukturen ein. Audios 🔊, Videos ▶ und weitere Inhalte der PagePlayer-App → sind mit Symbolen gekennzeichnet (s. Übersicht unten). Die Inhalte können im Kursraum projiziert und/oder von den Lernenden auf Smartphones oder Tablets jederzeit abgerufen werden.

Das Kursbuch

In den Einheiten des Kursbuchs sind alle Aufgaben und Übungen in Sequenzen angeordnet. Sie bereiten die Lernenden Schritt für Schritt auf die Zielaufgaben ⚑ vor. Übungen zur Automatisierung und Phonetik trainieren sprachliche Flüssigkeit und Aussprache. Neu sind Aufgaben, die mit Hilfe der PagePlayer-App → erweitert werden. Sie unterstützen die Kursrauminteraktion oder ermöglichen Partnerarbeit. Die **ODER**-Aufgaben dienen der Differenzierung und bieten den Lernenden individuelle Wahlmöglichkeiten. Die Videoclips ▶ bieten einen authentischen Einblick in alltägliche Situationen. Die landeskundlichen Informationen sowie die Übungen zur Sprachmittlung und Mehrsprachigkeit regen zum Sprach- und Kulturvergleich an und aktivieren sinnvoll die Kenntnisse der Lernenden in allen vorgelernten Sprachen.

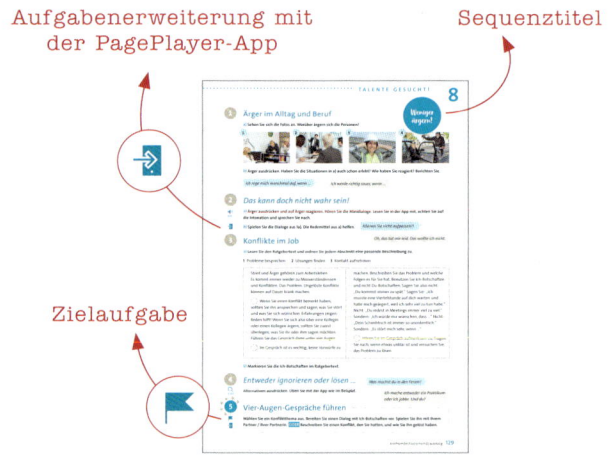

Das Übungsbuch

Der Übungsteil folgt in Inhalt und Aufbau den Sequenzen aus dem Kursbuch. Das Übungsangebot dient der selbstständigen Wiederholung und Vertiefung von Wortschatz und Strukturen. Hier steht den Lernenden analog und digital über die PagePlayer-App ein reichhaltiges Übungsangebot zur Verfügung. Neben Übungen zum Leseverstehen, zum angeleiteten Schreiben, zur Aussprache und zum Hörverstehen 🔊 trainieren die Lernenden im Videokaraoke ▶ das flüssige Sprechen als Teilnehmende an echten Dialogsituationen.

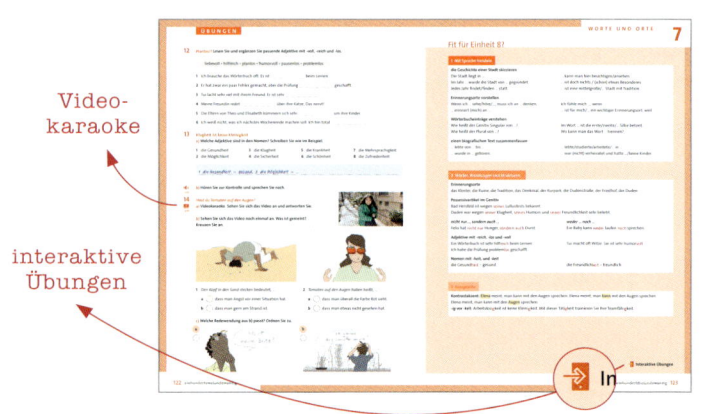

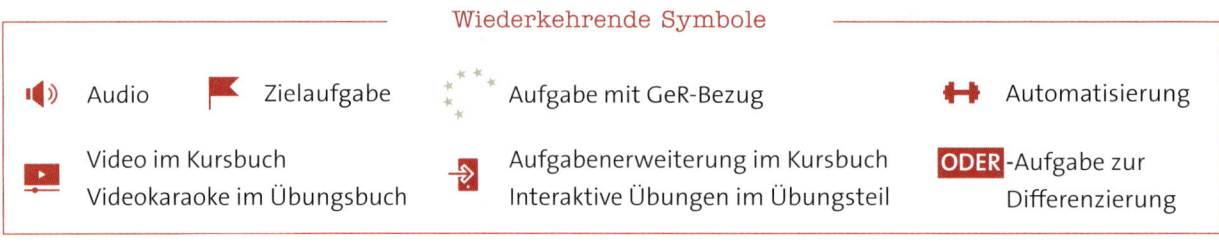

Die Plateaus

 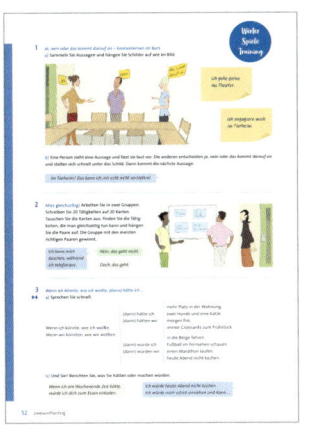  

Video-Novela „Nicos Weg" Wörter-Spiele-Training Literatur Prüfungstraining

Die vier Plateaus halten ein abwechslungsreiches Lernangebot bereit. Auf jeweils einer Doppelseite laden Aufgaben und Übungen zu „Nicos Weg", der Video-Novela zum Deutschlernen der Deutschen Welle, vertiefende Übungen und Spiele, literarische Texte sowie ein Prüfungstraining Goethe-Zertifikat B1 zum Ausprobieren der deutschen Sprache, zum Wiederholen und Weiterlernen ein.

Das Videokonzept

Video im Kursbuch Videokaraoke im Übungsbuch Video-Novela „Nicos Weg"

Videos im Kursbuch und Videokaraoke in allen Übungsbucheinheiten motivieren mit lebensnahen Situationen und visueller Unterstützung zum Deutschlernen. Die Begegnung mit Nico und seinen Freunden und Freundinnen in der Video-Novela „Nicos Weg" der Deutschen Welle bietet spannende Einblicke in den Alltag. Die Aufgaben und Übungen der Video-Doppelseite laden zum Mitmachen ein.

 Mit der PagePlayer-App, die Sie kostenlos in Ihrem App-Store herunterladen können, haben Sie die Möglichkeit, alle Audios, Videos und weitere Zusatzmaterialien auf Ihr Smartphone oder Tablet zu laden. So sind alle Inhalte überall und jederzeit offline griffbereit.

Alternativ finden Sie diese als Stream und/oder Download im Webcodeportal unter www.cornelsen.de/codes

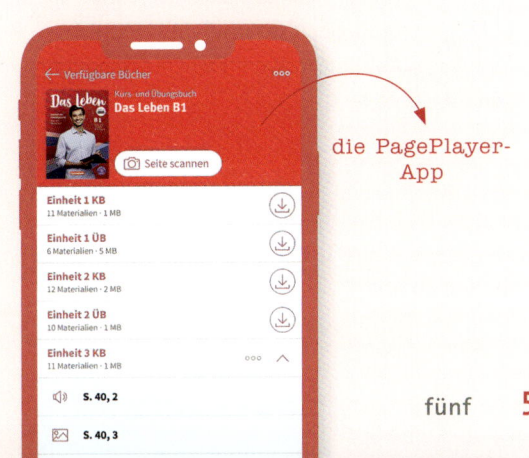

die PagePlayer-App

fünf 5

Inhalt

Bildung (er)leben S. 10

Sprachhandlungen: über Erasmus+ sprechen; Informationen zusammenfassen; um Hilfe/Rat bitten; jemanden beraten; höfliches Sprechen; Gespräche beginnen und in Gang halten

Themen und Texte: Magazinartikel; Erasmus+; Länder-Test; Studien- und Berufsberatung; interkulturelle Unterschiede; Partygespräche; Leserbrief

Wortfelder: Leben und Lernen in Europa; im Ausland arbeiten oder studieren; Studium und Universität

Grammatik: Konjunktiv II der Modalverben (*können, müssen, sollen*); graduierende Adverbien *sehr, ziemlich, besonders; irgendwo/-was/-wann/-wer*

Strategie: Notizen machen; Informationen zusammenfassen

Aussprache: höfliches Sprechen (Fragen, Bitten, Vorschläge)

Vorhang auf! S. 24

Sprachhandlungen: über Theaterberufe sprechen; sagen, wozu man (keine) Lust hat; Bedeutungen aushandeln; Regieanweisungen verstehen; erstaunt nachfragen; eine Szene aus „Tschick" spielen

Themen und Texte: Theatermagazin; Theaterberufe; Interview mit einer Dramaturgin; Romanauszug; Theaterstück

Wortfelder: Berufe am Theater; Kleidung und Verhalten im Theater; Bühnenbild

Grammatik: Infinitiv mit *zu*, Nebensätze mit *während*

Aussprache: Satzakzent und Satzmelodie

Miteinander – Füreinander S. 38

Sprachhandlungen: über Engagement und Ehrenamt sprechen; einen (Sport-)Verein vorstellen; Bedingungen und Wünsche nennen; eine Diskussion führen

Themen und Texte: Magazinartikel; Ehrenamt; Porträts; Fußballvereine; Bürgerinitiativen; Zeitungsartikel; Diskussion

Wortfelder: ehrenamtliche Tätigkeiten; Ehrungen; Sport; Bürgerinitiativen

Grammatik: Konjunktiv II (Präsens): *Wenn …, dann …;* Gründe nennen mit *deshalb, darum* und *deswegen*

Strategie: Texte knacken

Aussprache: Wortakzent in Komposita

Plateau 1 S. 52

4 Natur erleben S. 60

Sprachhandlungen: einen Reisebericht verstehen; eine Landschaft beschreiben; über Reisen sprechen; einen Text zusammenfassen, Unterkünfte bewerten

Themen und Texte: Magazinartikel; Porträt einer Landschaft; Urlaubsplanung; Anzeigen für Reiseunterkünfte; Bildbeschreibung

Wortfelder: Landschaften und Natur; Hotels und Unterkünfte; (nachhaltiges) Reisen

Grammatik: eingeschobene Relativsätze; Nebensätze mit *obwohl*

Strategien: Bewertungen schreiben

Aussprache: Konsonantenhäufungen

5 Hin und weg! S. 74

Sprachhandlungen: über Auswanderung und Leben im Ausland sprechen; zwischen Sprachen vermitteln; etwas mit Beispielen klarer machen; sagen, wo oder was Heimat ist

Themen und Texte: Magazinartikel; Briefe aus Amerika; Familiengeschichte(n); Ausstellungstipp; Lied „Heimat"

Wortfelder: Familie; Herkunft; Auswanderung; Geschichte; Heimat

Grammatik: nach Personen und Sachen fragen (*woran / an wen*); *während*, *wegen* und *trotz* + Genitiv; Adjektivendung im Genitiv Singular und Plural; *wo* und *was* als Relativpronomen

Strategie: zwischen mehreren Sprachen mitteln

Aussprache: Wörter mit *-tz*, *-ts*, *-s*

6 Weihnachten S. 88

Sprachhandlungen: über Weihnachten sprechen; eine Reihenfolge aushandeln; um Bestätigung bitten; Aussagen verstärken und abschwächen; Gegensätze ausdrücken; einen Kommentar schreiben

Themen und Texte: Magazinartikel; Weihnachtsmärkte; Weihnachtsvorbereitungen; Statistik Weihnachtsgeschenke; Zeitungskommentar „Kunst oder Kitsch"; Festtagslieder interkulturell

Wortfelder: Weihnachten; Gegensätze; Kunst und Kitsch

Grammatik: eine Reihenfolge aushandeln mit *bevor …*; *erst …, dann …*; Verben mit Dativ- und Akkusativergänzung; Diminutive

Aussprache: *-chen* und *-lein*

Strategie: einen Kommentar schreiben

Plateau 2 S. 102

Worte und Orte S.110

Sprachhandlungen: die Geschichte einer Stadt skizzieren; Erinnerungsorte vorstellen; Wörterbucheinträge verstehen; einen biografischen Text zusammenfassen; Bedeutung durch Kontrastakzente unterscheiden; mit Sprache spielen

Themen und Texte: Magazinartikel; Stadtführung; Wörterbucheinträge; Rechtschreibung früher und heute; Biografie; Umfrage; Ausstellungsbesuch; konkrete Poesie

Wortfelder: Stadtgeschichte; Sehenswürdigkeiten; biografische Angaben; Museum und Ausstellung

Grammatik: Possessivartikel und unbestimmter Artikel im Genitiv; Doppelkonjunktionen *weder ... noch*; *nicht nur ..., sondern auch*; Adjektive mit *-reich*, *-los*, *-voll*; Nomen mit *-keit* und *-heit*

Aussprache: Kontrastakzent; das *h*; das *-ig* vor *-keit*

Talente gesucht! S.124

Sprachhandlungen: über Erwartungen an eine Arbeitsstelle sprechen; Stellenanzeigen verstehen; ein Bewerbungsgespräch führen; ein Protokoll schreiben; Konflikte lösen

Themen und Texte: Berufsporträts; Interview; Stellenanzeigen; Bewerbungsgespräch; Teamsitzung; Ergebnisprotokoll; Ratgeber „Konflikte im Job"

Wortfelder: Berufe; Arbeitsmarkt; Stellenanzeigen; Bewerbung

Grammatik: Plusquamperfekt; Alternativen ausdrücken mit *entweder ... oder ...*

Strategie: ein Ergebnisprotokoll schreiben

Aussprache: emotionales Sprechen

Geht nicht? Gibt's nicht! S.138

Sprachhandlungen: über Inklusion sprechen; Konsequenzen nennen; Hilfe anbieten, annehmen oder ablehnen; Vorgänge beschreiben

Themen und Texte: Magazinartikel; Infotext; Inklusion; Zeitungsartikel; Radiobeitrag; Schulpodcast; Grafik; Präsentation; Experimente

Wortfelder: Inklusion; paralympische Disziplinen; Barrierefreiheit; Projekttage; Hören

Grammatik: Nebensätze mit *sodass*; Handlungen und Konsequenzen mit *je ..., desto ...*; Adjektive mit *-los* und *-frei*; unpersönliches Pronomen *man*

Aussprache: Wortakzent in Komposita

Plateau 3 S.152

INHALT

10 Wir lieben Kaffee! S. 160

Sprachhandlungen: über Kaffee und Cafés sprechen; über Nachhaltigkeit diskutieren; Wichtigkeit ausdrücken; etwas beschreiben; Umfragen und Interviews machen

Themen und Texte: Magazinartikel; Kaffee und Kaffeetrends; Umfrage; Blogartikel; Radiobeitrag; Zeitungsartikel

Wortfelder: Kaffee; Umwelt/Nachhaltigkeit; Selbstständigkeit im Beruf

Grammatik: Partizip II als Adjektiv; Relativpronomen im Genitiv; Gegensätze mit *trotzdem* ausdrücken

Strategien: Hörverstehen

Aussprache: das *g* und *k*

Teilband B1.2

11 Einfach genial! S. 174

Sprachhandlungen: über (Zufalls-)Erfindungen sprechen; Lifehacks verstehen und beschreiben; sagen, was man nicht/nur zu tun braucht; Produkte präsentieren und nachfragen

Themen und Texte: Magazinartikel; Erfinder*innen und ihre Erfindungen; Lifehacks; Präsentationen

Wortfelder: Pleiten, Pech und Pannen; Lifehacks; Präsentationen; Tipps; Eisbrecher

Grammatik: *brauchen + zu* + Infinitiv; Partizip I als Adjektiv

Strategie: erfolgreich präsentieren

Aussprache: *-end-*

12 Gestern – heute – morgen S. 188

Sprachhandlungen: Visionen für die Zukunft beschreiben; Prognosen kommentieren, über Zeit und Zeitreisen sprechen; auf Nachfragen reagieren; Prognosen machen

Themen und Texte: Magazinartikel; Prognosen und Visionen; Zeitgefühl; Grafik; Forschungsprojekt; Fragebogen; Zeitkapsel; Blog; Zukunft

Wortfelder: Stadt der Zukunft; Zeit; Krimskrams

Grammatik: Nebensätze mit *da* und *weil*; *worin – darin*

Aussprache: Zungenbrecher mit *z-*

Plateau 4 S. 202

Anhang

Grammatik .... S. 110–125
Unregelmäßige Verben .... S. 126–129
Verben mit Präpositionen ..... S. 130–131
Phonetik .... S. 132–133
Hörtexte .... S. 134–152
Videotexte .... S. 153–159
Alphabetische Wortliste ...... S. 160–173
Bild- und Textquellen .... S. 174–175

neun 9

BILDUNG (ER)LEBEN

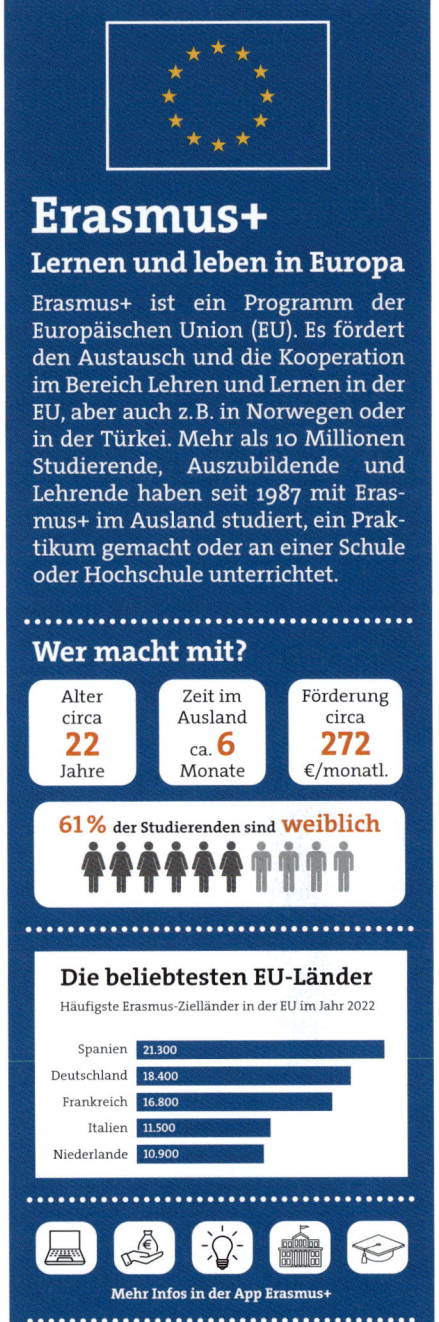

Erasmus+
Lernen und leben in Europa

Erasmus+ ist ein Programm der Europäischen Union (EU). Es fördert den Austausch und die Kooperation im Bereich Lehren und Lernen in der EU, aber auch z.B. in Norwegen oder in der Türkei. Mehr als 10 Millionen Studierende, Auszubildende und Lehrende haben seit 1987 mit Erasmus+ im Ausland studiert, ein Praktikum gemacht oder an einer Schule oder Hochschule unterrichtet.

Wer macht mit?

| Alter circa **22** Jahre | Zeit im Ausland ca. **6** Monate | Förderung circa **272** €/monatl. |

61% der Studierenden sind **weiblich**

Die beliebtesten EU-Länder
Häufigste Erasmus-Zielländer in der EU im Jahr 2022

- Spanien 21.300
- Deutschland 18.400
- Frankreich 16.800
- Italien 11.500
- Niederlande 10.900

Mehr Infos in der App Erasmus+

„Wer sich bewegt, bewegt Europa!"

Das ist das Motto von Erasmus+. 1987 begann es mit circa 3.000 Studierenden, fast 35 Jahre später ist es das größte Bildungsprogramm Europas. Erasmus+ öffnet den EU-Bürger*innen die Türen für den Austausch mit Menschen in anderen Ländern, Sprachen und Kulturen. Schon vor fast 500 Jahren wusste der Philosoph Erasmus von Rotterdam: **„Man muss in die Welt gehen, um wichtige Erfahrungen zu sammeln."** Lernen heißt, dass man neue Erfahrungen macht und sein Verhalten, Denken und Fühlen verändert. Genau das ist das Ziel von Erasmus+. Schüler*innen, Studierende, Auszubildende und Lehrkräfte können in vielen Ländern innerhalb der EU, aber auch weltweit studieren, unterrichten, ein Praktikum machen oder in einem Projekt zusammenarbeiten. Sie werden in dieser Zeit von Erasmus+ finanziell unterstützt.

Mit Erasmus+ in ... Wie war's?

„Mein Prof meinte, ich sollte in Madrid oder Sevilla studieren", berichtet Alexander Uhl. „Ich habe mich für beide Städte beworben und ein Semester in Sevilla studiert. Die Auswahl der Uni und die Bewerbung waren einfach, weil mir das Internationale Büro an meiner Universität geholfen hat. Und ich hatte ziemlich viel Glück, weil ich sehr schnell ein Zimmer in einer WG mit Studenten aus Argentinien und Estland gefunden habe. Wir haben oft zusammen gekocht, waren in der Stadt und haben Party gemacht. Aber Sevilla ist nicht nur eine tolle Stadt zum Leben, sondern auch zum Lernen. Die Seminare und der Sprachkurs haben mir auch in meinem Spanischstudium sehr geholfen. **In Dortmund habe ich nie so viel in so kurzer Zeit gelernt.** Wenn ihr in Spanien seid, solltet ihr auf jeden Fall viel reisen. Ich war viel unterwegs, um das Land und die Kultur besser kennenzulernen. Ich wusste zum Beispiel vorher gar nicht, dass man in Spanien Skifahren kann. Mein Bild von Spanien hat sich durch Erasmus+ total geändert."

Guido Benini (36), Architekt in Bari (Italien), war in Kassel (Deutschland)

Alexander Uhl (24, Mitte), Bachelor Spanisch und Sport, Uni Dortmund (Deutschland), war in Sevilla (Spanien)

Marta Gajewski (22), Medizin, Uni Danzig (Polen), war in Marburg (Deutschland)

1

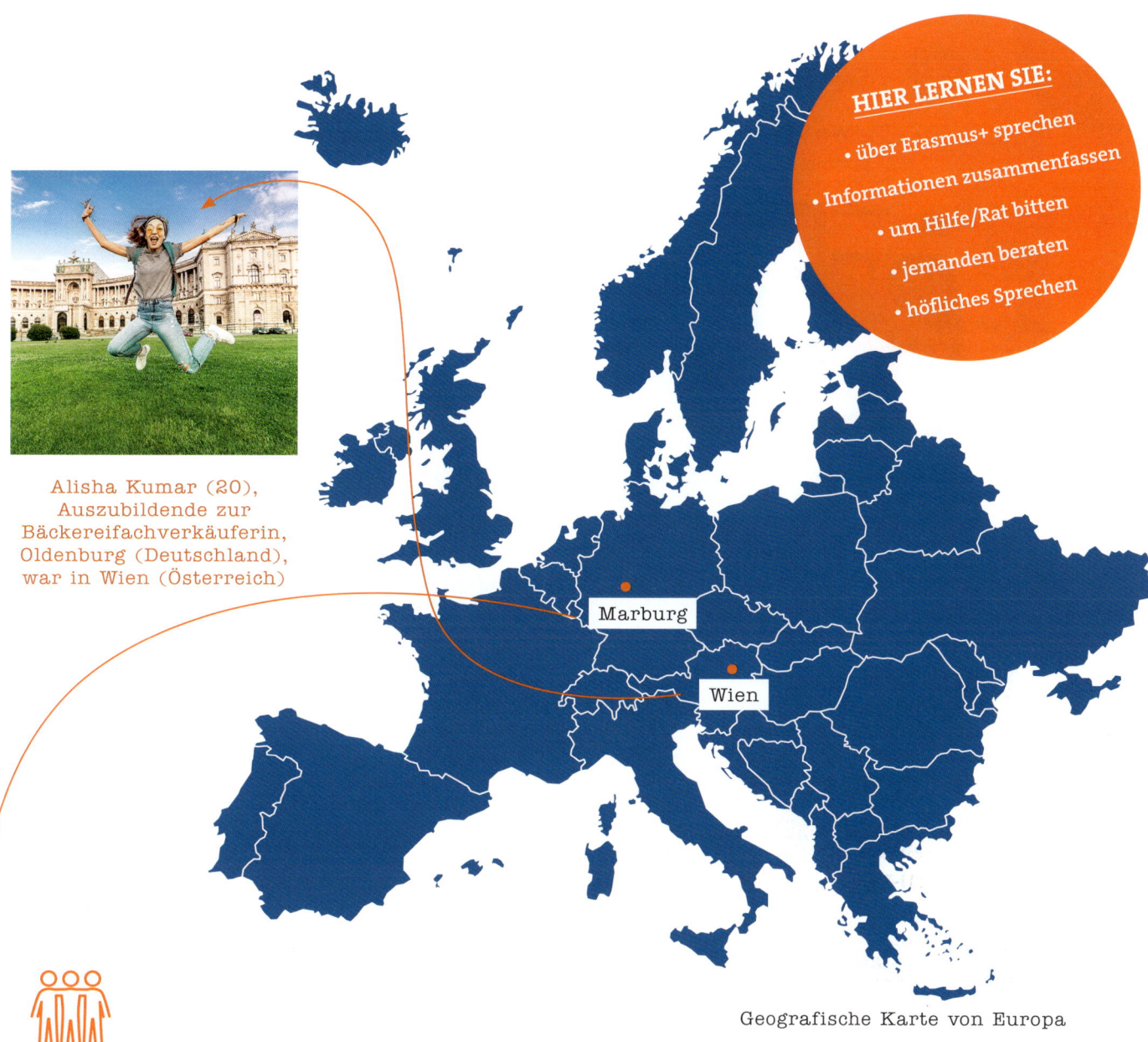

HIER LERNEN SIE:
- über Erasmus+ sprechen
- Informationen zusammenfassen
- um Hilfe/Rat bitten
- jemanden beraten
- höfliches Sprechen

Alisha Kumar (20), Auszubildende zur Bäckereifachverkäuferin, Oldenburg (Deutschland), war in Wien (Österreich)

Marburg
Wien

Geografische Karte von Europa

1 Erasmus+
a) Was ist das und wer macht mit? Überfliegen Sie die Seite. Formulieren Sie Hypothesen.
🟠 *Ich glaube, Erasmus+ ...*
⚪ *Mit Erasmus+ kann man doch ..., oder?*
b) Lesen Sie die Infografik. Prüfen Sie Ihre Hypothesen und berichten Sie.

2 *Wer sich bewegt, bewegt Europa!*
a) Lesen Sie die Zeilen 1–27 im Magazinartikel. Welche Informationen sind neu?
b) Alexander, Marta, Alisha oder Guido? Wählen Sie ein Porträt. Sammeln Sie Orte, Tätigkeiten und Tipps.
c) Berichten Sie. Ihr Partner / Ihre Partnerin notiert. Vergleichen Sie Ihre Porträts und ergänzen Sie gemeinsam Ihre Notizen.
d) Erklären Sie das Motto von Erasmus+.

3 Argumente für Erasmus+. Sammeln Sie und diskutieren Sie, welche drei Argumente die wichtigsten sind.

4 Welches Erasmus+ Land passt zu mir?
a) Machen Sie den Test. Partner*in A fragt, Partner*in B antwortet.
b) Lesen Sie die Auswertung und berichten Sie, was man in dem Land machen kann.
c) Passt das Ergebnis? Sagen Sie, warum das Land (nicht) zu Ihnen passt.
🟠 *Ich weiß nicht. Da ist es im Winter kalt, aber ...*
⚪ *Ich habe noch nie über ... nachgedacht, aber ...*
🟠 *Ich habe schon gehört, dass ...*

5 Vier Wochen oder ein Semester im Ausland – ist das etwas für Sie? Kommentieren Sie.
🟠 *Ich finde das besonders attraktiv, weil ...*
⚪ *Ich möchte (auch / auf gar keinen Fall) ...*
🟠 *So lange weg von zu Hause – das geht gar nicht!*

elf 11

1 Sie könnten zum Beispiel ...

a) Wer sind die Personen? Wo sind sie und was möchten sie? Beschreiben Sie das Foto und sammeln Sie Vermutungen.

- Im Hintergrund steht ein ...
- Das ist vielleicht ein Arzt.
- Nein, er trägt doch ...
- Die Frau möchte vielleicht ...

b) Welche Vorschläge bekommt Emma Koretzki? Hören Sie das Gespräch, verbinden Sie und vergleichen Sie.

Emmas Vater	meint,		sollte Jura oder Medizin studieren.
Emma	findet,	sie	müsste zuerst eine Ausbildung machen.
Adrian Bucher	schlägt vor,		sollte studieren, was sie interessiert.
Emmas Mutter			könnte irgendwas mit Medien studieren.
Emmas Freundinnen	finden,		sollte an ihre Zukunft denken.
			könnte Journalismus studieren.
			könnte Lehrerin werden, weil sie Kinder mag.

2 Ich finde, du solltest ...

a) Vorschläge mit *könnte, müsste, sollte*. Sprechen Sie die Sätze aus 1b) laut und schnell.

b) Sprachschatten. Machen Sie Vorschläge mit Beispielen aus 1b).

- 💬 Du solltest studieren, was dich interessiert.
  - 💬 Ja, du solltest studieren, was dich interessiert.
- 💬 Was mich interessiert?
  - 💬 Stimmt. Und du könntest ...

c) Lesen Sie den Lerntipp. Sammeln Sie Vorschläge und Tipps im Magazinartikel und in den Porträts aus 2b) auf S. 11. Vergleichen Sie.

Lerntipp

	Präteritum	Konjunktiv II
	konnte/musste	könnte/müsste
aber:	sollte	sollte

Ich finde, ich sollte heute mal nichts tun.

3 Ein Bachelor (BA) in ...? Gute Idee!

a) Hören Sie den zweiten Teil des Gesprächs. Ergänzen Sie die Informationen und vergleichen Sie.

Journalismus BA
Studium im Ausland: Erasmus+ möglich
Voraussetzungen: Abitur, gute Deutsch- und Fremdsprachenkenntnisse
Dauer:
Tätigkeiten:
Wo arbeiten:
MA:
Studieninhalte BA: Medienrecht, ...

Strategie

Notizen machen
- Nomen + Verben: Praktikum machen
- Adjektive + Nomen: gute Deutschkenntnisse
- Abkürzungen: BA, MA

BILDUNG (ER)LEBEN

1

b) Vom Studium in den Beruf. Wie könnte Emmas Weg aussehen? Ordnen Sie und berichten Sie.

Emma sollte … studieren.   *Vor dem Studium müsste sie …*

Sie könnte …

c) Lesen Sie die Redemittel. Welche finden Sie in den Hörtexten auf S. 134? Markieren Sie.

4 Der Ton macht die Musik!

1.04

a) Welche Fragen, Bitten und Vorschläge finden Sie höflicher? Lesen und kreuzen Sie an. Vergleichen Sie dann mit dem Hörtext.

1 ◯ Kann ich Sie mal kurz stören?   ◯ Könnte ich Sie mal kurz stören?
2 ◯ Könnten Sie mir sagen, wie spät es ist?   ◯ Können Sie mir sagen, wie spät es ist?
3 ◯ Du müsstest mal den Müll runterbringen!   ◯ Bringst du bitte mal den Müll runter?
4 ◯ Sie sollten mehr Obst essen, das ist gesund!   ◯ Essen Sie mehr Obst, das ist gesund!

b) Sprechen Sie die unhöflichen Sätze aus a) höflich und umgekehrt.

c) Streichen Sie *nicht* durch, bis die Aussagen richtig sind. Lesen Sie laut und vergleichen Sie.

Mit dem Konjunktiv II von *können*, *sollen* und *müssen* kann man etwas ~~nicht~~ höflicher formulieren. Aber der Konjunktiv II macht eine Frage, einen Vorschlag oder eine Bitte nicht automatisch besonders höflich. Die Intonation ist nicht wichtig. Auch der Konjunktiv II kann unhöflich klingen, wenn die Intonation nicht höflich ist. Aber der Imperativ kann sehr höflich klingen, wenn Sie nicht auf eine höfliche Intonation achten. Das heißt nicht, der Ton macht die Musik!

d) Freundlich oder genervt? Lesen Sie die Sätze (un)höflich. Die anderen kommentieren.

1 Sie sollten nicht immer auf Ihre Eltern hören.
2 Lesen Sie bitte die Informationen gut durch.
3 Rom oder Paris? Das sollten Sie entscheiden!
4 Könnten Sie bitte das Fenster zumachen?

Ich finde, das war genervt.   *Das war sehr höflich!*   *Fenster zu, es zieht!*

e) Was bedeutet *Der Ton macht die Musik!*? Diskutieren Sie. Gibt es die Wendung auch in anderen Sprachen?

Auf Ungarisch sagt man: „Nem a mi, hanem a hogyan a fontos."

Auf Niederländisch heißt das so: „Het is de toon die de muziek maakt."

5 Aussagen verstärken

1.05

a) Hören Sie. Achten Sie auf die Betonung von *ziemlich, sehr, besonders*.

14

b) Sammeln Sie Sätze mit *ziemlich, sehr, besonders* auf S. 10–13. Lesen Sie die Sätze laut und achten Sie auf die Betonung.

6 Drei Dinge, …

Drei Dinge, die ich tun sollte, müsste oder könnte und/aber (nicht) tun will oder kann. Sammeln Sie Ideen und schreiben Sie einen Ich-Text. **ODER** *Keine Zeit zum …* Hinterlassen Sie eine Sprachnachricht für einen Freund / eine Freundin. Sagen Sie ihm/ihr, was Sie tun müssten/sollten, warum Sie es nicht können, und bitten Sie ihn/sie höflich um Hilfe.

dreizehn **13**

Party ohne Ende!!!

1 Partyatmosphäre

a) Was ist hier los? Beschreiben Sie die Szene und vergleichen Sie mit Partys, die Sie kennen.

b) Hören Sie und ordnen Sie die Aussagen den Situationen zu.

a ( ) Die Getränke stehen im Kühlschrank und das Essen steht dort drüben.
b ( ) Kommt rein und fühlt euch wie zu Hause!
c ( ) Kann man hier irgendwo japanisch essen gehen?
d (4) Kann irgendwer mal die Tür aufmachen?
e ( ) Oh Mann, meine Jacke müsste hier irgendwo sein.
f ( ) Hast du irgendwas, um die Flasche aufzumachen?

c) *Irgendwo/-was/-wann/-wer* ... Markieren Sie in b) und antworten Sie wie im Beispiel.

💬 Habt ihr irgendwann mal Zeit, um uns die Stadt zu zeigen?   💬 Gerne. Am Samstag vielleicht?
💬 Kann irgendwer mal ...   💬 Klar, mache ich.

2 Die Getränke stehen im Kühlschrank!

a) Lesen Sie Soras Leserbrief. Was ist das Problem? Berichten Sie.

Leserbriefe

Sora Kim, 22, aus Korea

Letzten Samstag war ich auf meiner ersten Party in Deutschland. Ich war ziemlich spät dran. Viele Leute waren schon da. Maria hat die Tür aufgemacht und mich sehr nett begrüßt. Sie hat gesagt: „Fühl dich wie zu Hause! Wenn du was trinken willst – die Getränke stehen im Kühlschrank und das Essen ist auf dem Tisch im Wohnzimmer." Dann hat sie mir zwei Freundinnen vorgestellt und ist weggegangen. Maria hat mir kein Getränk angeboten und auch nichts zum Essen. Das war nicht besonders höflich, oder? Ich habe mir dann selbst etwas genommen – so wie die anderen.

b) Welche Erklärung passt Ihrer Meinung nach am besten? Begründen Sie.

c) *Fühl dich wie zu Hause!* Wie verhalten sich Gastgeber*innen und Gäste bei Ihnen „richtig"? Sammeln und diskutieren Sie.

BILDUNG (ER)LEBEN

3 Das Eis brechen

a) Auf einer Party unterhalten Sie sich mit Leuten, die Sie gerade kennengelernt haben. Welche Fragen passen zur Situation? Kreuzen Sie an.

1 ◯ Wie alt bist du?
2 ◯ Was machst du beruflich? / Was studierst du?
3 ◯ Findest du das Essen auch so lecker?
4 ◯ Wie gefällt dir die Party?
5 ◯ Kannst du mir ein Getränk holen?
6 ◯ Kennen wir uns?
7 ◯ Hast du einen Freund / eine Freundin?
8 ◯ Wohnst du schon lange hier?
9 ◯ Was sollte man sich hier ansehen?
10 ◯ Was kostet die Wohnung eigentlich?

b) Welche Frage(n) finden alle im Kurs nicht passend? Vergleichen Sie.

c) Welche Fragen stellen Sie oft auf einer Party? Sammeln Sie und vergleichen Sie.

4 Hallo, ich bin Hakim!

a) Ein Gespräch beginnen und in Gang halten. Hören Sie zwei Gespräche. Welches ist besser und warum?

b) Lesen Sie die Informationen zu Gespräch 1. Ordnen Sie dann die Informationen für Gespräch 2. Sammeln Sie Beispiele im Hörtext auf S. 134 und vergleichen Sie.

Gespräch 1
- Nur Hakim stellt Fragen.
- Stefan antwortet auf Hakims Fragen nur mit Ja oder Nein.
- Stefan gibt keine weiteren Informationen.
- Hakim bricht das Gespräch ab.

Stefan und Hakim auf Marias und Toms Party

c) Interessiert oder nicht? Lesen und spielen Sie beide Gespräche auf S. 134/135. ODER Sammeln Sie drei Dinge, die Sie über Ihren Partner / Ihre Partnerin wissen möchten. Überlegen Sie sich Fragen. Beginnen Sie das Gespräch mit einem „Eisbrecher". Ihr Partner / Ihre Partnerin antwortet. Achten Sie auf die Intonation und Körpersprache.

Schöne Wohnung!

Ja, finde ich auch.

Wohnst du in der Nähe?

5 Wir haben letzte Woche über ... gesprochen

a) Ihr Partner / Ihre Partnerin war letzte Woche nicht im Kurs. Sie möchten ihn/sie über Erasmus+ informieren. Sammeln Sie wichtige Informationen in einer Mindmap. Tauschen Sie die Mindmaps dreimal im Kurs und ergänzen Sie sie.

b) Was muss Ihr Partner / Ihre Partnerin über das Thema wissen? Wählen Sie die wichtigsten Informationen aus und fassen Sie sie zusammen. Die Strategie hilft.

Strategie

Informationen zusammenfassen
Für wen fassen Sie die Informationen zusammen?
Was ist für die Person wichtig? Was ist nicht so wichtig oder schon bekannt?
Gibt es Beispiele, die helfen?
Notieren Sie alles auf Karten und bringen Sie die Karten in eine Reihenfolge.

c) Informieren Sie Ihren Partner / Ihre Partnerin auf Deutsch oder in einer gemeinsamen Sprache. Die Redemittel helfen.

fünfzehn 15

ÜBUNGEN

1 Leben und Lernen in Europa

a) **Erasmus+.** Lesen Sie die Fragen, überfliegen Sie die Infografik auf S. 10 und notieren Sie kurze Antworten.

1 Was hat die EU mit Erasmus+ zu tun? *EU-Programm*

2 Wer kann teilnehmen? _____

3 Seit wann gibt es das Erasmus-Programm? _____

4 Was machen die Teilnehmer*innen im Ausland? _____

5 Wie unterstützt die EU die Teilnehmer*innen? _____

6 Welche Länder sind 2022 am beliebtesten? _____

b) Was hat Ihnen geholfen, die Antworten zu den Fragen 1–6 aus a) zu finden? Kreuzen Sie an.

		1	2	3	4	5	6
a	Angaben in der Statistik						X
b	Zahl(en) im Text						
c	Grafik(en) mit Angaben						
d	Abkürzung(en) im Text						
e	Ländernamen						
f	Informationen im Text						

c) Formulieren Sie sechs Sätze zu Ihren Notizen aus a).

1 Erasmus+ ist ein EU-Programm.

d) Fassen Sie Ihre Sätze aus c) in drei Sätzen zusammen.

Das EU-Programm Erasmus+ gibt es seit ...

2 Abkürzungen. Ergänzen Sie wie im Beispiel und kontrollieren Sie mit den Texten auf S. 10.

1 Europäische Union: _____
2 zum Beispiel: _____
3 circa: _____
4 monatlich: _____
5 Informationen: _____
6 Wohngemeinschaft: _____
7 Professor: *Prof*
8 Universität: _____

3 Ein Zitat von Erasmus von Rotterdam

a) Was bedeutet das Zitat? Wählen Sie eine Erklärung aus.

„Man muss in die Welt gehen, um wichtige Erfahrungen zu sammeln."
Erasmus von Rotterdam

A ○ Man muss die ganze Welt sehr genau kennen, um sie zu verstehen.

B ○ Man sollte viel reisen, um andere Kulturen und Menschen kennenzulernen.

b) Formulieren Sie die Sätze aus dem Magazinartikel auf S. 10 wie im Zitat mit *um ... zu ...*

1 (Zeilen 14–17) Man muss neue Erfahrungen machen, *um* _____

2 (Zeilen 21–25) Schüler*innen, Studierende, Auszubildende und Lehrkräfte bewerben sich, _____

BILDUNG (ER)LEBEN

c) Gute Gründe für ein Austauschprogramm im Ausland. Lesen Sie die Vorschläge und schreiben Sie Ihre Top 3-Empfehlungen auf.

interessante Leute treffen • selbstbewusster werden • eine andere Kultur kennenlernen • Sprachkenntnisse verbessern • wichtige Erfahrungen sammeln • neue Ideen mit nach Hause bringen • eine Menge Spaß haben • ...

1. *Man sollte an einem Austauschprogramm im Ausland teilnehmen, um ...*

2. *Man sollte ein paar Monate im Ausland leben, ...*

3. *Man sollte ...*

4 Alisha Kumar

a) Ergänzen Sie die Verben und vergleichen Sie mit dem Magazinartikel auf S. 10.

1 die Förderung — _____
2 die Entscheidung — _____
3 die Bewerbung — _____
4 die Erfahrung — _____
5 die Sammlung — _____
6 der Austausch — *(sich) austauschen*

b) Lesen Sie Alishas Bericht und ergänzen Sie die Nomen und Verben aus a).

Hi, ich bin Alisha und mache eine Ausbildung zur Bäckereifachverkäuferin in Oldenburg. Mein Berufsschullehrer wollte mein Talent _____¹ und meinte, ich könnte ein Praktikum mit Erasmus+ in Wien machen. Ich erzählte meinem Chef, dass ich in Wien neue Rezeptideen _____² könnte. Er fand die Idee toll und hat mir sogar bei der _____³ geholfen. In der Bäckerei in Wien habe ich noch andere Auszubildende kennengelernt und mich sofort wohl gefühlt. Der *Austausch*⁴ hat mir sehr geholfen. Ich bin in Wien selbstsicherer geworden und habe beruflich viel gelernt. Das Praktikum mit Erasmus+ war eine tolle _____⁵ und ganz sicher die richtige _____⁶!

5 Wer sagt was?

1.08

a) Hören Sie die Berichte von Alexander, Marta und Guido im Austausch-Podcast und ordnen Sie den Personen passende Aussagen zu.

1 (b) Ich habe mich in Deutschland sofort wohl gefühlt.
2 ( ) Das Internationale Büro an meiner Uni hat mir bei der Auswahl geholfen.
3 ( ) Das Erasmus-Programm war für mich beruflich und auch privat ein Erfolg!
4 ( ) Ich war viel unterwegs und habe das Land und die Kultur besser kennengelernt.
5 ( ) Auf einer Party vom Erasmus-Büro habe ich nette Leute kennengelernt.
6 ( ) Ich habe im Studentenwohnheim gewohnt. Das war zum Glück nicht teuer.
7 ( ) Erasmus war cool. Irgendwie haben das damals alle gemacht.
8 ( ) Ich habe im Austauschsemester in einer internationalen Wohngemeinschaft gelebt.

Alexander

Marta

Guido

b) Überprüfen Sie Ihre Angaben in a) mit dem Magazinartikel auf S. 10 und den Porträts aus Aufgabe 2b) auf S. 11.

ÜBUNGEN

6 *Vor fast 500 Jahren*

a) Hören Sie und sprechen Sie nach. Achten Sie auf die Betonung von *fast*, *ungefähr* und *circa*.

1 3.000 Studierende – mit circa 3.000 Studierenden – 1987 startete das Erasmus-Programm mit circa 3.000 Studierenden.
2 23.500 Studierende – ungefähr 23.500 Studierende – Die Uni in Marburg hat ungefähr 23.500 Studierende.
3 vor 500 Jahren – vor fast 500 Jahren – Erasmus von Rotterdam lebte vor fast 500 Jahren.

> *Erasmus von Rotterdam starb 1536.*

b) Lesen Sie die Angaben, vergleichen Sie mit den Sätzen in a) und ordnen Sie *fast*, *ungefähr* und *circa* zu.

1 _____ , _____ : mehr (>) oder weniger (<) als   2 _____ : weniger als (<)

c) Was passt? Ergänzen Sie *fast*, *ungefähr* und *circa*.

_____¹ alle Studierenden im ersten Semester waren nach _____² sechs bis acht Wochen immer noch von ihrem Studium begeistert. Aber nach dem ersten Semester wollten _____³ 20 bis 30 von ihnen doch lieber eine Ausbildung machen.

7 Was soll ich studieren?

a) Lesen Sie den Tagebucheintrag von Emma Koretzki und vergleichen Sie mit den Aussagen von Herrn Bucher. Was hat Emma sich gemerkt? Kreuzen Sie an.

> Dienstag, 12. Mai
>
> Ich hatte heute endlich einen Termin mit Herrn Bucher von der Studienberatung. Er findet, ich sollte meine eigenen Interessen nicht aus den Augen verlieren. Und deshalb möchte ich Journalismus und nicht Jura oder Medizin studieren. Ich denke, ich mache erstmal einen BA und dann vielleicht auch noch den MA. Im BA könnte ich mit Erasmus+ sogar schon ein Semester an einer Uni im Ausland studieren. Mit
> 5 dieser Möglichkeit habe ich vorher gar nicht gerechnet. ==Das ist bestimmt etwas für mich!== Und wenn ich vor dem Studium ein Praktikum bei einer Zeitung oder beim Radio mache, öffnet das vielleicht auch schon ein paar Türen für einen Job neben dem Studium :-). Und vielleicht entscheide ich mich dann doch noch für ein anderes Studienfach. Auf jeden Fall müsste es aber irgendwas mit Medien sein. Mal sehen.

1 ◯ „Sie könnten eine Ausbildung machen."
2 ◯ „Sie sollten etwas studieren, was Sie interessiert."
3 ◯ „Sie sollten vor dem Studium ein Praktikum machen."
4 ◯ „Sie könnten auch Kommunikationswissenschaften studieren."
5 ◯ „Nach dem BA könnten Sie auch noch einen MA, also einen Master machen."
6 ◯ „Als Journalistin könnten Sie zum Beispiel auch in Unternehmen arbeiten."
7 ◯ „In zwei Wochen ist unser Hochschulinformationstag, den Sie auf jeden Fall besuchen sollten."

b) Lesen Sie den Tagebucheintrag noch einmal. Wie formuliert Emma die Angaben a–e? Markieren Sie in a) und ergänzen Sie die Zeilennummer(n).

a ____ Ich habe noch Zeit.   d ____ Das bietet mir vielleicht eine Chance.
b _5_ Das passt sicher gut zu mir.   e ____ Ich sollte meine persönlichen Vorstellungen
c ____ Das wusste ich noch gar nicht.   nicht vergessen.

BILDUNG (ER)LEBEN

c) Hören Sie das Beratungsgespräch aus Aufgabe 1b) und 3a) auf S. 12 noch einmal und ergänzen Sie die Mindmap.

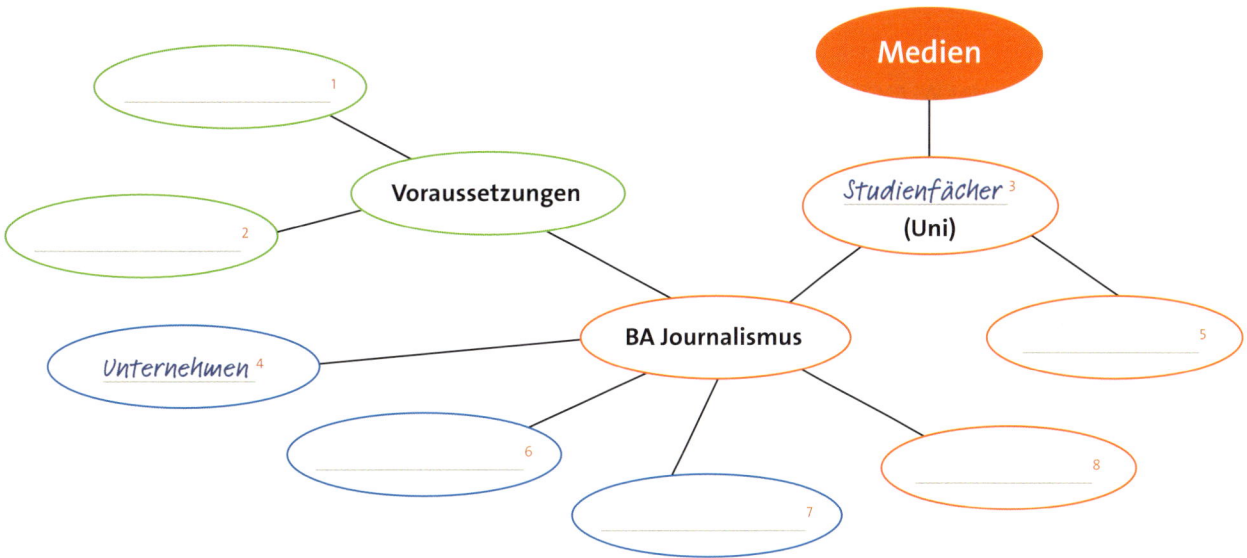

8 Du könntest doch mal ...

a) Ihre Freundin / Ihr Freund langweilt sich. Was könnte, sollte oder müsste sie/er machen? Machen Sie Vorschläge.

1 mal aufräumen – müssen: Dein Zimmer sieht schlimm aus. *Du müsstest mal aufräumen!*
2 endlich Vokabeln lernen – sollen: Morgen ist der Test. _____
3 mir in der Küche helfen – können: Ich koche jetzt Gemüsecurry. _____
4 mal die Blumen gießen – müssen: _____. Die sehen ganz trocken aus.
5 Sport machen – sollen: Du sitzt immer nur am Schreibtisch. _____
6 spazieren gehen – können: _____. Frische Luft tut dir gut!

b) Sagen Sie es anders! Formulieren Sie die Aussagen mit *könnte*, *sollte* oder *müsste* wie im Beispiel.

1 Vielleicht besuche ich dich am Wochenende. _____
2 Mein Lebenslauf ist immer noch nicht fertig. *Ich müsste ihn endlich fertig schreiben.*
3 Die Reparaturrechnung ist noch nicht bezahlt. _____
4 Ich war schon ziemlich lange nicht mehr im Kino. _____
5 Ich brauche noch einen Arzttermin. _____
6 Im Yogakurs sind noch ein paar Plätze frei. _____

c) Und Sie? Notieren Sie vier Dinge, die Sie heute noch machen *könnten*, *müssten* oder *sollten*. Die Bilder helfen.

1 _____
2 _____
3 _____
4 _____

ÜBUNGEN

9 Der Ton macht die Musik!

a) Hören Sie und lesen Sie mit. Was klingt höflicher? Kreuzen Sie an.

          a b

1 Könnte ich das WLAN-Passwort haben?
2 Mach mal bitte das Licht an.
3 Könnten Sie mir bitte Platz machen?
4 Sie müssten bitte noch einmal am Montag anrufen.
5 Du solltest ab und zu auch mal an dich denken.
6 Ist das dein Ernst?
7 Könntest du die Musik leiser machen?
8 Sag mal, müsstest du nicht eigentlich das Bad putzen?

b) Hören Sie die höflichen Bitten noch einmal und sprechen Sie nach.

10 Ein Wintersemester in Sevilla

a) Wo steht *ziemlich*, *sehr* oder *besonders*? Schreiben Sie wie im Beispiel.

1 Ich hatte großes Glück. (ziemlich)
2 Ich habe schnell ein Zimmer in einer WG gefunden. (sehr)
3 Der Sprachkurs in Sevilla hat mir geholfen. (sehr)
4 Für ein Austauschsemester im Winter finde ich die Stadt attraktiv. (besonders)
5 Wir haben in Sevilla auch oft Party gemacht. (ziemlich)
6 Ich habe im Austauschsemester viel Spanisch gelernt. (besonders)
7 Leider habe ich in Spanien aber auch viel Geld ausgegeben. (sehr)

1 Ich hatte ziemlich großes Glück.

Sevilla im Winter

b) Hören Sie die Aussagen 1–7 und überprüfen Sie die Position von *ziemlich*, *sehr* und *besonders* in a).

c) Was ist richtig? Vergleichen Sie mit den Aussagen in a) und kreuzen Sie an.

Ziemlich, sehr und *besonders* ...

a ○ können vor einem Adjektiv oder vor einem Verb stehen.
b ○ können die Bedeutung von Adjektiven und Verben verstärken.
c ○ werden immer benutzt, wenn man nicht ganz sicher ist.
d ○ Mit *ziemlich* kann man Adjektive und Verben auch abschwächen.

11 *Sehr ..., besonders ..., ziemlich ...?* Wie finden Sie das? Kommentieren Sie wie im Beispiel. Die Adjektive in der Wortwolke helfen.

1 Märchenfilme   3 Erdbeeren im Winter   5 Regentage
2 Turnschuhe   4 Spazierengehen   6 Tee mit Milch

1 Ich finde Märchenfilme sehr ...

angenehm   bequem
lecker   teuer
romantisch
doof   schön   fantastisch
langweilig   sportlich
interessant

BILDUNG (ER)LEBEN

12 *Irgendwo, irgendwie, irgendwann ...*

a) Sehen Sie sich das Bild von der Party noch einmal an. Wer sagt was? Ergänzen Sie die W-Fragen und ordnen Sie zu.

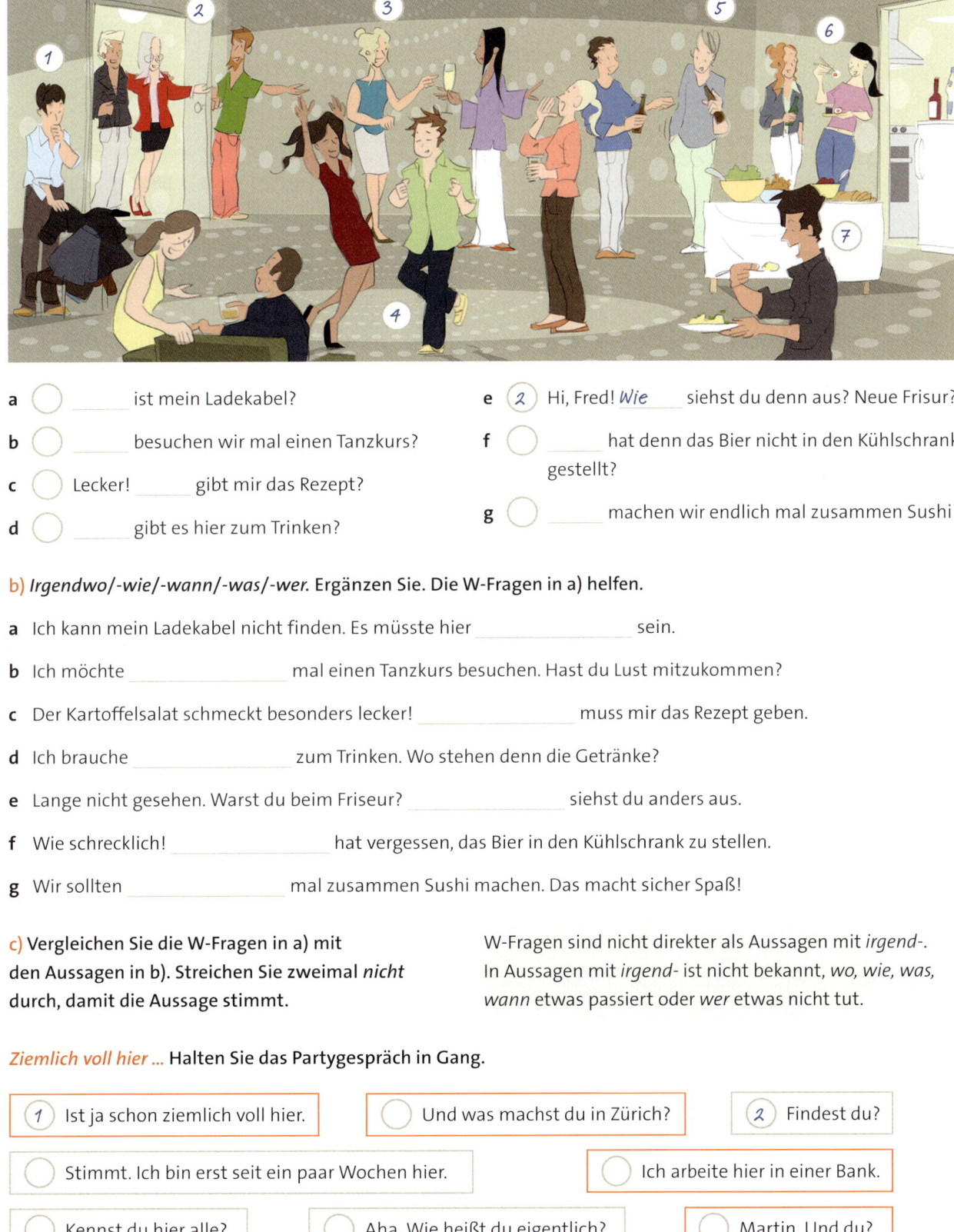

a ○ _____ ist mein Ladekabel?
b ○ _____ besuchen wir mal einen Tanzkurs?
c ○ Lecker! _____ gibt mir das Rezept?
d ○ _____ gibt es hier zum Trinken?
e ② Hi, Fred! *Wie* siehst du denn aus? Neue Frisur?
f ○ _____ hat denn das Bier nicht in den Kühlschrank gestellt?
g ○ _____ machen wir endlich mal zusammen Sushi?

b) *Irgendwo/-wie/-wann/-was/-wer.* Ergänzen Sie. Die W-Fragen in a) helfen.

a Ich kann mein Ladekabel nicht finden. Es müsste hier _____ sein.
b Ich möchte _____ mal einen Tanzkurs besuchen. Hast du Lust mitzukommen?
c Der Kartoffelsalat schmeckt besonders lecker! _____ muss mir das Rezept geben.
d Ich brauche _____ zum Trinken. Wo stehen denn die Getränke?
e Lange nicht gesehen. Warst du beim Friseur? _____ siehst du anders aus.
f Wie schrecklich! _____ hat vergessen, das Bier in den Kühlschrank zu stellen.
g Wir sollten _____ mal zusammen Sushi machen. Das macht sicher Spaß!

c) Vergleichen Sie die W-Fragen in a) mit den Aussagen in b). Streichen Sie zweimal *nicht* durch, damit die Aussage stimmt.

W-Fragen sind nicht direkter als Aussagen mit *irgend-*. In Aussagen mit *irgend-* ist nicht bekannt, *wo, wie, was, wann* etwas passiert oder *wer* etwas nicht tut.

13 *Ziemlich voll hier ...* Halten Sie das Partygespräch in Gang.

① Ist ja schon ziemlich voll hier.
○ Und was machst du in Zürich?
② Findest du?
○ Stimmt. Ich bin erst seit ein paar Wochen hier.
○ Ich arbeite hier in einer Bank.
○ Kennst du hier alle?
○ Aha. Wie heißt du eigentlich?
○ Martin. Und du?
③ Ja. Und ich habe gehört, dass noch mehr kommen.
○ Ich bin Austauschstudent. Und du?
○ Arvin. Schön dich kennenzulernen.
○ Fast. Ich glaube, ich habe dich noch nie gesehen.

ÜBUNGEN

14 **Erfahrungen machen.** Welches Verb passt zu den Nomen? Vergleichen Sie mit S. 10–12 und ergänzen Sie.

1 eine Ausbildung / ein Praktikum / ein Austauschsemester / einen Master _____

2 Rezepte/Erfahrungen/Ideen/Tipps _____

3 die Kultur / das Land / die Leute / den Betrieb _____

4 Medizin/Kommunikationswissenschaften/Jura/Journalismus _____

5 Seminare/Sprachkurse/das Internationale Büro/Erasmus-Partys _____

15 Hochschulinformationstag

1.01 **a)** Videokaraoke. Sehen Sie sich das Video an und antworten Sie.

b) Sehen Sie sich das Video noch einmal an. Welche Redemittel hören Sie? Kreuzen Sie an.

das Thema nennen
- ○ Das Thema ist …
- ○ … ist ein/e …
- ○ Es geht um …
- ○ … steht/stehen im Mittelpunkt.

Argumente nennen
- ○ Ein Vorteil/Nachteil ist, dass …
- ○ Für/Gegen … spricht, dass …
- ○ Das Beste ist, dass …
- ○ Man darf auch nicht vergessen, dass …

Tätigkeiten nennen
- ○ Man kann sich über … informieren.
- ○ Die Universität präsentiert …
- ○ Lehrende/Studierende berichten über …

Beispiele nennen
- ○ Ein Beispiel ist …
- ○ … ist ein (gutes) Beispiel (für …)
- ○ Zum Beispiel …

c) Welcher Notizzettel passt zu dem Gespräch? Wählen Sie aus.

a
○ 7. Mai: IB-Stand
Info-Aktivitäten mit Elia: Studium, Erasmus+, Förderung, …
Job/Bewerbung?
- Interesse an Austauschsemester
- wichtig: Lebenslauf!
- Link von Elia

b
○ 7.05.: HS-Infotag
- Studienfächer
- Austausch & Förderung
- Unisport, Campusradio
- Freizeitangeb. Stadt
IB-Job?
- Erasmus+, Erfahrungen
- Infos: meine Uni

16 **Erasmus+.** Erinnern Sie sich? Notieren Sie kurze Antworten wie in 15c).

Was ist das? _____ Wie lange dauert das? _____

Warum gibt es das? _____ Wer kann mitmachen? _____

Wo findet das statt? _____ Was kann man machen? _____

Wie fördert die EU das? _____ Wo gibt es Infos und Hilfe? _____

BILDUNG (ER)LEBEN

Fit für Einheit 2?

1 Mit Sprache handeln

über Erasmus+ sprechen
Ich möchte mich für ein Auslandssemester bewerben und neue Erfahrungen sammeln.
Ich finde, man sollte Erasmus+ auf jeden Fall als Chance sehen und Seminare und Kurse besuchen, die es zu Hause nicht gibt.
Mit Erasmus+ könnte ich interessante Leute kennenlernen und meine Sprachkenntnisse verbessern.

Informationen zusammenfassen
Wir haben über … gesprochen.
Es ging um …

Im Mittelpunkt stand …
Am wichtigsten/interessantesten war (für mich) …

um Hilfe/Rat bitten
Könnten Sie mir bitte sagen, ob …
Ich brauche mal deinen Rat, bitte.

Was meinen Sie? Sollte ich vielleicht …?
Was meinst du? Was müsste ich …?

jemanden beraten
Ich finde/denke/meine, Sie sollten …
Ich schlage vor, …

Sie sollten vielleicht zuerst … und könnten dann …
Es gibt viele Möglichkeiten, z. B. …

2 Wörter, Wendungen und Strukturen

Wortfeld (Auslands)Studium
eine Ausbildung / ein Praktikum / ein Austauschsemester / einen Master machen, wichtige Erfahrungen sammeln, Sprachkenntnisse verbessern, interessante Leute treffen/kennenlernen, eine Bewerbung schreiben

Abkürzungen
Europäische Union = EU
zum Beispiel = z. B.

circa = ca.
Wohngemeinschaft = WG

Informationen = Infos
BA/MA = Bachelor/Master

Konjunktiv II der Modalverben
Könnten Sie mir bitte sagen, wie spät es ist?
Meine Mutter meint, ich sollte Jura studieren.
Ich müsste häufiger Sport machen.

irgendwo/-was/-wann/-wer
Wo ist meine Jacke?
Was gibt es hier zum Essen?
Wann habt ihr mal Zeit, um uns die Stadt zu zeigen?
Wer kann bitte die Tür aufmachen?

Meine Jacke müsste hier irgendwo sein.
Ich brauche irgendwas zum Essen.
Habt ihr irgendwann mal Zeit, um uns die Stadt zu zeigen?
Kann irgendwer bitte die Tür aufmachen?

3 Aussprache

Höfliches Sprechen: Kann ich Sie mal kurz stören? Sie müssten bitte noch einmal am Montag anrufen.

Aussagen verstärken mit *ziemlich*, *sehr* und *besonders*: Das Austauschsemester in Sevilla hat mir besonders gut gefallen. Und ich hatte ziemlich viel Glück, weil ich sehr schnell ein Zimmer gefunden habe.

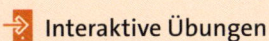 Interaktive Übungen

VORHANG AUF!

Kulisse #7
Das Theatermagazin

Die neue Spielzeit beginnt ...

Am 02. September sind wir wieder für Sie da!

#Maske: Maskenbildnerin Ana Ruiz schminkt und frisiert die Schauspieler*innen.

#Kostüm: Kostümbildnerin Heike Roth-Hinrichs entwirft die Kostüme für ein Theaterstück.

#Bühnenbild: Bühnenhandwerker warten noch auf den Bühnenmaler.

#aufderBühne: Frank Hahn und Susanne Lohmann in den Hauptrollen in Shakespeares „Romeo und Julia".

> Sehn wir doch das Große aller Zeiten
> Auf den Brettern, die die Welt bedeuten,
> Sinnvoll still an uns vorübergehn.
> Alles wiederholt sich nur im Leben,
> Ewig jung ist nur die Phantasie,
> Was sich nie und nirgends hat begeben,
> Das allein veraltet nie!

Friedrich Schiller, An die Freunde

#Lampenfieber: Irina Nowak wartet in den Kulissen nervös auf ihren Auftritt.

Werfen Sie doch mal einen Blick hinter die Kulissen!

Bald geht die neue Spielzeit los, endlich gibt es wieder Theater: Im Saal wird es langsam dunkel, die Schauspieler*innen haben Lampenfieber, das Publikum wartet gespannt, einige Gäste husten leise, dann öffnet sich der Vorhang ... Aber haben Sie sich eigentlich auch schon einmal gefragt, was hinter den Kulissen passiert?

Während Sie sich auf die neue Spielzeit freuen, wird hier fleißig geprobt, gebaut, genäht, gemalt, frisiert, installiert, ... An jeder einzelnen Produktion sind über 20 Personen in unterschiedlichen Theaterberufen beteiligt!

Bis zur Eröffnung der neuen Spielzeit laden wir Sie ein, den Theaterbetrieb einmal ganz anders kennenzulernen und unsere Mitarbeiter*innen bei den Vorbereitungen und Proben zu beobachten. Interessiert? Dann sehen Sie sich doch mal bei uns um:

www.kulisse.example.com/tour

HIER LERNEN SIE:
- über Theaterberufe sprechen
- sagen, wozu man (keine) Lust hat
- Bedeutungen aushandeln
- eine Szene aus „Tschick" spielen

#Scheinwerfer: Beleuchter Marco Sauer sorgt für das richtige Licht.

#großerSaal: Die Sitzreihen warten auf Publikum.

---

1 Im Theater
a) Überfliegen Sie die Seite und sammeln Sie Berufe im Theater.
b) Auf der Bühne, im Saal oder hinter den Kulissen? Lesen Sie den Magazinartikel und berichten Sie.
💬 *Das Publikum sitzt gespannt im Saal.*
c) *Was macht eigentlich ein/eine ...?* Tätigkeiten, Ausbildung und Arbeitszeiten. Fragen und antworten Sie.

2 Alles muss stimmen!
a) Wählen Sie Maske, Kostüm oder Bühnenbild und hören Sie das Interview. Welche Informationen sind neu? Berichten Sie.
b) Teamwork. Wer arbeitet mit wem zusammen? Hören Sie das Interview aus a) noch einmal und berichten Sie.

3 *Bretter, die die Welt bedeuten*
a) Hören Sie die Strophe aus dem Gedicht, lesen Sie mit und achten Sie auf die Intonation.
b) Das Gedicht in moderner Sprache. Ordnen Sie die Zeilen und vergleichen Sie.
c) *Alles wiederholt sich ...* Was meint Friedrich Schiller? Nennen Sie Beispiele.
💬 *Vielleicht meint er die Jahreszeiten.*
d) Lesen Sie die Strophe aus dem Gedicht laut und achten Sie auf die Intonation.

4 Irina Nowak hat Lampenfieber
a) Was ist *Lampenfieber*? Lesen und erklären Sie.
b) Wann haben oder hatten Sie Lampenfieber? Berichten Sie.
💬 *Lampenfieber? Kenne ich nicht! Ich ...*
💬 *Ich hatte Lampenfieber, als ...*

1 Menschen im Theater

a) Lesen Sie das Interview und ordnen Sie vier Fragen zu.

1 Was war Ihr größter persönlicher Erfolg?
2 Wollten Sie schon immer am Theater arbeiten?
3 Mit wem arbeiten Sie am meisten zusammen?
4 Was genau macht eine Dramaturgin?
5 Was ist in Ihrem Beruf am wichtigsten?
6 Wie sieht Ihr Arbeitsalltag aus?

Beate Seidel arbeitet seit 2013 am Deutschen Nationaltheater (DNT) in Weimar.

Interviewreihe »Wege in den Beruf«
Chefdramaturgin am DNT Weimar

○

In erster Linie bin ich hier am DNT für die Öffentlichkeitsarbeit und für die gesamte Spielplanung verantwortlich, besonders für das Schauspiel. Also, welche Stücke wir spielen wollen und welche Veranstaltungen wir außerdem anbieten. Und ich arbeite auch eng mit den Regisseurinnen und Regisseuren und den Schauspielerinnen und Schauspielern zusammen. Bei uns entsteht das Meiste in Teamarbeit.

○

Eigentlich wollte ich Lehrerin werden. Als Kind und Jugendliche hatte ich auch nicht oft die Möglichkeit, ins Theater zu gehen. Aber ich habe schon immer sehr gerne und auch sehr viel gelesen. Und während ich in Leipzig Germanistik und Theaterwissenschaften studiert habe, bin ich zum Theater gekommen.

○

Ein normaler Tag beginnt für mich meistens um neun. Da gibt es gleich die erste Besprechung im Theater. Wenn ich eine Produktion habe, gehe ich um zehn auf eine Probe. Am Nachmittag arbeite ich im Büro, schreibe Mails, lese viel und bereite Besprechungen vor. Und abends gehe ich häufig noch auf andere Proben. Es gehört ja auch zu meinen Aufgaben, mir die anderen Produktionen anzusehen, zum Beispiel im Tanz- oder Musiktheater. Die Ergebnisse besprechen wir dann im Team. So ein Arbeitstag endet oft erst um zehn Uhr abends.

○

Meiner Meinung nach geht es ohne Interesse an Literatur nicht. Das ist sicher am wichtigsten, denn in meinem Beruf muss man sehr viel lesen. Neue und auch ältere Theaterstücke, Romane, Erzählungen usw. Und manchmal müssen die Texte auch für das Theater neu bearbeitet werden. Man muss zum Beispiel Dialoge ergänzen oder ganze Szenen streichen, wenn das Stück sehr lang ist. Das finde ich spannend!

Tipp:
Das ganze Interview finden Sie unter www.kulisse.example.com

b) Voraussetzungen für den Beruf und Aufgaben einer Chefdramaturgin. Lesen Sie das Interview mit Beate Seidel noch einmal, sammeln und berichten Sie.

Voraussetzungen:	im Team arbeiten,
Aufgaben:	Öffentlichkeitsarbeit,

Eine Voraussetzung ist, dass man gerne im Team arbeitet.

Zu den Aufgaben einer Chefdramaturgin gehört zum Beispiel ...

 c) Hören Sie das ganze Interview und überprüfen Sie Ihr Ergebnis in a).

d) Hören Sie das Interview noch einmal. Sammeln Sie neue Informationen und vergleichen Sie.

VORHANG AUF!

2 Hast du vor, öfter ins Theater zu gehen?

a) Fragen und antworten Sie.

| Planst du,
Hast du vor,
Hast du Lust/Zeit,
Macht es dir Spaß,
Kannst du dir vorstellen, | ab und zu
manchmal
regelmäßig
öfter | ins Theater zu gehen?
selbst Theater zu spielen?
Theaterstücke zu schreiben?
Freunde ins Theater einzuladen?
in einer Theatergruppe mitzumachen? | Ja.
Na klar!
Lieber nicht.
Nein, eher/gar nicht. |

b) Lesen Sie die Sätze, sammeln Sie auf S. 25–26 weitere Beispiele und markieren Sie die Infinitive mit *zu*.

Die Chefdramaturgin findet es wichtig, aktuelle Themen auf die Bühne ==zu bringen==.
Es macht ihr großen Spaß, Theaterstücke für den neuen Spielplan ==auszuwählen==.

c) Vergleichen Sie die Sätze aus b) und ergänzen Sie die Regel.

Regel: Der Infinitiv mit *zu* steht am _____.

Bei trennbaren Verben steht *zu* zwischen Vorsilbe und _____.

3 Am Samstag gehen wir ins Theater!

a) Einen Anzug, ein Kleid oder …? Was ziehen Sie zu einem Theaterbesuch an? Berichten und vergleichen Sie.

b) Üben Sie Dialoge wie im Beispiel. Die Vorschläge helfen.

Vergiss bitte nicht, die Tickets zu buchen.

Und denk dran, das schwarze Hemd zu bügeln!

Ich habe die Tickets schon bestellt.

Ich ziehe lieber das blaue an.

4 Das tun Zuschauer*innen im Theater (nicht)!

a) *Man sollte (nicht)* … Sammeln und vergleichen Sie.

Im Theater sollte man leise sein.   *Genau. Und man sollte nicht …*

b) Schreiben Sie einen Ratgebertext für Theaterbesucher*innen mit den Angaben aus a) **ODER** einen Leserbrief, in dem Sie sich über das Verhalten anderer Theaterbesucher*innen beschweren. Die Redemittel helfen.

Bei einem Theaterbesuch ist es wichtig, die anderen Zuschauer*innen nicht zu stören. Man sollte also auf jeden Fall pünktlich sein. …

*Liebe Kulisse-Redaktion,
ich ärgere mich manchmal über die anderen Besucher*innen im Theater. Gestern saß z.B. eine Frau hinter mir, die die ganze Zeit husten musste. Ich finde es nicht richtig, andere Zuschauer*innen zu stören. …*

c) Präsentieren Sie Ihre Texte.

1 Maik und Tschick

a) Maik (M), Tschick (T) oder beide? Wählen Sie eine Person und lesen Sie die Einführung. Ergänzen und vergleichen Sie.

	Muttersprache: Deutsch	*M, T*	Alter: 14 Jahre
	Wohnort: Berlin		Nationalität: russisch
	Schule: Hagecius-Gymnasium		Spitzname: ja

b) Sommerferien ohne Eltern. Was könnten Maik und Tschick machen? Machen Sie Vorschläge.

2 Der Roman: Kapitel 18

a) Tschick hat eine Idee. Wie reagiert Maik? Hören Sie den Dialog, lesen Sie mit und berichten Sie.

„Wohin willst du denn überhaupt?"
„Ist doch egal."
„Wenn man wegfährt, wär irgendwie gut, wenn man weiß, wohin."
„Wir könnten meine Verwandtschaft besuchen. Ich hab einen Großvater in der Walachei."
5 „Und wo wohnt der?"
„Wie, wo wohnt der? In der Walachei."
„Hier in der Nähe oder was?"
„Was?"
„Irgendwo da draußen?"
10 „Nicht *irgendwo* da draußen, Mann. In der Walachei."
„Das ist doch dasselbe."
„Was ist dasselbe?"
„Irgendwo da draußen und Walachei, das ist dasselbe."
„Versteh ich nicht."
15 „Das ist nur ein *Wort*, Mann", sagte ich und trank den Rest von meinem Bier.
„Walachei ist nur ein Wort. So wie Dingenskirchen. Oder Jottwehdeh."
„Meine Familie kommt von da."
„Ich denk, du kommst aus Russland?"
„Ja, aber ein Teil kommt auch aus der Walachei. Mein Großvater. Und meine
20 Großtante und mein Urgroßvater und – was ist daran so komisch?"
„Das ist, als hättest du einen Großvater in Jottwehdeh. Oder in Dingenskirchen."
„Und was ist daran so komisch?"
„Jottwehdeh gibt's nicht, Mann! Jottwehdeh heißt: *janz weit draußen*.
Und die Walachei gibt's auch nicht. Wenn du sagst, einer wohnt in der Walachei,
25 dann heißt das: Er wohnt in der Pampa."
„Und die Pampa gibt's auch nicht?"
„Nein."
„Aber mein Großvater wohnt da."
„In der Pampa?"
30 „Du nervst echt. Mein Großvater wohnt irgendwo am Arsch der Welt in einem Land,
das Walachei heißt. Und da fahren wir morgen hin."

b) Hören Sie die Umfrage. Nach welchen Ausdrücken wird gefragt?

c) *Dingenskirchen, in der Walachei* … Lesen Sie die Lexikoneinträge laut vor. Ihr Partner / Ihre Partnerin ergänzt.

d) Warum ist Tschick von Maik genervt? Lesen Sie den Dialog noch einmal und erklären Sie auf Deutsch oder in einer gemeinsamen Sprache.

VORHANG AUF! 2

Vom Roman zum Theaterstück

a) Was passiert gleichzeitig? Lesen Sie die Regieanweisungen für Kapitel 18 und berichten Sie.

> **Auf der Bühne:** Wohnzimmer von Maiks Eltern: Sofa in der Mitte, zwei Sessel links und rechts, kleiner Tisch vorne, Fernseher auf Kommode links, Bücherregal rechts. **Handlung:** Tschick steht vor dem Regal. Er sieht sich die Bücher an, verliert das Interesse und geht langsam zum Sofa. Während er zum Sofa geht, kommt Maik mit zwei Flaschen in den Händen von links auf die Bühne. Er stellt die Getränke auf den Tisch. Tschick legt sich auf das Sofa. Maik öffnet zuerst eine Flasche für Tschick, setzt sich dann auf einen Sessel und öffnet seine Flasche. Sie sehen sich an, während sie einen Schluck trinken. Dann macht Tschick einen Vorschlag …

b) Alles gleichzeitig! Markieren Sie die Verben im Nebensatz mit *während* in a) und ergänzen Sie.

Während Tschick vor dem Regal steht, …
…, während Tschick vor dem Regal steht.

c) Lesen Sie die Regieanweisung aus a) noch einmal und spielen Sie die Szene vor. Achten Sie auf das, was gleichzeitig passiert. Die anderen helfen.

Was?

a) Hören Sie, lesen Sie mit und achten Sie auf die Intonation.

Während ich telefoniere, räume ich auf.

Ja, ich räume auf, während ich telefoniere. Das mache ich immer so! Und du?

Was? Du räumst auf, während du telefonierst?

b) Sprachschatten. Variieren Sie und fragen Sie wie in a) nach.

Ab in die Walachei!

a) Mit dem Auto von Berlin nach Bukarest. Recherchieren Sie Fahrtdauer, Städte und Länder. Berichten Sie.

b) Unterwegs. Wählen Sie eine Situation aus und schreiben Sie einen Dialog **ODER** eine Regieanweisung.

Kapitel 19: Um vier Uhr nachts geht es los. Tschick kommt mit einem Auto, um Maik abzuholen.

Kapitel 23: Am zweiten Reisetag treffen sie ihren Mitschüler Lutz aus Berlin in einer Dorfbäckerei.

Kapitel 38: Maik und Tschick haben einen Unfall mit dem Auto. Eine nette Frau will ihnen helfen.

Kapitel 45: Maik kommt aus dem Krankenhaus und muss seinen Eltern erklären, was passiert ist.

c) Präsentieren Sie Ihre Dialoge oder Regieanweisungen. Spielen Sie die Szenen nach.

Unterwegs in die Walachei.
„Tschick" am Schauspiel Leipzig.

ÜBUNGEN

1 Im Theater

a) Menschen, Orte, Tätigkeiten. Ordnen Sie die Angaben aus der Wortwolke zu.

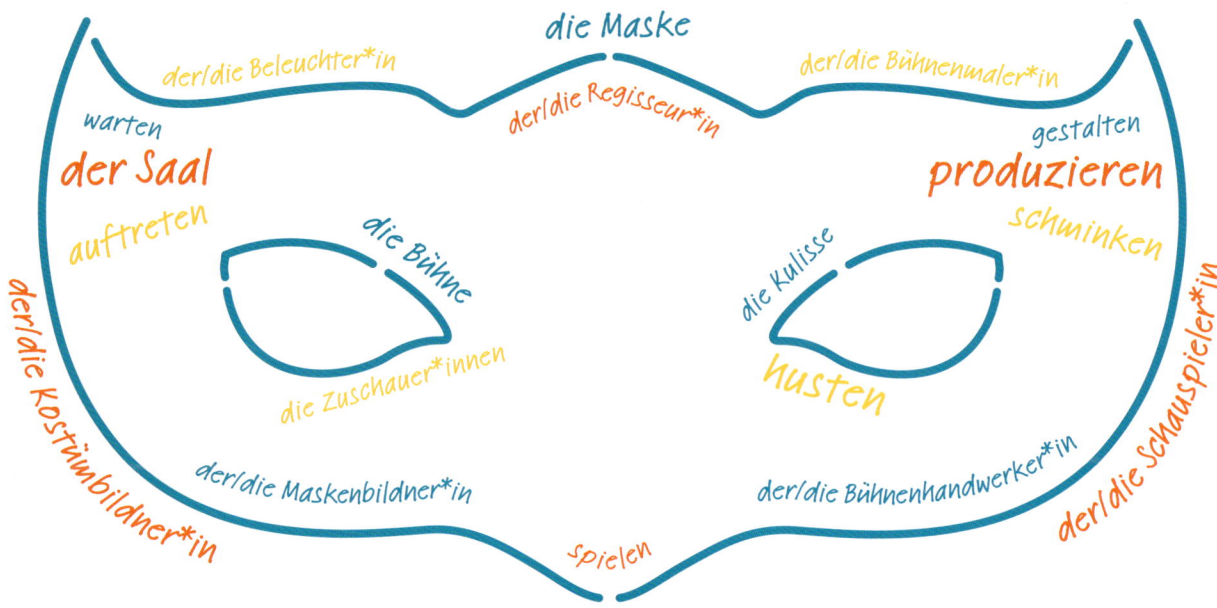

Menschen	Orte	Tätigkeiten
der/die Regisseur*in		

b) Ergänzen Sie weitere Theaterwörter von S. 24–25 in der Wortwolke.

c) Was passiert im Theater? Die Angaben in a) helfen.

*Die Schauspieler*innen warten in den Kulissen auf ihren Auftritt. Die Maskenbildnerin …*

2 Einen Blick hinter die Kulissen werfen

a) Lesen Sie die Anzeigen und ordnen Sie passende Überschriften zu.

1 Besichtigen Sie unsere Bäckerei!
2 Die bunte Welt des Theaters
3 Ein Tag mit unserem Koch Matthias
4 30 Jahre Kino am Markt

a ○
Was passiert hinter dem Vorhang? Wer startet den Film? Und wie werden eigentlich unsere leckeren Snacks zubereitet? Kommen Sie vorbei und werfen Sie einen Blick hinter die Kulissen …

b ○
Am Sonntag öffnen wir wieder unsere Türen. Kommen Sie vorbei und werfen Sie einen Blick hinter die Kulissen! Weißbrot oder Vollkornbrot? Croissants oder Kuchen? Unsere Bäckerinnen und Bäcker zeigen Ihnen ihre Arbeit.

b) *Einen Blick hinter die Kulissen werfen*. Was bedeutet die Redewendung? Lesen Sie die Anzeigentexte noch einmal. Kreuzen Sie an.

1 ○ etwas genauer kennenlernen
2 ○ ein Praktikum im Theater machen

VORHANG AUF! 2

3 Alles muss genau passen!

a) Hören Sie die Interviews auf S. 25 noch einmal und kreuzen Sie an.

		richtig	falsch
1	Frau Ruiz ist Bühnenmalerin im Stadttheater.	○	X
2	Das perfekte Schminken und Frisieren der Schauspielerinnen und Schauspieler wird vor der Aufführung oft geprobt.	○	○
3	Zu den Aufgaben von Frau Roth-Hinrichs zählt das Reparieren von Kostümen.	○	○
4	Frau Roth-Hinrichs entwirft alle Kostüme selbst. Für die Recherche besucht sie andere Theater und Museen.	○	○
5	Als Kostümbildnerin muss sich Frau Roth-Hinrichs mit Modegeschichte auskennen.	○	○
6	Herr Burke arbeitet gemeinsam mit den Kostümbildner*innen in einer Werkstatt.	○	○
7	Er baut auch kleine Bühnenmodelle.	○	○
8	Die Bühnenmaler*innen entscheiden, wie das Bühnenbild aussehen soll.	○	○

b) Korrigieren Sie die falschen Aussagen.   *1 Frau Ruiz ist...*

c) Maskenbildner*in (M), Kostümbildner*in (K) oder Bühnenmaler*in (B). Wer sagt was? Lesen Sie die Aussagen und ergänzen Sie.

1 ____ : „Vor jeder Aufführung frisiere ich die Schauspielerinnen und Schauspieler."
2 ____ : „Ich repariere viele Kleidungsstücke für die Produktionen."
3 ____ : „Ich kontrolliere vor jeder Aufführung das Bühnenbild."
4 ____ : „Ich bereite die Kulissen nach den Ideen der Regisseurinnen und Regisseure vor."
5 ____ : „Heute recherchiere ich die Mode aus dem frühen 20. Jahrhundert."
6 ____ : „Jeden Tag schminke ich die Schauspielerinnen und Schauspieler."

d) Schreiben Sie die Sätze im Passiv Präsens wie im Beispiel.

1 Vor jeder Aufführung werden die Schauspielerinnen und Schauspieler frisiert.

4 Goethes Faust in moderner Sprache

a) Hören Sie das Zitat aus Goethes *Faust* und lesen Sie mit. Verbinden Sie dann die Zeilen in moderner Sprache.

1 Lasst uns auch so ein Schauspiel geben!
2 Greift nur hinein ins volle Menschenleben!
3 Ein jeder lebt's, nicht vielen ist's bekannt,
4 Und wo ihr's packt, da ist's interessant.
5 In bunten Bildern wenig Klarheit,
6 Viel Irrtum und ein Fünkchen Wahrheit.
7 So wird der beste Trank gebraut,
8 Der alle Welt erquickt und auferbaut.

a Jeder lebt, aber viele denken nicht darüber nach.
b Wir wollen auch ein Theaterstück spielen!
c viele Fehler und etwas Wahrheit haben.
d Bunte Bilder können unklar sein,
e Ideen holen wir uns aus dem Leben!
f So entsteht das beste Getränk,
g Wir suchen uns etwas Interessantes aus.
h das den Menschen Freude macht.

b) Hören Sie das Zitat in moderner Sprache und kontrollieren Sie.

ÜBUNGEN

5 Vorbereitung ist alles

🔊 1.23

a) Über welches Thema spricht Katinka? Hören Sie den Podcast und kreuzen Sie an.

1 ◯ über ihren ersten Auftritt   2 ◯ über ihre Arbeit am Theater   3 ◯ über Tipps gegen Lampenfieber

b) Welche Tipps gibt Katinka? Hören Sie noch einmal und ergänzen Sie.

vor	während	nach
– *gute Vorbereitung*	– *tief einatmen und …*	– …
– …		

6 *Bei uns ist alles Teamarbeit!*

a) Lesen Sie das Interview auf S. 26 noch einmal und ergänzen Sie das Berufsporträt.

Name: *Beate Seidel*	Tätigkeiten:	Tagesablauf:
Studium:	– *Organisation der …*	*9:00 Uhr – erste Besprechung …*
Beruf:		…

b) *Ohne Interesse an Literatur geht es nicht!* Formulieren Sie die Aussagen einfacher.

1 Ohne Interesse an Literatur geht es nicht.

   Man muss sich für Literatur interessieren.

2 Ohne eine gute Vorbereitung des Spielplans funktioniert nichts.

   Man muss den Spielplan …

3 Ohne die Proben mit Kostüm gibt es bei den Aufführungen Probleme.

4 Ohne eine gute Veranstaltungsorganisation geht es auch nicht.

5 Ohne eine sehr gute Terminplanung läuft hier nichts.

6 Ohne eine enge Zusammenarbeit mit den Bühnenhandwerkern kann man kein Stück aufführen.

VORHANG AUF!

7 *Wir freuen uns auf die neue Spielzeit!*

a) Verben mit Präpositionen. Akkusativ oder Dativ? Vergleichen Sie mit S. 24–26 und ergänzen Sie.

1 warten auf + _____
2 beteiligt sein an + _____
3 sich freuen auf + _____
4 gehören zu + _____
5 verantwortlich sein für + _____
6 zusammenarbeiten mit + _____

b) Schreiben Sie Sätze wie im Beispiel.

1 Ich – warten auf – der Zug
2 Der Kurs – sich freuen auf – die Sommerferien
3 Jochen – beteiligt sein an – die Planung für eine Gartenparty
4 Jeder Mensch – verantwortlich sein für – der Schutz der Natur
5 Wir – zusammenarbeiten mit – das Team
6 Katzen – gehören zu – die beliebtesten Haustiere

1 Ich warte auf den Zug.

c) Hören Sie die Sätze und kontrollieren Sie.
1.24

8 *Was ziehst du ins Theater an?*

a) Ordnen Sie die Kleidungsstücke zu.

die graue Jogginghose • die rote Jeans • das weiße Hemd • das blaue Jackett • das rote Kleid •
das gelbe T-Shirt • das schwarze Kleid • das grüne Hemd • die dunkle Hose

a
b
c
d
e

f
g
h
i

Dilay telefoniert mit Simon

b) Was ziehen Dilay (D) und Simon (S) an? Hören Sie das Telefongespräch und ergänzen Sie in a).
1.25

c) Was ziehen Sie ins Theater an und was nicht? Begründen Sie.

Ich finde, man sollte nicht in einer Jogginghose ins Theater gehen, weil ...

ÜBUNGEN

9 Flüssig sprechen. Hören Sie und sprechen Sie nach.

🔊 1.26

1 in die Vorstellung zu gehen – heute Abend in die Vorstellung zu gehen – Hast du vor, heute Abend in die Vorstellung zu gehen?
2 in einem Film mitzuspielen – irgendwann in einem Film mitzuspielen – Planst du, irgendwann in einem Film mitzuspielen?
3 in einer Tanzgruppe mitzumachen – jede Woche in einer Tanzgruppe mitzumachen – Hast du Lust, jede Woche in einer Tanzgruppe mitzumachen?

10 *Planst du, ins Theater zu gehen?* Ergänzen Sie die Sätze mit dem Infinitiv mit *zu*.

1 Ich freue mich sehr, _____ . (die neue Regisseurin kennenlernen)
2 Kannst du dir vorstellen, _____ ? (eine Hauptrolle spielen)
3 Simon hat vor, _____ . (sich die Aufführung ansehen)
4 Uns ist es wichtig, _____ . (kritische Themen behandeln)
5 Dilay macht es Spaß, _____ . (jeden Tag proben)
6 Leider hat Simon keine Zeit, _____ . (die Vorstellung besuchen)

11 Das stört, oder?

a) Was ist hier denn los? Sehen Sie sich das Bild an und beschreiben Sie, was die Kursteilnehmer*innen im Unterricht machen.

1 *Der Kursteilnehmer im grauen Pullover schläft.*
2 _____
3 _____
4 _____
5 _____

b) *Nicht ..., sondern ...* Fünf Regeln für den Unterricht. Ergänzen Sie wie im Beispiel.

1 *Sie sollten im Unterricht nicht schlafen* _____ , sondern aufpassen.
2 _____ , sondern pünktlich.
3 _____ , sondern zu Hause.
4 _____ , sondern in der Pause.
5 _____ , sondern ins Buch sehen.

VORHANG AUF! 2

12 Endlich Sommerferien!

a) Ferienaktivitäten. Ordnen Sie die Nachrichten den Fotos zu. Nicht alle Fotos passen.

a  b

c  d

e  f

1 Tschick läuft heute um 19:30 im Kino. Kommst du mit?
…

2 Ich treffe mich um drei mit Stefan und Felix zum Fußballspielen im Park. Kommst du auch?
…

3 Das Wetter ist heute echt super! Lina und ich wollen nach dem Mittagessen eine Radtour machen. Bist du dabei?
…

4 Lust auf Eis? Ich treffe mich gleich mit Max im Café Glück.
…

Hast du Lust, heute um 19:30 Uhr im Kino Tschick zu sehen?

Hast du Zeit, _____

Ich kann leider nicht. Muss noch arbeiten. Morgen Abend?

b) *Hast du Lust/Zeit …?* Schreiben Sie die Textnachrichten aus a) wie im Beispiel.

c) *Klar!/Leider …* Beantworten Sie die Textnachrichten aus a).

13 *Das ist der Opa von meiner Mutter*

 1.02

a) Videokaraoke. Sehen Sie sich das Video an und antworten Sie.

b) Sehen Sie sich das Video noch einmal an und beantworten Sie die Fragen.

1 Warum kann Miray nicht zur Vorstellung gehen?
2 Von welchen Familienmitgliedern erzählt Miray?
3 Wie viele Geschwister hat Mirays Oma?
4 Was erzählt Miray über ihren Vater?

c) *Mein Urgroßvater ist …* Schreiben Sie kurze Definitionen.

1 Urgroßvater: *Mein Urgroßvater ist der Opa von …* _____

2 Großtante: _____

3 Großonkel: _____

4 Cousin: _____

14 Die Familienfeier. Hören Sie und sprechen Sie nach. Achten Sie auf die Betonung.

 1.27

1 Während wir ein Familienfoto gemacht haben, hat es geregnet.
2 Mein Vater hat mit Oma geredet, während alle anderen Kuchen gegessen haben.
3 Während noch gefeiert wurde, hat meine Mutter meine kleine Schwester nach Hause gebracht.
4 Die Gäste haben begeistert zugehört, während meine Cousins Klavier gespielt und gesungen haben.

fünfunddreißig 35

ÜBUNGEN

15 Das mache ich gleichzeitig!

a) Was passt zusammen? Verbinden Sie.

1 Ich höre einen Podcast. .... a Sein Freund geht zur Arbeit.
2 Sie putzt die ganze Wohnung. b Wir frühstücken gemeinsam.
3 Er liegt noch im Bett. ▸ c Ich koche mein Lieblingsessen.
4 Sie bügelt Hemden und Blusen. d Ihre Schwester liegt auf dem Sofa.
5 Ich unterhalte mich mit meinem Bruder. e Er steht unter der Dusche.
6 Er singt ein Lied. f Sie sieht fern.

b) Verbinden Sie die Sätze aus a) mit *während* wie im Beispiel.

1 Ich höre einen Podcast, während ich mein Lieblingsessen koche.
Während ich mein Lieblingsessen koche, höre ich einen Podcast.

16 *Stellen Sie das Sofa weiter nach rechts*

a) **Auf der Bühne.** *Neben, zwischen, auf, an, …* Beschreiben Sie wie im Beispiel.

b) Was ist anders? Lesen Sie die Regieanweisung. Vergleichen Sie mit dem Bühnenbild in a) und markieren Sie.

Bühne: Theos WG-Zimmer:
Tür: linke Wand, Mitte; Bett steht links, Kleiderschrank rechts neben Tür; Kommode steht zwischen Schrank und Bücherregal; Poster hängt über Kommode; Zeitung liegt auf Sofa; Schreibtisch steht an rechter Wand vor Fenster; Stuhl steht vor Schreibtisch; Teppich liegt zwischen Sofa und Schreibtisch.
Handlung: Theo kommt ins Zimmer, nimmt die Zeitung und setzt sich auf Sofa …

c) *Stellen, hängen, legen …* Welche Anweisungen gibt der Regisseur den Bühnenhandwerkern?

Stellen Sie die Kommode zwischen den Schrank und das Bücherregal.

d) Hören Sie und kontrollieren Sie Ihre Angaben in c).
1.28

Fit für Einheit 3?

1 Mit Sprache handeln

über Theaterberufe sprechen
Eine Maskenbildnerin schminkt und frisiert die Schauspieler*innen.
Ein Beleuchter sorgt bei Proben und Vorstellungen für das richtige Licht.
Eine Kostümbildnerin entwirft Kostüme für Theaterstücke.
Bühnenmaler*innen und Bühnenhandwerker*innen planen das Bühnenbild.

sagen, wozu man (keine) Lust/Zeit hat

Hast du Lust, mit mir ins Kino zu gehen?	Ja, sehr gerne.
Hast du heute Mittag Zeit, im Park Fußball zu spielen?	Ich kann leider nicht.
Kannst du dir vorstellen, selbst Theater zu spielen?	Nein, eher nicht.

Bedeutungen aushandeln

Irgendwo da draußen und Walachei, das ist dasselbe.	Versteh' ich nicht.
Das ist eine Region in Rumänien.	
In der *Pampa*? Gibt es die wirklich?	Ja, das ist eine Landschaft in Südamerika.

2 Wörter, Wendungen und Strukturen

Infinitiv mit *zu*

Vergiss bitte nicht, die Tickets zu buchen.	Kein Problem!
Denk dran, das schwarze Hemd zu bügeln.	Das habe ich schon gemacht.
Ich habe leider keine Zeit, die Vorstellung zu besuchen.	Schade!

Nebensätze mit *während*
Während ich mein Lieblingsessen koche, höre ich einen Podcast.
Er bügelt Hemden und Blusen, während er fernsieht.

3 Aussprache

Satzakzent und Satzmelodie: Während ich telefoniere, räume ich auf. Du räumst auf, während du telefonierst?

Ja, ich räume auf, während ich telefoniere.

Interaktive Übungen

MITEINANDER – FÜREINANDER!

HIER LERNEN SIE:
- über Engagement und Ehrenamt sprechen
- einen (Sport-)Verein vorstellen
- Bedingungen und Wünsche nennen
- eine Diskussion führen

Paula Fröhlich, Mechanikerin, bei einer Übung der Freiwilligen Feuerwehr: „Ich will in meiner Freizeit etwas Sinnvolles tun, darum mache ich mit. Helfen macht Spaß!"

Das Ehrenamt lebt!

Engagierte Bürgerinnen und Bürger im Rathaus geehrt

Zum Internationalen Tag des Ehrenamtes am 5. Dezember erhielten wieder vier Bürgerinnen und Bürger im Rathaus von Unterrödingen einen Preis für ihr Engagement. Geehrt wurden in diesem Jahr Paula Fröhlich,
5 die seit ihrer Kindheit Mitglied bei der Freiwilligen Feuerwehr ist, Friedrich Baur, der seit mehr als 25 Jahren beim Naturschutzbund (NABU) aktiv ist, Marc Kling, der in seiner Tierarztpraxis einmal pro Woche Hunde von wohnungslosen Menschen kostenlos behandelt,
10 und Tekla Pawlak, die seit fünfzehn Jahren ältere Menschen besucht und ihnen ihre Zeit schenkt. Bürgermeister Matthias Sigl lobte die vier Frauen und Männer für ihr Engagement. „Sie haben ein Ehrenamt übernommen und setzen sich schon seit vielen Jahren
15 in ihrer Freizeit und ohne Bezahlung für andere Menschen ein. Ohne ihren Einsatz würde vieles in unserer Gesellschaft nicht funktionieren", sagte er in seiner Rede vor mehr als dreihundert Gästen. Zum Schluss zitierte er noch das Sprichwort: „Viele
20 kleine Leute an vielen kleinen Orten, die viele kleine Schritte tun, können die Welt verändern." Und meinte: „Genau das tun Sie und die vielen anderen freiwilligen Helferinnen und Helfer in unserer Stadt. Deshalb ist es mir eine große Freude, heute Danke zu sagen."

von Maria Merkle

"Für mich waren der Schutz und die Pflege des Waldes schon immer wichtig. Wenn wir z. B. nicht regelmäßig Müll sammeln würden, wäre unser Wald ziemlich vermüllt. Mir macht es einfach Spaß, gemeinsam mit anderen aktiv zu sein."

Friedrich Baur, Rentner, beim Müllsammeln im Wald

"Ich wollte für andere da sein, deshalb habe ich mich bei einem Besuchsdienst gemeldet. Ich besuche ältere Menschen und unterhalte mich mit ihnen. Sie geben mir das Gefühl, dass sie mich brauchen. Das ist ein gutes Gefühl."

Tekla Pawlak, Verkäuferin, im Gespräch mit einer Seniorin im „Seniorenheim am Wald"

"Der Hund ist oft der einzige Freund von wohnungslosen Menschen. Durch meine Arbeit kann ich nicht nur den Hunden, sondern auch ihren Besitzerinnen und Besitzern helfen. Das macht mir große Freude. Ich würde gern noch mehr tun. Aber das geht leider nicht."

Marc Kling, Tierarzt, mit einem Patienten in seiner Praxis

1 Ehrenamtliche Tätigkeiten

a) Sehen Sie sich das Video an. Wo sind die Personen freiwillig tätig und warum? Sammeln und vergleichen Sie.
b) Wo kann man noch mitmachen? Ergänzen Sie Ihr Ergebnis aus a). Die Fotos helfen.
💬 *Viele engagieren sich für die Umwelt.*

2 Das Ehrenamt lebt!

a) Was war am 5. Dezember in Unterrödingen? Lesen Sie den Zeitungsartikel und berichten Sie.
b) Warum engagieren sich Paula Fröhlich, Friedrich Baur, Tekla Pawlak und Marc Kling? Wählen Sie eine Person aus und berichten Sie.
c) *Viele kleine Leute an vielen kleinen Orten, …* Erklären Sie das Sprichwort.

3 Die Rede des Bürgermeisters

a) Hören Sie die Rede. Welche Informationen sind neu? Notieren und vergleichen Sie.
b) Eine Rede halten. Partner/in A liest den Satzanfang vor, Partner/in B beendet den Satz. Achten Sie auf die Intonation.

4 Was würdest du gern machen?

a) Wählen Sie ein Ehrenamt. Fragen und antworten Sie. Die Redemittel helfen.
b) Wo haben Sie sich schon freiwillig engagiert? Wo würden Sie (nicht) gern mitarbeiten? Warum? Diskutieren Sie.
💬 *Ich habe schon …*
💬 *Ich würde (nicht) gern …*

1 Wir lieben Sport!

a) Sportarten, Training, Lieblingsmannschaften. Sammeln Sie Fragen für ein Partnerinterview.

b) Machen Sie Interviews. Notieren und berichten Sie. Die Redemittel helfen.

Hast du eine Lieblingsmannschaft?

Ja, ich bin Bayern-Fan. Ich trage im Stadion immer meinen Fanschal.

2 Fußball und Fußballvereine

a) Wählen Sie Text A oder B. Notieren Sie die drei wichtigsten Informationen und berichten Sie.

A

Fußball und Ehrenamt

Der Fußball kam 1873 aus England nach Deutschland. Fünfzehn Jahre später wurde der erste deutsche Fußballverein in Berlin gegründet und seit 1903 spielen die Fußballclubs jedes Jahr um die Meisterschaft.

Heute gibt es ca. 24.500 Fußballvereine mit mehr als sieben Millionen Mitgliedern und ungefähr 145.000 Mannschaften. Jedes Wochenende finden ca. 80.000 Spiele statt.

1,7 Millionen Menschen engagieren sich ehrenamtlich im Amateurfußball. Ohne sie würde es den Fußball nicht geben. Ohne sie könnte kein Spiel stattfinden und kein Verein funktionieren. Die Ehrenamtlichen kümmern sich um die Organisation der Spiele, bereiten die Fußballplätze vor, fahren die Spieler*innen zu den Spielen und arbeiten als Trainer*innen oder Schiedsrichter*innen. Sie engagieren sich, weil es ihnen Spaß macht, und weil sie gern mit anderen Menschen zusammenarbeiten. Sie sind die wahren Heldinnen und Helden im Fußball. Deshalb sagen die Profi-Clubs seit 1999 jährlich am 5. Dezember „Danke ans Ehrenamt".

Fußballmannschaft vor einem Spiel

B

www.fc-unterroedingen.example.de

Home | Verein aktuell | Mannschaften | Tickets | Kontakt

FC Unterrödingen 1923 – 2023: 100 Jahre FCU

Herzlich willkommen beim FC Unterrödingen – Wir lieben Fußball!

Der FC Unterrödingen wurde 1923 gegründet. Unsere sportliche Heimat ist das Schwarzwaldstadion mit Platz für 4.000 Fans. Heute spielen bei uns etwa 250 Kinder und Jugendliche aus der ganzen Welt in 14 Mannschaften – von den Bambinis (6 Jahre) bis zu den A-Junior*innen (17–18 Jahre) sowie Senioren (über 40 Jahre). Sie werden von über 20 ehrenamtlichen Trainer*innen trainiert. Mehr als 600 Mitglieder nehmen am Vereinsleben aktiv teil. Uns geht es um die Freude am Fußballspielen, die Gemeinschaft und um Freundschaften.

FC Unterrödingen sucht Sie!

Wir suchen ehrenamtliche Trainer*innen für den Kinder- und Jugendfußball. Helfen Sie uns, die Spielerinnen und Spieler sportlich und menschlich weiterzuentwickeln. Gerne nehmen wir auch engagierte Trainer*innen ohne Lizenz. Wir unterstützen Sie bei der Trainerausbildung und bieten auch regelmäßig Fortbildungen an. Wenn Sie Lust haben, bei uns mitzumachen, kommen Sie einfach vorbei. Wir freuen uns auf Sie!

b) Sportvereine und Clubs an Ihrem Kursort. Was ist gleich, was ist anders? Vergleichen Sie.

Bei uns spielen Jugendliche an den Schulen Fußball und nicht in Vereinen.

In China ist Tischtennis sehr beliebt.

MITEINANDER – FÜREINANDER!

3 Sonja Schneider, Fußballtrainerin

a) Lesen Sie den Steckbrief und stellen Sie Sonja Schneider vor.

Steckbrief
Name: Sonja Schneider
Alter: 32 Jahre
Beruf: Lehrerin

Trainerin beim FC Unterrödingen
Mannschaft: C-Juniorinnen (12–14 Jahre)
Größter Erfolg: 1. Platz beim Juniorinnen-Cup

b) Hören Sie das Radiointerview mit Sonja Schneider und sammeln Sie Informationen zu den Punkten *Karriere als Fußballerin*, *Beruf*, *Aufgaben als Trainerin* und *Wünsche*. Vergleichen Sie.

4 Wenn ich Zeit hätte, würde ich …

a) Sprechen Sie schnell.

Wenn ich fitter wäre,
Wenn ich die Trainerlizenz hätte,
Wenn ich in Unterrödingen wohnen würde,   (dann)
Wenn ich abends nicht arbeiten müsste,
Wenn ich besser Fußball spielen könnte,

Aber ich bin nicht fit!

könnte ich die Mannschaft trainieren.
würde ich mich beim FC Unterrödingen engagieren.
wäre ich glücklich.
würde ich den Verein unterstützen.

b) Wünsche und Bedingungen. Sammeln Sie Sätze mit Konjunktiv II im Präsens auf S. 38–40 und markieren Sie wie im Beispiel.

Im nächsten Jahr <mark>würden</mark> wir wieder gern den Juniorinnen-Cup <mark>gewinnen</mark>.

Wenn ich nicht als Trainerin arbeiten <mark>könnte</mark>, <mark>würde</mark> mir etwas <mark>fehlen</mark>.

Ich würde wirklich gern zum Training gehen. Aber …

c) Lesen Sie die Sätze in b) und ergänzen Sie die Regel.

Regel: Den Konjunktiv II bildet man meistens mit _____ + _____

Minimemo
sein → wäre
haben → hätte

5 Was würden Sie tun, wenn …?

Stellen Sie Ihrer Partnerin / Ihrem Partner vier Fragen und antworten Sie wie im Beispiel. Berichten Sie im Kurs.

Was würdest du tun, wenn du nächste Woche frei hättest?   *Dann würde ich …*

Was würdest du machen, wenn es morgen sehr heiß/kalt wäre?   *Ich würde …*

6 Wir werden Meister!

Stellen Sie Ihren/einen (Sport-)Verein vor. **ODER** Was würden Sie tun, wenn Ihre (Lieblings-)Mannschaft (nicht) Meister werden würde?

Ich würde mit meinen Freunden durch die Stadt fahren und … Dann …

Autokorso – Der 1. FC Unterrödingen ist Meister!

Wir sind für ...

Bürgerinitiativen

a) Typische Bürgerinitiativen. Lesen Sie die Landeskunde-Box. Sammeln und berichten Sie.

Fahrraddemo für mehr Radwege in Berlin

In unserer Stadt demonstrieren viele gegen den Bau einer Autobahn durch die Stadt.

Strategie

Texte knacken
1. Hypothesen vor dem Lesen: Überschriften und Bilder helfen
2. Hypothesen beim Lesen überprüfen, neue Informationen sammeln
3. Text nach dem Lesen zusammenfassen

b) *Wald und Wiesen* ... Hypothesen vor dem Lesen. Was könnte das Thema des Zeitungsartikels sein? Sehen Sie sich das Foto an und lesen Sie die Überschrift in c). Sammeln Sie Vermutungen.

Wahrscheinlich geht es um ...   *Ich nehme an, dass ...*

c) Lesen Sie den Zeitungsartikel und überprüfen Sie Ihre Hypothesen aus b).

Wald und Wiesen in Gefahr?
Bürgerinitiative lehnt Pläne der Stadt ab

Blick auf den Kirchberg am Stadtrand von Unterrödingen

Seit Monaten wird über das geplante Neubaugebiet am Kirchberg gestritten. Die Bürgerinitiative „Rettet den Kirchberg" kämpft gegen die Pläne der Stadt, am östlichen Rand von Unterrödingen 200 neue Mietwohnungen zu bauen. Sie hat mehr als 2.500 Unterschriften gegen das Neubaugebiet gesammelt. „Das zeigt", so Carmen Lang von der BI, „dass die Mehrheit der Bürgerinnen und Bürger das Projekt ablehnt. Der Kirchberg ist ein wichtiges Erholungsgebiet für alle. Man darf den Wald und die Wiesen dort nicht zerstören. Wir sind der Auffassung, dass Naturschutz wichtiger ist als Wohnungsbau. Wir sind außerdem überzeugt, dass man mehr Wohnungen in der Innenstadt bauen könnte."

Bürgermeister Sigl findet die Argumente der Bürgerinitiative nicht richtig und sagte: „In den letzten Jahren wurde in Unterrödingen viel zu wenig gebaut. Es gibt nicht genug Wohnungen für die Menschen, die nach Unterrödingen ziehen wollen. Deshalb sind die Mieten hier auch so hoch." Er fügte noch hinzu: „Ich sehe in dem Projekt eine Chance für unsere Stadt, das Wohnungsproblem zu lösen. Darum hat es meine volle Unterstützung."

Bürgermeister Sigl lädt alle Bürgerinnen und Bürger der Stadt zu einer Diskussion über das Neubauprojekt am kommenden Mittwoch um 18:00 Uhr ins Rathaus ein.

von Wolfgang Würz

d) Lesen Sie den Artikel noch einmal. Sammeln Sie die Gründe für bzw. gegen das Projekt. Kommentieren Sie.

Die Mieten sind hoch. Das spricht für das Bauprojekt.

Gegen das Projekt spricht, dass man Wald zerstören würde.

MITEINANDER – FÜREINANDER! 3

2 Ein Infoabend im Rathaus

a) Argumente für und gegen das Projekt. Hören Sie die Diskussionsrunde und sammeln Sie.

Argumente für das Neubaugebiet	Argumente gegen das Neubaugebiet
	Naturschutz ist wichtiger als ...

b) Hören Sie die Diskussion in a) noch einmal und markieren Sie die Redemittel.

c) Eine Diskussion leiten. Ordnen Sie die Redemittel zu.

a Begrüßung: ____   b Vorstellung des Themas: ____   c Hinweise zum Ablauf der Diskussion: ____

d Fragen und Nachfragen: ____   e das Wort weitergeben: ____   f Sich bedanken und verabschieden: ____

1 Herr/Frau ..., möchten Sie (noch) etwas sagen?
2 Danke Herr/Frau ..., jetzt hat Herr/Frau ... das Wort.
3 Heute geht es um ...
4 Ich schlage vor, dass jede Rednerin und jeder Redner nicht länger als ... spricht.
5 Vielen Dank für Ihre Teilnahme!
6 Guten Abend liebe Bürgerinnen und Bürger!
7 Ich öffne jetzt die Diskussion für alle.
8 Habe ich Sie richtig verstanden, dass ...?
9 Als erste/r Redner/in spricht ..., dann spricht ...
10 Möchte noch jemand etwas sagen?

3 *Ich bin für/gegen das Projekt, deshalb ...*

a) Sprechen Sie schnell.

Ich bin für/gegen das Projekt,	deshalb	habe ich Unterschriften gesammelt.
Wir müssen die Natur schützen,	darum	setze ich mich für/gegen die Pläne ein.
Wir brauchen mehr Wohnungen,	deswegen	habe ich für/gegen die Pläne demonstriert.
		gehe ich zum Infoabend im Rathaus.

b) Gründe nennen mit *deshalb*, *darum* und *deswegen*. Lesen Sie die Regel, vergleichen Sie mit den Sätzen in a) und kreuzen Sie an.

Regel: Sätze mit *deshalb*, *darum* und *deswegen* sind immer ◯ Hauptsätze. ◯ Nebensätze.

4 Bürgerinitiative gegen Neubaugebiet

a) Wortakzent in Komposita. Markieren Sie.

die Bürgerinitiative – das Neubaugebiet – der Naturschutz – das Wohnungsproblem –
das Ehrenamt – die Trainerlizenz – der Fußballverein – das Erholungsgebiet – der Informationsabend

b) Hören Sie und kontrollieren Sie in a). Sprechen Sie laut nach und achten Sie auf den Wortakzent.

5 Tempo 30 in Städten, dienstags immer vegan oder ...?

Wählen Sie ein Thema und sammeln Sie Pro- und Kontra-Argumente.
Gruppe 1 leitet die Diskussion, Gruppe 2 ist für und Gruppe 3 ist gegen
die Initiative. Die Redemittel aus 2b) und 2c) helfen.

Deshalb bin ich für/gegen ...

ÜBUNGEN

1 Das Ehrenamt lebt!

a) Lesen Sie den Magazinartikel und die Aussagen der Ehrenamtlichen auf S. 38–39 und ergänzen Sie.

übernehmen • machen • geben • ~~erhalten~~ • einsetzen • sein

1 einen Preis *erhalten*
2 ein Ehrenamt _____
3 sich für andere _____
4 jemandem das Gefühl _____
5 für andere da _____
6 jemandem eine Freude _____

b) Sagen Sie es anders! Formulieren Sie die Sätze wie im Beispiel um. Der Magazinartikel und die Aussagen auf S. 38–39 helfen.

ehrenamtlich
geehrt werden
~~ohne Bezahlung~~
der Einsatz
vermüllt
sich engagieren

1 Marc Kling behandelt <u>kostenlos</u> Tiere von wohnungslosen Menschen.
2 <u>Die Hilfe</u> der Ehrenamtlichen ist wichtig für die Gesellschaft.
3 In diesem Jahr haben vier Bürgerinnen und Bürger für ihr Engagement <u>einen Preis erhalten</u>.
4 Ehrenamtliche Helferinnen und Helfer <u>setzen sich für andere ein</u>.
5 Tekla Pawlak arbeitet <u>freiwillig</u> beim Besuchsdienst für ältere Menschen.
6 Friedrich Baur sammelt regelmäßig Müll, weil der Wald <u>verschmutzt</u> ist.

1 Marc Kling behandelt ohne Bezahlung Tiere von wohnungslosen Menschen.

2 Wir sind aktiv!

a) Ordnen Sie den Personen Tätigkeiten zu.

1 Tekla Pawlak – Besuchsdienst für ältere Menschen
2 Friedrich Baur – aktiv im Naturschutzbund

a
– gemeinsame Aktionen
– Umwelt schützen
– Natur genießen

b
– Hunde pflegen
– wohnungslosen Menschen helfen
– medizinischen Rat geben

c
– gemeinsame Gespräche
– Spiele spielen
– Hilfe im Alltag

b) Hören Sie das Interview und kontrollieren Sie in a). (1.33)

c) Hören Sie noch einmal. Was ist richtig? Kreuzen Sie an. Es gibt mehrere Möglichkeiten.

1 Friedrich Baur engagiert sich beim NABU, weil ...
 a ○ ihm der Schutz der Natur wichtig ist.
 b ○ seine ganze Familie beim NABU hilft.
 c ○ er gerne mit anderen aktiv ist.

2 Die Umweltaktionen begeistern ihn, weil ...
 a ○ sie im Team viel Spaß machen.
 b ○ immer mehr Menschen mitmachen.
 c ○ viele Menschen sich beim NABU anmelden.

3 Tekla Pawlak ...
 a ○ hilft älteren Menschen im Haushalt.
 b ○ verbringt Zeit mit älteren Menschen.
 c ○ geht mit älteren Menschen spazieren.

4 Tekla Pawlak engagiert sich, weil ...
 a ○ sie gerne ein Lächeln schenkt.
 b ○ sie immer viel Zeit hat.
 c ○ sie nicht möchte, dass die Menschen allein sind.

MITEINANDER – FÜREINANDER!

3 Wir wollen helfen!

a) Worum geht es? Überfliegen Sie den Zeitungsartikel und kreuzen Sie an.

1 ◯ Ein Tag beim NABU   2 ◯ Jeder kann Gutes tun!   3 ◯ Nachbarschaftshilfe gesucht

Miteinander 🤝 Füreinander

Viele Menschen engagieren sich in Unterrödingen ehrenamtlich. Auch in diesem Jahr wurden wieder vier Bürgerinnen und Bürger für ihr Engagement mit einem Preis geehrt.

Immer mehr Menschen möchten in ihrer Freizeit helfen und etwas Gutes tun. Und dafür gibt es gute Gründe. Es tut einfach gut, zu helfen und gemeinsam aktiv zu werden. Und für jeden gibt es etwas, das er oder sie tun kann. Außerdem unterstützt das Ehrenamt unsere Gesellschaft, denn vieles wäre ohne die Helferinnen und Helfer gar nicht möglich. „Wir freuen uns immer wieder über Menschen, die uns beim Schutz der Natur unterstützen und an unseren Aktionen teilnehmen!", sagt Friedrich Baur, Mitglied im Naturschutzbund (NABU). „Gemeinsam können wir so viel schaffen und etwas für unsere Umwelt tun." Und auch in vielen anderen Organisationen werden immer wieder Freiwillige gesucht.

Viele Menschen engagieren sich auch in ihrer Nachbarschaft. Sie gehen für ältere Menschen einkaufen oder begleiten sie zum Arzt. Andere helfen in einer Suppenküche aus. Dort kochen sie z. B. Essen für wohnungslose Menschen und arme Familien. Es gibt so viele Möglichkeiten, anderen zu helfen. Werde auch du aktiv!

von Ina Turan

b) Lesen Sie den Artikel noch einmal, sammeln Sie Informationen zu den Fragen und notieren Sie.

1 Was sind gute Gründe für ein Ehrenamt?
2 Was sagt Friedrich Baur?
3 Wie kann man sich in der Nachbarschaft engagieren?
4 Was macht man in einer Suppenküche?

1 Es tut gut zu helfen ...

4 Wollt ihr auch aktiv werden?

🔊 1.34

a) Was ist richtig? Hören Sie das Gespräch und kreuzen Sie an.

1 ⊗ Max engagiert sich bei „Welcome Home". Die Organisation unterstützt ausländische Studierende.
2 ◯ Mia hilft ehrenamtlich in einer Suppenküche.
3 ◯ Nida möchte auch gerne ein Ehrenamt übernehmen, weiß aber noch nicht, welches.
4 ◯ Max sucht neue Mentorinnen und Mentoren für die Arbeit bei „Welcome Home".
5 ◯ Nida interessiert sich nicht für „Welcome Home".

b) Was sagen Max, Mia und Nida? Hören Sie noch einmal und kreuzen Sie an.

1 ◯ Seid ihr schon ehrenamtlich aktiv?
2 ◯ Wo würdet ihr euch gern engagieren?
3 ◯ Nein, das wäre nichts für mich!
4 ◯ Würdest du dich gern engagieren?
5 ◯ Was muss man da genau machen?
6 ◯ Ich hätte Lust, als Mentorin mitzumachen!

ÜBUNGEN

5 Fußball in Zahlen

a) Lesen Sie die Texte A und B auf S. 40 noch einmal und sammeln Sie Informationen.

1	1873	3	600	5	145.000	7	1,7 Millionen
2	20	4	1923	6	24.500	8	250

1 1873 kam der Fußball ...

b) Was ist richtig? Lesen Sie die Texte noch einmal und kreuzen Sie an.

1 Seit 1903 ...
 a ( ) gibt es in Deutschland Fußballvereine.
 b ( ) gibt es jedes Jahr Meisterschaftsspiele.
 c ( ) gibt es den FC Unterrödingen.

2 Mehr als sieben Millionen Menschen ...
 a ( ) sind Mitglied in einem Fußballverein.
 b ( ) engagieren sich ehrenamtlich in einem Fußballverein.
 c ( ) gehen jedes Wochenende ins Stadion.

3 Der FC Unterrödingen ...
 a ( ) ist ein Club für Fußballfans.
 b ( ) ist 100 Jahre alt.
 c ( ) ist nur für Kinder und Jugendliche.

4 Der Verein sucht ...
 a ( ) neue Mitglieder.
 b ( ) neue Mitspieler*innen für die A-Junioren.
 c ( ) ehrenamtliche Trainer*innen – auch ohne Lizenz.

6 Fußball ist ein wunderbares Hobby!

a) Wortfeld Fußball. Sammeln Sie auf S. 40–41 und erstellen Sie eine Mindmap.

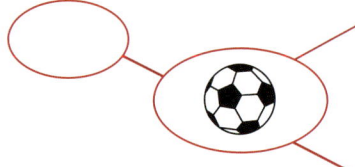

b) Lesen Sie die aktuellen Vereinsnachrichten und ergänzen Sie.

Fußballspieler • Verein • Mannschaft • Trainerlizenz • Profifußballerin • Trainerin • Fußballkarriere

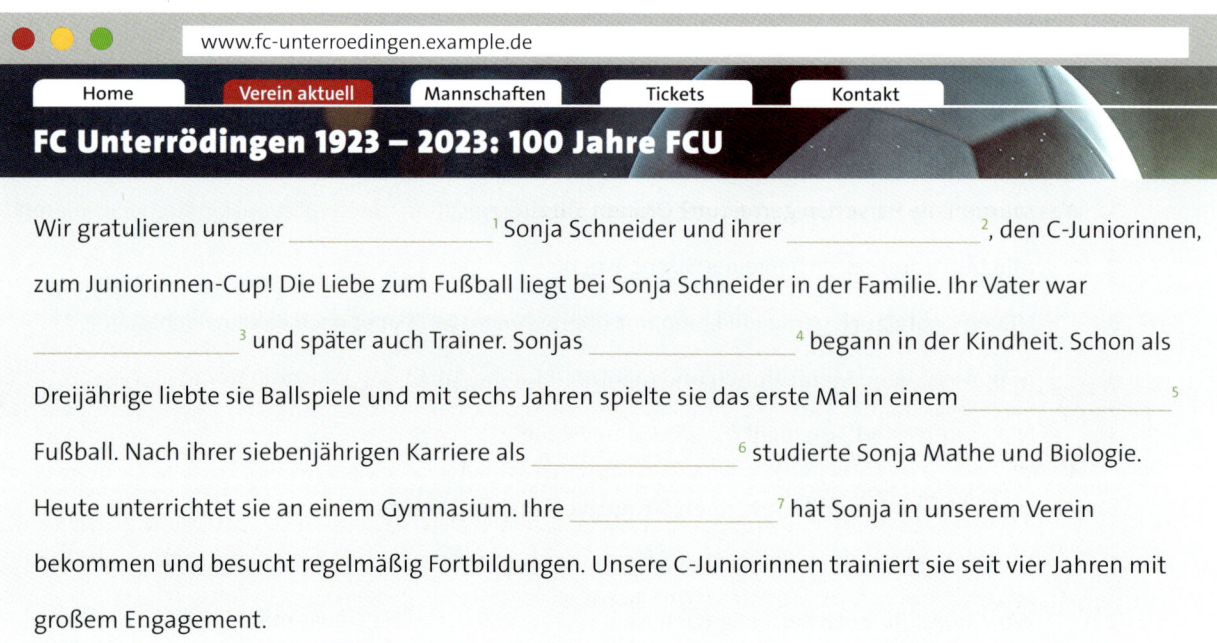

FC Unterrödingen 1923 – 2023: 100 Jahre FCU

Wir gratulieren unserer _____¹ Sonja Schneider und ihrer _____², den C-Juniorinnen, zum Juniorinnen-Cup! Die Liebe zum Fußball liegt bei Sonja Schneider in der Familie. Ihr Vater war _____³ und später auch Trainer. Sonjas _____⁴ begann in der Kindheit. Schon als Dreijährige liebte sie Ballspiele und mit sechs Jahren spielte sie das erste Mal in einem _____⁵ Fußball. Nach ihrer siebenjährigen Karriere als _____⁶ studierte Sonja Mathe und Biologie. Heute unterrichtet sie an einem Gymnasium. Ihre _____⁷ hat Sonja in unserem Verein bekommen und besucht regelmäßig Fortbildungen. Unsere C-Juniorinnen trainiert sie seit vier Jahren mit großem Engagement.

c) Vergleichen Sie mit dem Hörtext auf S. 139. Welche Informationen sind neu? Markieren Sie in b).

MITEINANDER – FÜREINANDER!

7 Fußball ist ein wunderbares Hobby!

a) Videokaraoke. Sehen Sie sich das Video an und antworten Sie.

b) Sehen Sie sich das Video noch einmal an und ergänzen Sie den Steckbrief.

Steckbrief

Name: _Miray Yıldız_   Mannschaft: _____

Aktuelle Tätigkeit: _____   Erfolge: _____

Spielerin beim: _FCU_ _____

c) Beantworten Sie die Fragen.

1 Was erzählt Miray über ihre Entwicklung in der neuen Mannschaft?
2 Was erzählt sie über das Training, die Spiele und die Schule?
3 Was möchte sie nach der Schule machen?

8 Ich würde gern …

a) Selbsttest Konjunktiv II. Ergänzen Sie die Verben wie im Beispiel.

1 Wenn ich ein Jahr Urlaub _hätte_ (haben), _würde_ ich eine Weltreise _machen_ (machen).
2 Wenn es nicht _____ _____ (regnen), _____ ich mit dem Fahrrad zur Arbeit _____ (fahren).
3 Wenn wir regelmäßig _____ _____ (lernen), _____ wir die B1-Prüfung _____ (bestehen).
4 Wenn er morgen nicht _____ _____ (arbeiten müssen), _____ er nach München zu einem Fußballspiel _____ (fahren können).
5 Wenn du schöner _____ _____ (schreiben), _____ ich deinen Text besser _____ (lesen können).
6 Wenn ich nicht zur Arbeit _____ _____ (pendeln müssen), _____ ich morgens länger _____ (schlafen können).
7 Wenn das Wetter besser _____ (sein), _____ wir am Wochenende einen Ausflug _____ (machen).

b) Was würden die Personen gerne tun? Ordnen Sie zu.

a Meisterschaft gewinnen   b Clubmitglied werden   c Handball spielen   d Mannschaft unterstützen

Tabea, diesen Monat

Lucia, nach der Schule

die C-Junioren, nächstes Jahr

wir, bei jedem Spiel

c) Schreiben Sie die Wünsche aus b) wie im Beispiel.

Tabea würde gern …

siebenundvierzig 47

ÜBUNGEN

9 Einen Verein vorstellen

a) Was ist das Thema? Hören Sie den Podcast von Rabea. Ergänzen Sie.

Es geht um ...

b) Was sagt Rabea? Hören Sie den Podcast noch einmal. Kreuzen Sie an.

1 ◯ Mein Lieblingsverein heißt ... / Ich bin großer Fan von ...
2 ◯ Der Verein wurde ... gegründet.
3 ◯ Der Verein spielt in ... / im ... Stadion.
4 ◯ Die Mannschaft hat schon viele/... Meisterschaften gewonnen.
5 ◯ Ich schaue die Spiele gerne live im Stadion / im Fernsehen an.
6 ◯ Die Vereinsfarbe ist ...
7 ◯ Mein Lieblingsspieler / Meine Lieblingsspielerin heißt ...
8 ◯ Der Trainer / Die Trainerin heißt ...

Mein Lieblingsverein

Name:
VFL Wolfsburg
(Frauenmannschaft)
Ort: Wolfsburg, AOK Stadion
Gründung: 1. Juli 2003
Liga: 1. Bundesliga
Größte Erfolge:
– 6 x Deutsche Meisterschaft
– 2 x Champions League

c) Lesen Sie den Steckbrief und stellen Sie die Mannschaft vor. Die Aussagen in b) und der Hörtext auf S. 141 helfen.

Die Frauenmannschaft des VFL Wolfsburg wurde am ...

10 Eine Meisterschaft feiern

a) Andrej (A), Lena (L) oder Nesriin (N)? Wie feiern die Personen? Ordnen Sie die Kommentare den Bildern zu.

A  B  C

 **Andrej_08**: Ich bin ein großer Fan und habe schon lange Karten für das Spiel morgen. Wenn wir die Meisterschaft gewinnen, würde ich mit meinen Freunden erstmal ein Bier trinken gehen und die ganze Nacht feiern. Ich freue mich schon total auf morgen!

 **Lena_Fußball**: Natürlich werden wir Meister! Der VFL Wolfsburg ist meine Lieblingsmannschaft. Ich bin live im Stadion dabei. Gemeinsam schaffen wir das! Nach dem Spiel würde ich gern mit allen Fans im Stadion feiern.

 **Nesriin**: Ich kann morgen leider nicht live im Stadion dabei sein. ☹ Aber ich sehe mir das Spiel natürlich im Fernsehen an und drücke die Daumen! Wenn wir Meister werden, fahren wir nach dem Spiel durch die Stadt und feiern! Das wird toll!

Schreibe einen Kommentar ...

b) Und wie feiern Sie einen Erfolg? Schreiben Sie einen Kommentar.

MITEINANDER – FÜREINANDER!

11 *Wald und Wiesen in Gefahr?*

a) Wo steht das? Lesen Sie den Zeitungsartikel auf S. 42 noch einmal und ergänzen Sie die Zeilennummern.

a Die Bürgerinitiative ist gegen die Pläne der Stadt. (2–4)

b Viele neue Mietwohnungen sollen in Unterrödingen gebaut werden. (____)

c Der Naturschutz ist für die Initiative wichtig. (____)

d Die Bürgerinnen und Bürger wollen den Wald und die Wiesen schützen. (____)

e In den letzten Jahren wurde nicht genug gebaut. (____)

f Gemeinsam soll über die neuen Wohnungen am Kirchberg diskutiert werden. (____)

b) Für (+) oder gegen (–) das Neubaugebiet? Lesen Sie die Kommentare und markieren Sie.

1 (–) **Marina E.:** Unser schönes Erholungsgebiet! Denkt doch an die Natur. Ich glaube, dass das neue Projekt zu viel Natur zerstört.

2 ( ) **Arthur W.:** Ich finde Ihr Argument falsch. Ich bin der Auffassung, dass die Natur erhalten bleibt. Wir haben doch Platz!

3 ( ) **Samet Y.:** Im Gegensatz zu Frau E. denke ich, dass neue Mietwohnungen wichtiger sind als die Natur. Ich liebe unser Erholungsgebiet auch, aber meiner Meinung nach geht es einfach nicht anders.

4 ( ) **Steffi B.:** Das sehe ich auch so. Wir brauchen neue Wohnungen. Immer mehr Menschen kommen nach Unterrödingen. Das ist toll! Und deshalb brauchen wir auch mehr Wohnungen.

5 ( ) **Lidija S.:** Ich bin ganz anderer Meinung. Wir haben 2.500 Unterschriften gesammelt. Wir wollen unseren Wald und die schönen Wiesen erhalten!

6 ( ) **Stefan M.:** Das wichtigste Argument ist doch der Naturschutz! Ohne die Natur können wir auch nicht leben.

Weitere Kommentare hier

c) Welche Redemittel aus Aufgabe 2b) auf S. 43 finden Sie in den Kommentaren? Markieren Sie in b).

12 *Wald und Wiesen oder neue Wohnungen?* Hören Sie die Diskussionsrunde aus 2a) auf S. 43 noch einmal. Wer sagt was? Ordnen Sie zu.

1 „Ich unterstütze das Projekt am Kirchberg. Ich glaube nicht, dass es genug freie Flächen für Wohnungen in Unterrödingen gibt."

2 „Es gibt zu wenige Wohnungen und die Mieten sind sehr hoch."

3 „Wir brauchen mehr Wohnungen, aber es gibt noch andere Flächen in Unterrödingen."

4 „Wiesen und Wälder am Kirchberg bieten Erholung pur."

5 „Die Bewohner*innen am Kirchberg bekommen große Probleme mit dem Straßenverkehr und Autolärm."

6 „Die Mieten für Wohnungen in der Innenstadt sind nicht mehr bezahlbar."

7 „Unterrödingen wächst. Jedes Jahr ziehen viele Menschen in unsere Stadt."

8 „Naturschutz ist wichtiger als Wohnungsbau! Mit einem Neubaugebiet am Kirchberg verlieren wir ein Stück Natur."

Frau Lang	Herr Sommer	Andere Bürger*innen
	1	

ÜBUNGEN

13 *Darum, deshalb, deswegen*

a) **Wer macht was? Ergänzen Sie die Namen.**

  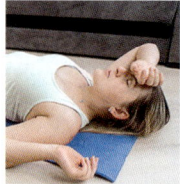   

Paul Grünert   Nora Lang   Miray Yıldız   Tekla Pawlak   Sonja Schneider   Friedrich Baur

1 _____ trainiert eine Fußballmannschaft, weil sie Fußball liebt.
2 _____ ist sehr müde, weil sie zu viel trainiert hat.
3 _____ ist traurig, weil seine Mannschaft verloren hat.
4 _____ sammelt gemeinsam mit anderen Müll, weil er die Umwelt schützen will.
5 _____ hat sich bei einem Besuchsdienst angemeldet, weil sie helfen möchte.
6 _____ ist genervt, weil die Diskussion schon sieben Stunden dauert.

b) **Verwenden Sie *darum, deshalb, deswegen* und formulieren Sie die Sätze aus a) um.**

1 Sonja liebt Fußball, darum trainiert …

14 **Ein Infoabend über Mietwohnungen.** Hören Sie und sprechen Sie nach. Achten Sie auf den Wortakzent.

1.36

1 der Besuchsdienst – der Besuch – der Dienst
2 der Fußballplatz – der Fußball – der Platz
3 das Vereinsleben – der Verein – das Leben
4 die Trainerausbildung – der Trainer – die Ausbildung
5 die Mietwohnung – die Miete – die Wohnung
6 der Infoabend – die Info – der Abend

15 **Mehr Parkhäuser für die Innenstadt?**

1.37

a) **Wer ist dafür (+)? Wer ist dagegen (–)? Hören Sie die Gespräche und markieren Sie.**

Prakash   Tim   Nina   Robert   Antonio   Svetlana

b) **Hören Sie noch einmal und sammeln Sie Argumente.**

Argumente für Parkhäuser	Argumente gegen Parkhäuser
Straßen werden …	

c) **Hören Sie Gespräch 2 noch einmal. Welche Redemittel hören Sie? Markieren Sie.**

1.38

1 Das ist richtig.
2 Ich bin total gegen das Projekt.
3 Ich sehe das etwas anders.
4 Meiner Meinung nach ist das viel zu teuer.
5 Dein Argument überzeugt mich.
6 Wenn wir z. B. mehr U-Bahnen hätten, dann …
7 Das sehe ich auch so.
8 Das stimmt so nicht.

MITEINANDER – FÜREINANDER!

Fit für Einheit 4?

1 Mit Sprache handeln

über Engagement und Ehrenamt sprechen

Sind Sie ehrenamtlich tätig?	Ich arbeite seit drei Jahren ehrenamtlich in … / als …
Warum engagieren Sie sich?	Ich helfe gern. / Ich will für andere da sein.

einen (Sport-)Verein vorstellen

Hast du eine Lieblingsmannschaft?	Ja, … ist mein Lieblingsverein.
Wann wurde der Verein gegründet?	Der Verein wurde … gegründet.
Wie viele Mitglieder hat der Verein?	Der Verein hat circa …

eine Diskussion führen

eine Diskussion leiten

Unsere Diskussion heute hat das Thema …	Die einen sind für …, die anderen sind gegen …
Herr/Frau …, möchten Sie etwas zu … sagen?	Ich schlage vor, dass jede/r Redner*in …
Wer möchte noch etwas fragen/sagen/…?	Vielen Dank für Ihre Teilnahme.

Meinungen und Argumente formulieren

Ich denke/meine/glaube/finde, dass …	Meiner Meinung nach …
Ich bin (nicht) der Auffassung/Meinung, dass …	Das wichtigste Argument für/gegen … ist …

Meinungen und Argumenten zustimmen

Das stimmt. / Das ist richtig.	Das Argument von … ist richtig. / überzeugt mich.
Das sehe ich auch so.	Da haben Sie recht.

eine andere Meinung haben

Das Argument von … überzeugt mich nicht, weil …	Da bin ich anderer Meinung.
Im Gegensatz zu Herrn/Frau … denke/meine ich …	Ich sehe das etwas anders.

2 Wörter, Wendungen und Strukturen

Konjunktiv II im Präsens

Was würdest du tun, wenn du mehr Zeit hättest?	Dann würde ich im Tierheim arbeiten.
Was würdest du machen, wenn du reich wärst?	Ich würde sehr viel Geld spenden.

Gründe nennen mit *deshalb*, *darum* und *deswegen*

Ich bin anderer Meinung, darum setze ich mich für das Projekt ein.
Wir brauchen mehr Platz, deshalb ziehen wir in eine neue Wohnung.
Sie möchte die Natur schützen, deswegen hat sie gegen die Pläne demonstriert.

3 Aussprache

Wortakzent in Komposita: die B**ü**rgerinitiative, das N**eu**baugebiet, der F**u**ßballverein

→ Interaktive Übungen

1 *Ja, nein* oder *das kommt darauf an* – Kennenlernen im Kurs

a) Sammeln Sie Aussagen und hängen Sie Schilder auf wie im Bild.

Ich gehe gerne ins Theater.

Ich engagiere mich im Tierheim.

b) Eine Person zieht eine Aussage und liest sie laut vor. Die anderen entscheiden *ja, nein* oder *das kommt darauf an* und stellen sich schnell unter das Schild. Dann kommt die nächste Aussage.

Im Tierheim? Das kann ich mir echt nicht vorstellen!

2 *Alles gleichzeitig!* Arbeiten Sie in zwei Gruppen. Schreiben Sie 20 Tätigkeiten auf 20 Karten. Tauschen Sie die Karten aus. Finden Sie die Tätigkeiten, die man gleichzeitig tun kann und hängen Sie die Paare auf. Die Gruppe mit den meisten richtigen Paaren gewinnt.

Ich kann mich duschen, während ich telefoniere.

Nein, das geht nicht.

Doch, das geht.

3 *Wenn ich könnte, wie ich wollte, (dann) hätte ich …*

a) Sprechen Sie schnell.

(dann) hätte ich	mehr Platz in der Wohnung.
(dann) hätten wir	zwei Hunde und eine Katze.
	morgen frei.
Wenn ich könnte, wie ich wollte,	immer Croissants zum Frühstück.
Wenn wir könnten, wie wir wollten,	in die Berge fahren.
(dann) würde ich	Fußball im Fernsehen schauen.
(dann) würden wir	einen Marathon laufen.
	heute Abend nicht kochen.

b) Und Sie? Berichten Sie, was Sie hätten oder machen würden.

Wenn ich am Wochenende Zeit hätte, würde ich dich zum Essen einladen.

Ich würde heute Abend nicht kochen. Ich würde mich schick anziehen und dann …

PLATEAU 1

4 Der Tag war perfekt! Verbinden Sie die Sätze mit *darum, deshalb, deswegen* und schreiben Sie weiter.

1. Ich musste nicht zum Deutschkurs. Ich konnte ausschlafen und ...
2. Ich hatte Lust, Sport zu machen. Ich bin in den Stadtpark gefahren und ...
3. Meine Familie war nicht zu Hause. Ich konnte in Ruhe frühstücken und ...
4. Mein/e Freund/in hatte auch frei. Wir haben uns zum ... verabredet und ...

1 Ich musste nicht zum Deutschkurs. Deshalb konnte ich endlich mal ausschlafen.

5 Was sage ich, wenn ... ?

a) Ordnen Sie die Bitten den Bildern zu.

a Könnte ich bitte mal vorbei?
b Kannst du mir bitte helfen?
c Hätten Sie auch einen Flyer für mich?
d Wissen Sie vielleicht, wo der Kopierraum ist?

Dankeschön!

Super, vielen Dank!

b) Spielen Sie die Situationen nach und sagen Sie Danke. Achten Sie auf Aussprache und Blickkontakt. Die Körpersprache hilft auch.

6 *Ich finde es wichtig, ... zu ...*

a) Markieren Sie fünf Dinge, die für Sie (ziemlich/sehr/besonders) wichtig sind.

1. gesund sein
2. gute Freunde haben
3. ein schnelles Auto fahren
4. viel Freizeit haben
5. ein eigenes Haus haben
6. das neuste Smartphone haben
7. gut aussehen
8. teure Kleidung tragen
9. eine feste Arbeit haben
10. eigenes Geld verdienen
11. in viele Länder reisen
12. einen Partner / eine Partnerin haben

b) Tauschen Sie sich mit Ihrem Partner / Ihrer Partnerin aus.

Ich finde es ziemlich wichtig, immer gut auszusehen.

Für mich ist es nicht so wichtig, immer gut auszusehen.

c) Vergleichen Sie, was für Sie wichtig, wichtiger als und was am wichtigsten ist.

Es ist wichtig, eigenes Geld zu verdienen.

Stimmt, das finde ich wichtiger, als viel Freizeit zu haben.

Wintergarten

Deinen Briefumschlag
mit den zwei gelben und roten Marken
habe ich eingepflanzt
in den Blumentopf

Ich will ihn
täglich begießen
dann wachsen mir
deine Briefe

Schöne
und traurige Briefe
und Briefe
die nach dir riechen

Ich hätte das
früher tun sollen
nicht erst
so spät im Jahr

Erich Fried (1921–1988)

1 **Ein Garten im Winter.** Beschreiben Sie das Foto.
💬 *Die Wintersonne scheint in den Garten. Es ist …*

2 **Die Stimmung ist …**
Wie wirkt das Gedicht auf Sie? Hören Sie und beschreiben Sie die Stimmung. Die Redemittel helfen.
🔊 1.39

PLATEAU 1

Literatur 🔊 1.39

3 Wintergarten
a) Worum geht es in dem Gedicht? Beschreiben Sie.
b) Welche Gefühle hat das lyrische Ich? Woran erkennt man das? Berichten und vergleichen Sie.
c) Realität und Poesie. Lesen Sie noch einmal und nennen Sie Beispiele.

4 *Nicht erst so spät …* Was hätten Sie früher getan? Sammeln Sie.

5 *Der Titel und das Gedicht.* Erklären Sie den Zusammenhang.

6 Was möchte das lyrische Ich? Interpretieren Sie.

fünfundfünfzig **55**

1 Studium oder Ausbildung?

a) Bei der Berufswahl. Was ist Ihnen wichtig? Berichten und begründen Sie.

achten auf denken an (sich) informieren über	die Ausbildung / die Tätigkeiten / den Arbeitsort / die Prüfung / die Arbeitszeiten / das Studium /...
fragen nach träumen von	der Ausbildung / den Tätigkeiten / dem Arbeitsort / der Prüfung / den Arbeitszeiten / dem Studium /...

Ich frage nach den Tätigkeiten, weil ich ...

Ich möchte studieren, deshalb ...

b) Nico hat einen Termin bei der Arbeitsagentur. Wie kann er sich vorbereiten? Wie sollte er sich im Beratungsgespräch verhalten? Sammeln Sie Vorschläge wie im Beispiel und berichten Sie.

Er könnte sich auf der Webseite der Arbeitsagentur über interessante Berufe informieren.

Nico sollte im Beratungsgespräch möglichst viele Fragen stellen.

c) Sehen Sie sich die Szene in der Arbeitsagentur an. Hat Nico sich gut vorbereitet? Hat er sich richtig verhalten? Vergleichen Sie mit Ihren Vorschlägen in b).

d) *Ein-* oder *kein-*? Lesen Sie die Zusammenfassung, streichen Sie durch und vergleichen Sie.

Nico hat einen/~~keinen~~ A2-Kurs besucht, aber er hat eine/keine A2-Prüfung gemacht. Jetzt besucht er einen/keinen B1-Kurs. Die Beraterin sagt, dass er einen/keinen Nachweis über die Deutschkenntnisse braucht und eine/keine Sprachprüfung machen muss, wenn er eine/keine Ausbildung machen möchte. Nico kann in Deutschland eine/keine Schauspielschule besuchen, aber dann muss er eine/keine Aufnahmeprüfung machen. Es ist leider ziemlich wahrscheinlich, dass er nach der Ausbildung eine/keine Stelle als Schauspieler findet, meint die Beraterin.

Nico (Florian Wünsche) im Gespräch mit der Berufsberaterin der Arbeitsagentur

e) Wählen Sie *Maske* oder *Moped*, lesen Sie Nicos Notizen und beschreiben Sie die Ausbildung. Die Fragen helfen.

Welche Voraussetzungen gibt es?
Wie lange dauert die Ausbildung?
Wo findet die Ausbildung statt?

Was lernt man in der Ausbildung?
Wo kann man arbeiten?

das Moped, -s

f) Könnten Sie Schauspieler*in werden? Probieren Sie es aus! Lesen Sie die Fragen mit Emotionen vor. Die anderen kommentieren.

1 Wo warst du denn so lange?
2 Kannst du mir das bitte erklären?
3 Du willst wirklich Schauspieler werden?
4 Seit wann interessierst du dich für Theater?

 wütend   überrascht

 traurig   glücklich

g) Traumberuf Schauspieler*in. Wer ist Florian Wünsche? Lesen Sie seinen Lebenslauf. Fragen und antworten Sie wie im Beispiel.

Wann hat Florian Wünsche Abitur gemacht?

2011. Weißt du, wo er Abitur gemacht hat?

Ja. Hier steht, dass er am ...

PLATEAU 1

h) *Hilfst du mir?* Nico geht zu seinen Freunden Max und Tarek ins Marek. Sehen Sie sich die Szene im Restaurant an. Ersetzen Sie *ihm* und *ihnen* wie im Beispiel und berichten Sie.

~~Tarek~~ • die Gäste • Nico • die sozialen Institutionen

1. Max muss <u>ihnen</u> die Getränke servieren.
2. Max erklärt <u>ihm</u>, was mit den Kisten passiert.
3. Max und Tarek spenden <u>ihnen</u> die Lebensmittel.
4. Nico hilft <u>ihm</u> mit den schweren Kisten.

Nico hilft Tarek mit den schweren Kisten.

i) Max sagt, Max meint. Formulieren Sie die Erklärung in drei Sätzen und vergleichen Sie.

Wir liefern die Lebensmittel, die am Wochenende übrig geblieben sind, an soziale Institutionen, die sie gebrauchen können.

Am Wochenende bleiben Lebensmittel übrig.

Wir ....

Strategie

Aus einem langen Satz mehrere kurze Sätze machen.

j) Was passiert in Ihrem Land mit Lebensmitteln, die übrig geblieben sind? Berichten Sie.

2 Stress, Stress, Stress …

a) Was passiert in der WG in der Wagnergasse? Sehen Sie sich das Video an und berichten Sie.

| Während | Sebastian
Lisa
Nina | die Küche putzt,
die Stühle runter stellt,
den Terminplaner sucht,
telefoniert,
in die Küche kommt, | hat
putzt
sucht
kommt
stellt | Sebastian
Lisa
Nina | Stress.
die Küche.
den Terminplaner.
in die Küche.
die Stühle runter. |

b) Das bisschen Haushalt … Was hat Sebastian womit gemacht? Berichten Sie wie im Beispiel. Die Wortschatzkarten helfen.

Er hat den Boden mit dem Wischer gewischt.

der Glasreiniger • das Spülmittel • der Wischer • der Eimer • der Besen

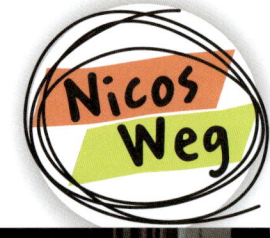

3 Zukunftspläne

a) Die erste Szene. Bringen Sie die Fotos in eine Reihenfolge. Vergleichen Sie.

> *Ich glaube, die Szene beginnt mit …*

> *Ja, vielleicht. Es könnte aber auch sein, dass …*

b) Lesen Sie die Regieanweisungen und kontrollieren Sie Ihr Ergebnis in a).

c) Vergleichen Sie die Regieanweisungen aus b) mit den Fotos in a). Was ist anders?

d) Nico (N) oder Selma (S)? Wer hat welche Pläne für die Zukunft? Sehen Sie sich die erste Szene an, ordnen Sie zu und berichten Sie.

○ die Sprachprüfung machen ○ einen Job suchen ○ studieren ○ eine Ausbildung machen

> *Nico muss zuerst …*

> *Selma braucht vor allen Dingen …*

e) Welcher Plan hat Sie überrascht? Berichten und begründen Sie.

f) Selma braucht einen Job! Was würden Sie in Selmas Situation tun? Kommentieren Sie.

In Selmas Situation würde ich …	auf jeden Fall	im Marek nach einem Job fragen.
Wenn ich Selma wäre, würde ich …	vor allen Dingen	tun, was meine Eltern sagen.
An ihrer/Selmas Stelle würde ich …	auf keinen Fall	zur Studienberatung gehen.
Ich würde …		zuerst einen Studienplatz suchen.
		Jobanzeigen im Internet lesen.

g) Nico und Pepe. Sehen Sie sich die zweite Szene an, ergänzen Sie *irgendwas, irgendwie, irgendwo, irgendwann* und vergleichen Sie.

Nico trifft seinen Bruder Pepe _____¹ im Park. Es ist _____² am Abend.

_____³ ist Pepe ziemlich traurig. Zwischen den beiden Brüdern muss

_____⁴ passiert sein.

h) *Darum, deshalb, deswegen.* Was ist warum passiert?
Wählen Sie Rolle A oder B und berichten Sie wie im Beispiel.

> *Nico hat sich mit seinen Eltern gestritten.*

> *Deshalb ist er …*

Goethe-Zertifikat B1: Hören

Der Prüfungsteil Hören hat vier Teile mit 30 Aufgaben und dauert circa 40 Minuten. Für jede Aufgabe gibt es nur eine richtige Lösung. Zum Bestehen der Prüfung müssen Sie mindestens 18 Aufgaben richtig lösen. Wörterbücher und Mobiltelefone sind nicht erlaubt.

Hören Teil 1: Sie hören fünf kurze Texte. Sie hören jeden zweimal und lösen pro Text zwei Aufgaben. Die erste Aufgabe bezieht sich auf das Thema des Textes. In der zweiten Aufgabe wird nach einer Detailinformation gefragt. Bevor Sie die Aufgaben lösen, lesen und hören Sie in der Prüfung ein Beispiel.

1.40

Sie hören nun einen kurzen Text. Sie hören ihn zweimal. Wählen Sie bei jeder Aufgabe die richtige Lösung.

1 Das Wetter wird in Wien schlechter.   Richtig | Falsch

2 Vorausgesagt wird ...
- a kühles Wetter.
- b viel Sonnenschein.
- c regnerisches Wetter.

Hören Teil 2: Sie hören als Zuschauer*in im Publikum z. B. einen Vortrag oder eine Information vor einer Führung. Dazu lösen Sie fünf Aufgaben.

1.41

Sie hören nun einen Text. Sie hören den Text einmal. Wählen Sie die richtige Lösung a , b oder c .

Sie nehmen an einer Führung durch das Burgtheater in Wien teil.

11 Das Burgtheater ist ...
- a das älteste Theater in Europa.
- b die größte Bühne in Deutschland, Österreich und der Schweiz.
- c das wichtigste Theater in Europa.

Hören Teil 3: Sie hören ein informelles Gespräch zwischen zwei Personen. Es gibt sieben Aufgaben.

1.42

Sie hören nun ein Gespräch. Sie hören das Gespräch einmal. Wählen Sie: Ist die Aussage Richtig oder Falsch ?

Sie sind in einem Zug und hören, wie sich eine Frau und ein Mann unterhalten.

16 Anton hat am Wochenende Fußball gespielt.   Richtig | Falsch

Hören Teil 4: Sie hören eine Diskussion im Radio. Sie hören die Diskussion zweimal. Es gibt acht Aufgaben. Ordnen Sie die Aussagen zu: Wer sagt was?

1.43

Der Moderator der Radiosendung „Diskussion am Samstag" diskutiert mit Carola Bauer und Frank Wagner zum Thema „Theater als Schulfach für alle - sinnvoll oder nicht?".

	Moderator	Carola Bauer	Frank Wagner
23 Theater wird an Schulen schon länger gespielt.	a	b	c

➡ Tipps zum Prüfungsteil Hören auf einen Blick

NATUR ERLEBEN

DAS REISEMAGAZIN

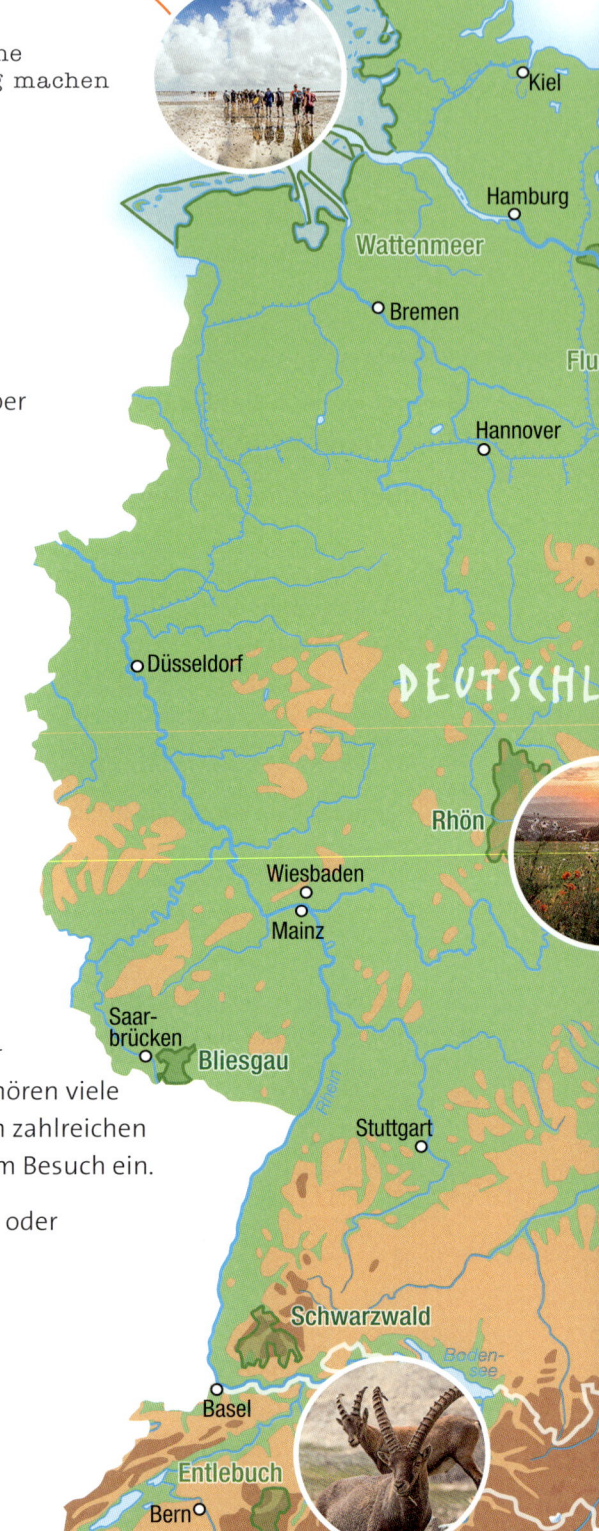

im Watt eine Wanderung machen

Das Gute liegt so nah!

Traumreisen ins Grüne von Simone Ram

Der Sommer steht vor der Tür und somit auch die Urlaubszeit! Warum aber in die Ferne reisen, wenn das Gute so nah liegt? Viele Menschen fliegen jedes Jahr weit weg, um auf anderen Kontinenten Natur pur zu erleben, obwohl es traumhaft schöne Landschaften vor der eigenen Haustür
5 gibt. Die 23 Biosphärenreservate in Deutschland, Österreich und der Schweiz bieten Urlauber*innen, die die Natur lieben, ein perfektes Reiseziel.

Die Landschaften in den Biosphärenreservaten sind ganz unterschiedlich: Mal flach wie am Wattenmeer oder im Spreewald, mal
10 hügelig wie in der Rhön oder im Wienerwald und mal bergig wie im Berchtesgadener Land, im Entlebuch oder im Salzburger Lungau.

Hier kann man zu jeder Jahreszeit Natur pur genießen. Es macht einfach Spaß, diese abwechslungsreichen Landschaften mit ihren bunten Blumenwiesen, dichten Wäldern und klaren Seen zu entdecken
15 und dort wilde Tiere zu beobachten und seltene Pflanzen zu fotografieren.

Aber nicht nur Natur-, sondern auch Kulturliebhaber*innen kommen hier auf ihre Kosten. Denn zu den Highlights in den Biosphärenreservaten gehören viele historische Städte mit ihren alten Kirchen, Burgen und Schlössern. Neben zahlreichen
20 Konzerten laden Theateraufführungen und Stadtfeste das ganze Jahr zum Besuch ein.

Und das Beste: Man kann bequem klima- und umweltfreundlich mit Bus oder Bahn anreisen. So schont man die Umwelt und reduziert seinen ökologischen Fußabdruck.

Mein Fazit: Die Biosphärenreservate sind immer eine Reise wert!

Hörtipp aus der Redaktion
Simone Ram berichtet in ihrem Podcast über ein Wochenende im Spreewald:
www.dasreisemagazin.example.com

im Entlebuch wilde Tiere beobachten

60 sechzig

4

MAI 2023

Biosphäre bedeutet Lebensraum. Die Biosphärenreservate sind Regionen, in denen der Mensch in und mit der Natur lebt und arbeitet. Seltene Pflanzen und Tiere werden hier besonders geschützt. Die UNESCO, die Weltorganisation für Bildung, Wissenschaft und Kultur, hat 727 Regionen in 131 Ländern als Biosphärenreservate anerkannt. In Deutschland sind es 16, in Österreich fünf und in der Schweiz zwei.

HIER LERNEN SIE:
- einen Reisebericht verstehen
- eine Landschaft beschreiben
- über Reisen sprechen
- einen Text zusammenfassen
- Unterkünfte bewerten

im Spreewald mit dem Kahn fahren

in der Rhön seltene Pflanzen fotografieren

im Wienerwald Schlösser besichtigen

1 Traumreisen ins Grüne
Was gibt es in den Biosphärenreservaten?
1.08 Was kann man dort machen? Sehen Sie sich die Fotos und das Video an. Berichten Sie.

2 Traumhaft schöne Landschaften
a) Machen Sie ein Wörternetz zum Thema Landschaft und Natur.

der Wald   *Landschaft + Natur*

b) Überfliegen Sie die Karte und den Magazinartikel. Ergänzen Sie das Wörternetz in a).

3 Das Gute liegt so nah!
a) Warum sind Biosphärenreservate eine Reise wert? Sammeln Sie Gründe und vergleichen Sie.
b) Welche Landschaften gefallen Ihnen (nicht)? Warum?

💬 *Ich mag vor allem Landschaften, in denen es Berge und Wälder gibt, weil …*

4 Der Podcast von Simone Ram
2.02 a) Informationen über den Spreewald. Hören Sie den ersten Teil des Podcasts und sammeln Sie.
2.03 b) Was hat Simone Ram in Lübbenau gemacht? Hören Sie den zweiten Teil des Podcasts, notieren und vergleichen Sie.

5 Biosphärenreservate international
Recherchieren Sie ein Biosphärenreservat in Ihrer Nähe und beschreiben Sie die Landschaft. Präsentieren Sie. Die Redemittel helfen.

einundsechzig 61

Natürlich reisen

1 Reiselust

a) Unterkünfte auf Reisen. Wo würden Sie (nicht) gern übernachten? Warum? Diskutieren Sie.

1
Baumhaus –
Gastgeberin ist Maria
2 Gäste, 1 Schlafzimmer

2
Couchsurfing –
Host ist Nico
1 Gast, 1 Couch

3
Almhütte ohne Strom –
Gastgeberin ist Johanna
2–6 Personen

4
Hausboot –
Gastgeber ist Jan
6 Gäste, 3 Schlafzimmer

In einem Baumhaus schlafen? Das wäre nichts für mich. Da gibt es nachts bestimmt viele Mücken.

Ein Baumhaus? Das wäre doch mal ganz was Anderes!

die Mücke, -n

b) Was erwarten Gäste von ihrer Unterkunft? Hören Sie den Radiobeitrag und kreuzen Sie an.

1 ◯ bequemes Bett
2 ◯ ruhiges Zimmer
3 ◯ Sauberkeit
4 ◯ Telefon im Zimmer
5 ◯ WLAN
6 ◯ Steckdosen
7 ◯ freundliches Personal
8 ◯ Minibar mit Getränken
9 ◯ Frühstücksbuffet
10 ◯ Schreibtisch mit Stuhl
11 ◯ Wellness-Bereich
12 ◯ preiswerte Zimmer
13 ◯ Nichtraucherzimmer
14 ◯ mehrsprachige Informationen
15 ◯ gute Lage der Unterkunft

c) Was erwarten Sie von Ihrer Unterkunft, wenn Sie beruflich oder privat unterwegs sind? Was stört Sie? Die Redemittel helfen.

Auf Geschäftsreisen ist ... besonders wichtig.

Mich stört, wenn ...

2 Nach Wien und in den Wienerwald

Welche Anzeige passt zu welchen Personen? Lesen Sie und ordnen Sie zu.

1 ◯ Meike und Lars möchten ihren Hochzeitstag in einem schönen Hotel in ruhiger Atmosphäre feiern.
2 ◯ Herr und Frau Olsson möchten im Urlaub Natur pur erleben.
3 ◯ Yuna, Akira und Makoto suchen eine Unterkunft in Wien, in der sie selbst kochen können.
4 ◯ Frau Demir ist beruflich oft in Wien und sucht eine Unterkunft, in der sie auch arbeiten kann.

a Romantikhotel Schlosspark

Das **Romantikhotel Schlosspark** ist die erste Adresse für Paare, die Urlaub ohne Kinder machen möchten. Unser Wellnesshotel nur für Erwachsene mitten im Wienerwald bietet einen wunderschönen Ausblick und ist der richtige Ort, um zu entspannen und zu genießen.

b Berghotel Haydn

Sie suchen einen ganz besonderen Familienurlaub? Dann kommen Sie ins **Berghotel Haydn** im Wienerwald. Für große und kleine Outdoor-Fans, die lange Wanderungen in der Natur oder den Wintersport lieben, ist es genau die richtige Wahl. Hier fühlt sich die ganze Familie wohl.

NATUR ERLEBEN 4

c) Almhütte im Wald

Die 100 Jahre alte **Hütte**, die letztes Jahr renoviert wurde, liegt mitten in einem Wald am Arlberg. Hier können zwei bis maximal drei Personen Urlaub wie früher machen – ohne Strom und ohne fließendes Wasser.

d) Pension Gruber

Die **Pension Gruber** befindet sich vor den Toren Wiens. In nur 25 Minuten sind Sie mit der U-Bahn in der Innenstadt. Egal, ob Sie allein reisen, als Paar oder als Familie – unsere Pension ist die richtige Unterkunft für einen entspannten Urlaub.

e) Privatzimmer bei Familie Pichler

Das **Einzelzimmer** mit Frühstück befindet sich nur wenige Minuten von der U-Bahn-Station Kagran. Es hat einen Flachbild-TV, schnelles WLAN, einen Schreibtisch und ein Badezimmer. Morgens servieren wir Ihnen ein kontinentales Frühstück.

f) Ferienwohnung im Herzen von Wien

Sie suchen eine **Ferienwohnung** für 2–4 Personen direkt im Zentrum? Die sonnige 2-Zimmer-Wohnung, die alle Gäste begeistert, hat einen großen Wohnraum mit Küche und Schlafsofa sowie ein Schlafzimmer.

3 Das Hotel, das …

a) Sprechen Sie schnell.

Das Hotel,	das Familie Gruber gehört,	ist sehr ruhig.
	das mir Freunde empfohlen haben,	ist familienfreundlich.
	in dem ich letztes Jahr übernachtet habe,	bietet einen schönen Ausblick.
	von dem man die Innenstadt gut erreichen kann,	wurde letztes Jahr renoviert.
	für das meine Freunde sich interessieren,	hat einen großen Swimmingpool.

b) Sammeln Sie Relativsätze auf S. 60–63 und markieren Sie wie im Beispiel. Ergänzen Sie die Regel.

Die Biosphärenreservate bieten Urlauber*innen, die die Natur lieben, ein perfektes Reiseziel.

Regel: Relativsätze stehen _____ dem Bezugswort. Sie können auch mitten im Satz stehen.

4 Kein Handyempfang in der Hütte

Sprachschatten. Wählen Sie Rolle A oder B und beschreiben Sie wie im Beispiel.

💬 Ich habe in der Hütte Urlaub gemacht. In der Hütte gibt es keinen Handyempfang.
💬 In der Hütte, in der du Urlaub gemacht hast, gibt es keinen Handyempfang?
💬 Genau. In der Hütte, in der ich Urlaub gemacht habe, gibt es keinen Handyempfang.

5 Reiseunterkünfte

Schreiben Sie eine Couchsurfing-Anzeige und bieten Sie eine Schlafmöglichkeit in Ihrer Wohnung an. Schreiben Sie etwas über sich, warum Sie ein Fan von Couchsurfing sind und was Ihre Gäste benutzen können. **ODER** Bewerten Sie ein Hotel, einen Campingplatz, … Was war (nicht) gut? Beschreiben Sie Lage, Sauberkeit, Zimmer, WLAN, Frühstück, … Die Beispiele auf S. 71 helfen.

Strategie

Bewertungen schreiben
– Nennen Sie konkrete Beispiele.
– Bleiben Sie höflich.
– Lesen Sie Ihre Bewertung vor der Veröffentlichung noch einmal durch.

1 Aktivurlaub liegt im Trend

a) *Wie verreist du am liebsten?* Fragen Sie und notieren Sie die Antworten Ihres Partners / Ihrer Partnerin. Hängen Sie sein/ihr Urlaubsprofil im Kursraum auf und kommentieren Sie.

b) Sehen Sie sich die Fotos in c) an und lesen Sie die Überschriften. Worum geht es in den drei Blogeinträgen? Sammeln Sie Vermutungen.

Ich vermute, dass …   *Wahrscheinlich geht es um …*

c) Wählen Sie einen Blogeintrag aus. Markieren Sie die drei für Sie wichtigsten Informationen und vergleichen Sie.

Nachhaltig Reisen!

Sibel unterwegs

Ich bin Marketing-Managerin in Karlsruhe. Früher habe ich meistens Urlaub im Süden am Mittelmeer gemacht. Obwohl ich die Sonne, den Strand und das Meer immer noch liebe, verreise ich jetzt umweltfreundlicher. Ich verzichte bei meinen Reisen so gut es geht auf Flüge und fahre lieber mit der Bahn. Das ist besser für die Umwelt, denn beim Fliegen
5 entsteht viel mehr CO_2, das für die Klimaerwärmung verantwortlich ist. Um meinen ökologischen Fußabdruck zu reduzieren, suche ich mir jetzt Urlaubsziele in meiner Nähe. So war ich im Sommer zwei Wochen in Frankreich im Biosphärenreservat Dordogne-Tal. Die Zugfahrt war zwar lang, aber entspannt! Dort habe ich auch kein Auto gebraucht. Ich konnte mit dem Rad oder zu Fuß tolle Entdeckungstouren machen. Im Dordogne-Tal habe ich in kleinen Öko-Hotels übernach-
10 tet, in denen es vor allem regionale und saisonale Lebensmittel gibt.

Urlaub und Arbeit passen nicht zusammen? Doch!

Ulrich bei der Heuernte

Ich bin Fluglotse. Das ist ein sehr stressiger Job. Im Urlaub wollte ich darum immer faul am Pool oder Strand liegen und entspannen. Aber ich habe mich oft gar nicht so gut erholt. Dieses Jahr habe ich dann etwas ganz anderes gemacht. Ich habe im Juli drei Wochen lang als freiwilliger Helfer ohne Bezahlung bei einem Bergbauern in Österreich
5 gearbeitet. Unterkunft und Essen waren natürlich umsonst. Morgens bin ich jeden Tag vor Sonnenaufgang zu den Kühen in den Stall gegangen. Um fünf Uhr haben wir dann alle gemeinsam gefrühstückt und danach habe ich bei der Heuernte geholfen. Das war ziemlich anstrengend, aber die Arbeit in der Natur hat mir richtig gut getan. Feierabend hatte ich erst nach Sonnenuntergang. Ich konnte mich in den drei Wochen vom Stress in meinem Beruf sehr gut erholen,
10 obwohl ich abends immer total müde war. Nächstes Jahr komme ich wieder!

Arbeiten und Feiern!

Alexa im Workcamp

Ich bin Studentin an einer Universität in Athen und wollte in den Sommerferien Land und Leute in Deutschland besser kennenlernen und gleichzeitig für einen guten Zweck arbeiten. Ich habe mich zu einem internationalen Workcamp im Biosphärenreservat Schwarzwald angemeldet. Wir waren eine Gruppe von 18 jungen Freiwilligen aus elf verschiedenen Län-
5 dern und haben uns auf Deutsch und Englisch unterhalten. Das ging sehr gut. Wir haben zwischen 25 und 30 Stunden pro Woche gearbeitet. Unsere Aufgabe war es, Bäume im Wald zu pflanzen. Das hat richtig Spaß gemacht! Allerdings wurde ich dauernd von Mücken gestochen, obwohl ich ein Mückenspray benutzt habe. Nichts hat geholfen!
In der Freizeit haben wir viel gemacht. Wir sind baden gegangen, sind gewandert und zum Sightseeing nach Freiburg
10 und Basel gefahren. Abends haben wir auch manchmal Party gemacht. Es war eine tolle Erfahrung, mit so vielen Menschen aus verschiedenen Kulturen zusammen zu leben und zu arbeiten. Ich habe in der Zeit viel über den Naturschutz gelernt und neue Freunde gefunden. Ich kann allen empfehlen, sich bei einem Workcamp anzumelden.

d) Fassen Sie den Blogeintrag mit Hilfe der markierten Informationen zusammen und berichten Sie.

NATUR ERLEBEN 4

2 Obwohl ...

a) Sibel (S), Ulrich (U) oder Alexa (A)? Zu wem passen die Aussagen? Ergänzen Sie.

1 ◯ Obwohl ich das Meer liebe, mache ich nicht mehr so oft Strandurlaub.
2 ◯ Ich hatte viele Mückenstiche, obwohl ich jeden Tag ein Spray benutzt habe.
3 ◯ Obwohl ich einen anstrengenden Job habe, habe ich im Urlaub gearbeitet.
4 ◯ Wir haben uns alle gut verstanden, obwohl einige nicht sehr gut Deutsch sprechen konnten.

b) Hören Sie und lesen Sie die Sätze in a) mit. Achten Sie auf *obwohl* und sprechen Sie nach.

c) Gegensätze nennen. Sprechen Sie schnell.

Obwohl	ich wenig Zeit habe,	jogge/schwimme ich jeden Morgen.
	ich viel zu tun habe,	besuche ich regelmäßig meine Familie.
	mein Alltag anstrengend ist,	nehme ich mir Zeit für Freunde.
	der Tag nur 24 Stunden hat,	arbeite ich ab und zu auch am Abend.

d) Markieren Sie die Nebensätze in a) und ergänzen Sie die Regel.

Regel: Der Nebensatz mit *obwohl* kann _____ oder _____ dem Hauptsatz stehen.

3 Was machen Sie, obwohl ...?

Üben Sie die Minidialoge wie im Beispiel.

Es regnet. Ich gehe spazieren. *Obwohl es regnet, gehst du spazieren?* *Ja, klar. Ich nehme meinen Regenschirm mit.*

4 Entdeckungstouren

Mehrere Konsonanten hintereinander. Hören Sie, lesen Sie mit und sprechen Sie nach.

1 anstrengend   3 nachhaltig   5 nächstes   7 Entdeckungstouren   9 umweltfreundlich
2 Arbeitsstress 4 Urlaubsziele   6 Geschäftsreise 8 Fußabdruck   10 Frankreich

5 Nachhaltig Urlaub machen

Welchen Urlaub aus 1c) können Sie sich (nicht) vorstellen? Diskutieren Sie und begründen Sie Ihre Entscheidung. Die Redemittel helfen.

Wir haben uns für einen Urlaub bei einem Bergbauern entschieden, weil wir noch nie auf einem Bauernhof waren. Obwohl Walentina nicht gern früh aufsteht, kommt sie auch mit.

6 Urlaub mal anders

Berichten Sie in einem Blogeintrag über einen Kurzurlaub, eine Städtereise, ... Was hat Sie begeistert, überrascht oder geärgert? ODER Schreiben Sie einen Kommentar zu einem Blogeintrag in 1c) und fragen Sie nach weiteren Informationen, die Sie interessieren.

ÜBUNGEN

1 Das Gute liegt so nah!

a) Verbinden Sie die Nomen und Verben. Es gibt mehrere Möglichkeiten. Vergleichen Sie mit dem Magazinartikel auf S. 60.

1 in die Ferne
2 abwechslungsreiche Landschaften
3 wilde Tiere
4 seltene Pflanzen
5 die Umwelt
6 den ökologischen Fußabdruck
7 zum Besuch

a entdecken
b reduzieren
c reisen
d fotografieren
e einladen
f schonen
g beobachten

b) In welcher Zeile finden Sie die Informationen? Lesen Sie den Magazinartikel auf S. 60 noch einmal und ergänzen Sie.

1 Die Reisezeit beginnt bald. — *Zeile 1*
2 Es gibt viele schöne Ausflugsziele, die nicht so weit weg sind.
3 Die Biosphärenreservate in Deutschland, Österreich und der Schweiz sind sehr vielfältig.
4 Man kann in den Biosphärenreservaten immer Urlaub machen und die Natur genießen.
5 Für Menschen, die sich für Geschichte und Kunst interessieren, gibt es in den Biosphärenreservaten viel zu sehen.
6 Ein Vorteil ist, dass man nicht mit dem Auto in die Biosphärenreservate fahren muss.
7 In den Biosphärenreservaten übernehmen die Menschen Verantwortung für die Natur.

c) Wie kann man das anders sagen? Lesen Sie den Dialog und ordnen Sie die Wendungen zu.

○ Natur pur   ○ zu jeder Jahreszeit   ○ eine Reise wert sein
① vor der Tür stehen   ○ auf seine Kosten kommen   ○ vor der eigenen Haustür

💬 Dein Urlaub <u>beginnt doch nächste Woche</u> [1], oder?
💬 Ja, ich freue mich schon.
💬 Fliegst du wieder nach Spanien?
💬 Nein, dieses Jahr plane ich, Urlaub <u>hier in der Nähe</u> [2] zu machen. Ich fahre mal wieder in den Spreewald.
💬 Obwohl ich schon seit mehreren Jahren in Berlin wohne, war ich noch nie da.
💬 Der Spreewald ist <u>ein spannendes Ausflugsziel</u> [3]. Es lohnt sich auf jeden Fall, ihn mal zu besuchen. Dort gibt es noch <u>viel Natur</u> [4].
💬 Aber ist das Wetter im Oktober nicht schon zu kalt und nass?
💬 Ich finde, man kann <u>bei jedem Wetter</u> [5] in den Spreewald fahren. Man kann dort <u>viel Spaß haben</u> [6], egal, ob man Natur- oder Kulturliebhaber ist.

d) Schreiben Sie den Dialog mit den Wendungen aus c).

A: *Dein Urlaub steht doch vor der Tür, oder?*
B: *Ja, ich freue ...*

NATUR ERLEBEN 4

2 Abwechslungsreiche Landschaften

a) Ordnen Sie die Fotos den Aussagen zu. Für eine Aussage gibt es kein Foto.

a b c d e

1 ( ) Viele Tourist*innen lieben die Wälder im Biosphärenreservat Schwarzwald.
2 ( ) Ein Muss bei einem Urlaub an der Nordsee ist eine Wattwanderung.
3 ( ) Das Biosphärenreservat Bliesgau ist eine hügelige Landschaft im Saarland, in der man schöne Tagestouren machen kann.
4 ( ) In der Rhön gibt es viele alte Burgen, die man zu jeder Jahreszeit besichtigen kann.
5 ( ) Das Biosphärenreservat Flusslandschaft Elbe ist ein Naturparadies für Vogelliebhaber*innen.
6 ( ) Vom Watzmann im Berchtesgadener Land hat man eine herrliche Aussicht auf die Alpen.

b) Welches Wort passt nicht? Streichen Sie durch.

1 die Landschaft – der Kontinent – die Region – die Natur – das Gebiet
2 der Baum – das Feld – die Blume – das Insekt – die Wiese
3 der Hafen – der Fluss – das Meer – der See – der Kanal
4 die Kirche – die Burg – das Schloss – der Dom – die Sehenswürdigkeit

3 Biosphärenreservate

a) Adjektivendungen bestimmen. Unterstreichen Sie die Adjektive im Magazinartikel auf S. 60 und machen Sie eine Tabelle wie im Beispiel.

	Zahl		Geschlecht			Fall			Artikel		
	Sg.	Pl.	m	n	f	Nom.	Akk.	Dat.	best.	unbest.	ohne
schöne Landschaften		X			X	X					X

b) Adjektivendungen wiederholen. Ergänzen Sie die Endungen.

Der Wienerwald wurde 2005 von der UNESCO als Biosphärenreservat anerkannt. Er ist eine Region für eine nachhaltige___¹ Entwicklung. Das bedeutet, dass die Natur – also die Tiere und Pflanzen – geschützt werden. Rund 855.000 Menschen sind in diesem vielfältig___² Lebensraum westlich und südwestlich von Wien zu Hause. Es ist das einzig___³ Biosphärenreservat in Europa, das so nah an einer groß___⁴ Metropole liegt. Der Wienerwald ist ein ideal___⁵ Naherholungsgebiet, das man mit den öffentlich___⁶ Verkehrsmitteln leicht erreichen kann. Zu den beliebt___⁷ Ausflugszielen im Wienerwald gehört die elegant___⁸ Stadt Baden bei Wien. Die historisch___⁹ Altstadt mit ihren alt___¹⁰ Häusern, wie z. B. das Beethovenhaus, lädt Besucher*innen zu lang___¹¹ Spaziergängen ein. Vor allem im Sommer gibt es dort für Liebhaber*innen der Klassik, des Jazz oder Pop viele Konzerte mit bekannt___¹² Künstler*innen aus der ganz___¹³ Welt.

c) Ein Biosphärenreservat in meiner Nähe. Schreiben Sie einen Paralleltext.

... wurde ... von der UNESCO als Biosphärenreservat anerkannt.

ÜBUNGEN

4 Ein Wochenende im Spreewald

a) Hören Sie den Podcast aus Aufgabe 4a) und b) auf S. 61 noch einmal. Was ist richtig? Kreuzen Sie an.

1 ◯ Simone Ram ist Podcasterin von Beruf.
2 ◯ Naturliebhaber*innen kommen im Spreewald auf ihre Kosten.
3 ◯ Simone macht regelmäßig Urlaub im Spreewald.
4 ◯ Sie hat mitten in Lübbenau übernachtet.
5 ◯ Das Restaurant Wotschofska gibt es schon sehr lange.
6 ◯ Die Podcasterin meint, dass die Kirche St. Nikolai zu den Highlights von Lübbenau gehört.
7 ◯ Sie ist mit einem Touristenkahn durch die Spree-Kanäle gefahren.
8 ◯ Am zweiten Tag im Spreewald hat sie Natur pur erlebt.

Ich liebe Spreewald-Gurken!

b) Korrigieren Sie die falschen Aussagen.

5 Endlich Urlaub!

a) Welche Überschrift passt? Lesen Sie den Artikel und kreuzen Sie an.

1 ◯ Hotel oder Camping?   2 ◯ Urlaub mit Kindern   3 ◯ Reisen mit der ganzen Familie

Im Alltag zwischen Beruf, Schule, Haushalt und Terminen bleibt oft nicht genug Zeit für die Familie. Auch an den Wochenenden gibt es viel zu tun. Deshalb ist der gemeinsame Urlaub für viele Familien besonders wichtig. Familien müssen sich aber nicht nur für ein Urlaubsziel entscheiden, sondern auch überlegen, wie sie im Urlaub wohnen möchten.

Camping liegt im Trend. Aber ist ein Urlaub auf einem Campingplatz mit Kindern eine gute Idee? Oder wäre ein klassischer Hotelurlaub besser? Hotels gibt es in allen Preisklassen und an den unterschiedlichsten Orten. Man kann ein Hotel am Meer, genauso wie in den Bergen oder im Zentrum einer Großstadt buchen. Viele Hotels haben spezielle Angebote für Familien mit Kindern. Wer es also bequem mag und im Urlaub nicht kochen, aufräumen und putzen will, übernachtet am besten in einem Hotel. Hier kann man morgens das Frühstücksbuffet mit der Familie genießen und geht nach dem Frühstück zurück in sein Zimmer, das schon saubergemacht wurde. Zur Ausstattung der meisten Hotels gehören heute ein Flachbildfernseher, kostenloses WLAN und eine Minibar mit Getränken. Für die aktive Erholung bieten viele Ferien- und Familienhotels ihren Gästen auch Pools und Fitnessräume. Es ist also leicht, sich in einem Hotel vom Alltagsstress zu erholen.

Für Familien, die flexibel sein möchten, ist ein Urlaub im Wohnmobil genau das Richtige. Man kann unterwegs spontan entscheiden, ob man an einem Ort länger bleiben möchte. Und man hat alles dabei, was man braucht. Egal, ob im Zelt oder Camper, auf Campingplätzen kommt man schnell mit anderen Reisenden in Kontakt und die Kinder haben viel Spaß. Auch aus finanzieller Sicht ist ein Campingurlaub sehr interessant. Hotelübernachtungen können für eine Familie sehr schnell teuer werden. Camper zahlen nur für den Campingplatz. Und wer selbst kocht, gibt sehr viel weniger Geld für Essen aus.
Ob Urlaub in einem Hotel oder auf einem Campingplatz - beide Urlaubsarten haben Vor- und Nachteile. Wer es bequem möchte, sollte seinen Urlaub lieber in einem Hotel verbringen. Möchte man allerdings einen preiswerten Urlaub machen, ist Camping eine gute Wahl. Und die meisten Kinder lieben es!

NATUR ERLEBEN

b) Was steht im Text? Lesen Sie die Aussagen und kreuzen Sie an.

1. ○ Viele Familien verbringen vor allem an Wochenenden Zeit miteinander.
2. ○ Der Vorteil von Hotels ist, dass es oft ein Kinderprogramm gibt.
3. ○ Anders als beim Camping muss man im Hotel nach dem Frühstück nicht aufräumen.
4. ○ Viele Hotels sind nicht kinderfreundlich.
5. ○ Für Sportbegeisterte sind Hotels keine gute Wahl.
6. ○ Eine Übernachtung auf dem Campingplatz ist preiswert.
7. ○ Sieben Tage Campingurlaub sind günstiger als eine Hotelübernachtung.
8. ○ Familien mit Kindern können sowohl im Hotel als auch auf einem Campingplatz übernachten.

c) Campingplatz oder Hotel? Sammeln Sie Argumente pro und kontra.

Pro Camping: Eine Übernachtung auf dem Campingplatz ist oft preiswerter als im Hotel.

6 Mit dem Hausboot unterwegs

a) Videokaraoke. Sehen Sie sich das Video an und antworten Sie.

b) Was hat Adrian mit seiner Familie im Urlaub gemacht? Sehen Sie sich die Fotos an und kreuzen Sie an.

a

b

c

d

e

f

c) Wer? Wo? Was? Beschreiben Sie Adrians Urlaub. Die Fotos in b) helfen.

Adrian war mit seiner Familie ...

7 Urlaubserinnerungen

a) Lesen Sie und verbinden Sie.

1. Das ist der Strand,
2. Das sind die E-Bikes,
3. Das ist das Frühstücksbuffet,
4. Das ist das Restaurant,
5. Das sind die Hotelgäste,
6. Das sind die Souvenirs,

a das uns Freunde empfohlen haben.
b die wir mitgebracht haben.
c mit denen wir Radtouren gemacht haben.
d mit denen wir uns gut unterhalten haben.
e an dem wir oft spazieren gegangen sind.
f das uns so gut geschmeckt hat.

ÜBUNGEN

b) Nominativ (N), Akkusativ (A) oder Dativ (D)? Ergänzen Sie.

1. (N) Die Alpenhütte, *die* letztes Jahr renoviert wurde, ist im Sommer fast immer ausgebucht.
2. ( ) Die Urlauber, _____ in der Hütte übernachten, sind begeistert von der Lage.
3. ( ) Die Freunde, mit _____ wir in der Hütte waren, sind schon gestern abgereist.
4. ( ) Der Bergführer, _____ wir im Tal kennengelernt haben, hat uns zum Gipfel geführt.
5. ( ) Das Restaurant, _____ auf dem Berggipfel ist, bietet einen tollen Ausblick.
6. ( ) Der Regen, _____ uns auf dem Weg zur Hütte überrascht hat, war nicht angenehm.
7. ( ) Der Ferienort, von _____ man die Autobahn schnell erreichen kann, ist bei Tourist*innen beliebt.

c) Ergänzen Sie die Relativpronomen in b).   denen • dem • ~~die~~ • das • der • die • den

8 Die Schorfheide

a) Wo liegt das Biosphärenreservat Schorfheide-Chorin? Suchen Sie auf der Karte auf S. 60–61 und beschreiben Sie.

1. Die Schorfheide ist seit 1990 Biosphärenreservat. In der Schorfheide gibt es viele Seen.
2. Das Hotel *Haus Chorin* ist bei Radfahrer*innen sehr beliebt. Das Hotel *Haus Chorin* wurde 2017 renoviert.
3. Der Wildpark Schorfheide ist bei Kindern beliebt. Im Park kann man wilde Tiere sehen.
4. Man kann frische Produkte im Bioladen *Wildblume* kaufen. Die Produkte kommen aus der Region.
5. Die Bewohner*innen arbeiten im Einklang mit der Natur. Die Bewohner*innen wohnen oft in Dörfern.
6. Der Choriner Musiksommer ist schnell ausverkauft. Für den Musiksommer interessieren sich viele Klassikfans.

b) Verbinden Sie die Sätze wie im Beispiel.

1 Die Schorfheide, in der es viele Seen gibt, ...

9 Couchsurfing in Basel

a) Was dürfen die Gäste von Niklas benutzen? Lesen Sie die Anzeige und kreuzen Sie an.

1. ( ) Messer, Gabel, Löffel   2. ( ) das Sofa   3. ( ) die Kamera   4. ( ) das Internet

---

www.meine-couch.example.com

Über mich

In meiner Freizeit gehe ich gerne mit meinem Hund spazieren. In der Region Basel gibt es tolle Berge. Unterwegs mache ich oft Fotos von der Landschaft und natürlich auch von meinem Hund.
Ich mag Menschen und ihre Geschichten. Deshalb habe ich mich vor drei Jahren bei meine-couch angemeldet. Couchsurfing bedeutet für mich vor allen Dingen teilen und lernen. Ich biete einen Schlafplatz und möchte Leute aus der ganzen Welt kennenlernen. Im Wohnzimmer kannst du es dir auf meiner großen Couch gemütlich machen. Bettwäsche kann ich dir leihen. In der Küche kannst du alles benutzen, auch den Herd und den Kühlschrank ☺. Wenn du Lust hast, können wir gerne gemeinsam kochen. [mehr]

Niklas, 29
Krankenpfleger
Basel, Schweiz
2-Zi-Wohnung
Deutsch, Griechisch

NATUR ERLEBEN 4

b) Sie möchten bei Niklas übernachten. Schreiben Sie eine E-Mail. Die Fragen helfen.

1. Wie viele Nächte möchten Sie übernachten?
2. Wann reisen Sie an? Wann reisen Sie wieder ab?
3. Was ist der Grund für Ihren Besuch in Basel?
4. Welche Aktivitäten haben Sie geplant?
5. Warum möchten Sie bei Niklas übernachten?
6. Haben Sie noch Fragen an Niklas?

10 Urlaub in der Pension Gruber

a) Georg (G) oder Jennifer (J)? Lesen Sie die Bewertungen und ordnen Sie die Aussagen zu.

Georg • reist als Paar • 3 Tage
★★☆☆

Mein Freund und ich haben uns für die Pension entschieden, weil sie günstig ist und man die Innenstadt gut mit der U-Bahn erreicht. Weil wir kein Auto haben, war uns das sehr wichtig. Leider gibt es keinen Supermarkt in der Nähe. Ohne Auto ist der Weg einfach zu weit. Abends konnten wir uns nur wenig entspannen, weil die anderen Gäste so laut waren.

Jennifer • reist als Familie • 1 Woche
★★★★★

Wir waren schon oft hier. Familie Gruber hat uns wie immer sehr freundlich begrüßt. Die Zimmer sind sauber und das Frühstück ist sehr lecker. Wir finden hier genug Ruhe zum Entspannen. Wenn wir Wien erkunden möchten, sind wir in wenigen Minuten in der Innenstadt. Aber am liebsten genießen wir die Natur rund um die Pension – für uns perfekt!

1. (J) Mich stört, wenn die Zimmer dreckig sind.
2. ( ) Der Preis spielt für mich eine große Rolle.
3. ( ) Für mich ist freundliches Personal wichtig.
4. ( ) Ich erwarte, dass die anderen Gäste leise sind.
5. ( ) Wir kommen gerne wieder.
6. ( ) Es sollte auf jeden Fall Einkaufsmöglichkeiten in der Nähe geben.

b) Yumi erzählt Claudia von ihrem Urlaub in der Pension Gruber. Was war positiv, was war negativ? Hören Sie das Telefonat und notieren Sie wie im Beispiel.
(2.07)

positiv	negativ
– freundliches Personal	

c) Schreiben Sie eine Bewertung der Pension Gruber. Die Angaben in a) und b) helfen.

11 Anders reisen. Sie hören nun ein Gespräch. Dazu lösen Sie sieben Aufgaben. Wählen Sie: Sind die Aussagen richtig oder falsch? Kreuzen Sie an.
(2.08)

Sie sitzen in einem Bus und hören, wie sich ein Mann und eine Frau über eine Urlaubsreise unterhalten.

richtig falsch

1. Paul und Talia sind Kolleg*innen.
2. Talia und ihr Freund wollten eigentlich in Spanien Urlaub machen.
3. Talia hat sich auf die Wanderung gut vorbereitet.
4. Viele wandern jedes Jahr von Oberstdorf nach Bozen.
5. Talia hat die Wanderung nach Bozen in acht Tagen geschafft.
6. Es war fast immer ziemlich warm.
7. Es war kein Problem für Talia, dass sie im Urlaub offline war.

ÜBUNGEN

12 *Obwohl ...*

a) **Was passt? Verbinden Sie die Sätze.**

1 Obwohl ich das Meer liebe,
2 Obwohl ich nicht gern zelte,
3 Obwohl es auf dem Campingplatz ziemlich laut war,
4 Obwohl es im Urlaub oft geregnet hat,
5 Obwohl ich auf der Fahrt nach Hause im Stau stand,

a habe ich mich sehr gut erholt.
b habe ich nachts sehr gut geschlafen.
c bin ich entspannt zu Hause angekommen.
d bin ich in die Berge gefahren.
e habe ich auf einem Campingplatz gewohnt.

b) **Verbinden Sie die Sätze mit** *obwohl*.

1 Nur 11 % der Deutschen wollen zu Hause bleiben. Urlaub kann teuer sein.
2 Campingurlaube sind preiswert. Die Deutschen übernachten lieber in Hotels oder Ferienwohnungen.
3 Viele Deutsche möchten im Ausland Urlaub machen. Die meisten verbringen den Urlaub im Inland.
4 14 % der Deutschen wollen weit wegfliegen. Fernreisen sind nicht so gut für die Umwelt.

1 Nur 11% der Deutschen wollen zuhause bleiben, obwohl ...

13 *Selbsttest. Urlaub auf Rügen.* **Lesen Sie die E-Mail und ergänzen Sie** *obwohl, deshalb, weil* **oder** *denn*.

Hi Fiona,
ab morgen muss ich wieder arbeiten. Mist! _____¹ ich eigentlich am liebsten in den Alpen Urlaub mache, war ich mit Carlo und Nadja an der Ostsee. Wir wollten umweltfreundlich verreisen, _____² sind wir mit der Bahn nach Rügen gefahren. _____³ Carlo nicht gern zeltet, haben wir in einer kleinen Ferienwohnung in Binz übernachtet. Leider hatten wir ein bisschen Pech mit dem Wetter, _____⁴ es war ziemlich kühl und hat auch an mehreren Tagen geregnet. Wir sind gewandert, haben Radtouren gemacht und an den sonnigen Tagen auch im Meer gebadet. _____⁵ das Wetter nicht so gut war, konnte ich mich richtig gut erholen. Na ja, und jetzt träume ich vom nächsten Urlaub. Besuch mich doch in den Herbstferien, wenn du Zeit hast.

Liebe Grüße
Alexander

14 *Eigentlich lebe ich sehr umweltfreundlich*

a) **Mehrere Konsonanten in einem Wort. Hören Sie und sprechen Sie nach.**

1 str – stress – der Arbeitsstress
2 str – streng – anstrengend
3 fr – frank – Frankreich
4 fr – freu – freundlich – umweltfreundlich
5 dr – druck – abdruck – der Fußabdruck
6 bs – Urlaubs – das Urlaubsziel

b) **Hören Sie und sprechen Sie die Sätze nach.**

1 Der tägliche Arbeitsstress ist sehr anstrengend.
2 Unser nächstes Urlaubsziel ist Frankreich.
3 Eigentlich lebe ich sehr umweltfreundlich.
4 Jeder ist verantwortlich für seinen ökologischen Fußabdruck.

15 *Endlich Urlaub!* **Schreiben Sie einen Ich-Text.**

Reiseziel: Wohin? Warum?
Anreise: Wie? Mit wem?
Übernachtungen: Wie? Wo?
Zeit: Wann?
Dauer: Wie lange?
Aktivitäten: Was?

NATUR ERLEBEN

Fit für Einheit 5?

1 Mit Sprache handeln

über Urlaub und Reisen sprechen

Der Sommer steht vor der Tür und wir planen einen Urlaub im Grünen / am Meer / in den Bergen.
Wir haben historische Städte mit alten Kirchen, Burgen und Schlössern besichtigt.
Wir sind klimafreundlich mit der Bahn angereist.
Der Urlaub war sehr erholsam.
Das Biosphärenreservat … ist eine Reise wert. Hier kann man Natur pur erleben.
Wir haben unseren Urlaub in fast unberührter Natur verbracht und waren viel draußen.
Wir haben in einem (teuren) Hotel / in einer (großen) Ferienwohnung / (preiswerten) Pension übernachtet.

eine Landschaft beschreiben

… liegt im Westen / Osten / an der Küste / in der Nähe / … von …
Die Landschaft ist (ziemlich/sehr) flach/hügelig/bergig.
Es gibt (hohe) Berge / (breite) Flüsse / (tiefe) Seen / (dichte) Wälder.
Die Landschaft ist sehr abwechslungsreich.
Die Berge sind … / Die Flusslandschaft ist traumhaft schön / ein Naturparadies.
Das Biosphärenreservat … ist ein Lebensraum für (viele) seltene Tiere und Pflanzen.
Hier leben viele wilde Tiere/Vögel/Insekten/…
In den Wäldern / Auf den Wiesen/Feldern wachsen seltene Pflanzen.

Unterkünfte bewerten

Das Hotel / Die Pension / Die Ferienwohnung ist familienfreundlich / sehr ruhig / sauber.
… bietet ein großes Frühstücksbuffet / einen großen Wellness-Bereich / einen schönen Ausblick.

2 Wörter, Wendungen und Strukturen

Wortfeld Natur

bunte Blumenwiesen, dichte Wälder, klare Seen, wilde Tiere

Personen und Sachen mit eingeschobenen Relativsätzen genauer beschreiben

Der Hotelgast, den wir gestern Abend kennengelernt haben, ist heute schon abgereist.
Das Hotel, das mir Freunde empfohlen haben, bietet einen schönen Ausblick.
Die Ferienwohnung, von der man die Innenstadt gut erreichen kann, liegt sehr ruhig.
Das Biosphärenreservat Wienerwald bietet den Reisenden, die Kultur lieben, viel Abwechslung.
Unsere Freunde, mit denen wir im Urlaub waren, hatten auf der Rückreise eine Panne.

Gegensätze mit *obwohl* nennen

Obwohl ich wenig Zeit hatte, habe ich drei Wochen Urlaub gemacht.
Wir waren jeden Tag viel draußen, obwohl es oft geregnet hat.
Obwohl ich ein Mückenspray benutzt habe, wurde ich dauernd von Mücken gestochen.

3 Aussprache

Konsonantenhäufungen: Arbeitsstress, Fußabdruck, umweltfreundlich

→ Interaktive Übungen

HIN UND WEG!

HIER LERNEN SIE:
- über Auswanderung und Leben im Ausland sprechen
- zwischen Sprachen vermitteln
- sagen, wo oder was Heimat ist
- etwas mit Beispielen klarer machen

Lebenslinien

 Inga Hauser (46)  Journalistin
 Freiburg   Familiengeschichten

Immer mehr Menschen interessieren sich für ihre Familiengeschichte. Die Journalistin Inga Hauser aus Freiburg auch.

„Mein Interesse wurde geweckt, als ich vor einigen Jahren eine Kiste mit alten Fotografien und Briefen aus Brasilien auf unserem Dachboden gefunden habe. Ich wollte natürlich wissen, von wem die Briefe waren", erzählt Inga. „Meine Eltern wussten nichts von der Kiste und konnten die Handschrift auch nicht lesen."

Deshalb lernte sie die alte deutsche Schrift. Und so erfuhr Inga, dass Gustav, ein Bruder von ihrem Urgroßvater, zu Beginn des 20. Jahrhunderts von Freiburg nach Brasilien auswanderte, weil er sich in Übersee eine neue Existenz aufbauen wollte.

In den Briefen stand auch, dass Gustav verheiratet war und vier Kinder hatte. Jetzt wollte Inga natürlich herausfinden, ob es noch Verwandte in Brasilien gibt. Und tatsächlich fand sie die Familie und besuchte sie schon wenig später.

Seit eine Zeitung einen Artikel über Ingas erfolgreiche Spurensuche veröffentlichte, wird sie oft um Hilfe gebeten. Die Leute bringen ihr Briefe und Postkarten, die sie auf dem Dachboden oder auf dem Flohmarkt gefunden haben, und Inga macht sich an die Arbeit ...

» *In meinem Beruf gehören Recherchen zum Alltag. Privat interessiere ich mich besonders für Lebenslinien von Menschen, die ihre Heimat im 19. und frühen 20. Jahrhundert für immer verlassen haben.* «

---

1 Spurensuche
a) Überfliegen Sie die Seite und sammeln Sie Informationen zu den Personen. Welche Verbindung könnte es zwischen ihnen geben?
💬 *Das Foto von dem Mann ist schon alt.*
💬 *Die Frau könnte ...*
💬 *Ich glaube, die beiden sind ..., weil ...*
b) Lesen Sie den Magazinartikel, vergleichen Sie mit Ihren Vermutungen aus a) und berichten Sie.

2 Ingas Hobby
Lesen Sie den Magazinartikel noch einmal und beschreiben Sie.

3 Wer war ...?
➔ Gustav Hauser oder Martha Hauser. Wählen Sie eine Person aus, lesen Sie die Angaben auf der Karteikarte und stellen Sie die Person vor.

4 Der erste Brief aus Brasilien
a) Worüber schreibt Gustav seiner Familie (nicht)? Was meinen Sie? Sammeln Sie.
💬 *Er schreibt über neue Freunde.*
💬 *Er berichtet wahrscheinlich nicht über ...*
➔ b) Lesen Sie den Brief und vergleichen Sie mit Ihren Ergebnissen aus a).

5 Inga Hauser im Interview
🔊 2.11 a) Wie hat Inga Gustavs Familie in Brasilien gefunden? Hören und notieren Sie.
b) *Zuerst ..., dann ...* Ordnen Sie die Informationen aus a) und vergleichen Sie.

6 Lebenslinien
Welche Personen, die ausgewandert sind, kennen Sie? Berichten Sie.
💬 *Mir fällt meine Urgroßmutter ein. Sie ist ...*
💬 *Albert Einstein ist doch auch ausgewandert.*

Familientreffen

1 Besuch aus Brasilien

a) Familie da Silva Hauser besucht Inga in Freiburg. Wählen Sie eine Person aus, lesen Sie das Porträt, ergänzen Sie den Namen und stellen Sie die Person vor.

> Das ist …
>
> Sie spricht …
>
> Er studiert …

b) Inga unterhält sich mit ihren Gästen. Hören Sie das Gespräch und beschreiben Sie die Situation.

c) Haben Sie so eine Situation auch schon einmal erlebt? Berichten Sie.

> Als ich noch nicht so gut Deutsch konnte, …

> Letztes Jahr hatte ich Besuch aus der Schweiz und …

2 Habe ich richtig verstanden, dass …?

a) Inga versteht Fernanda und Gabriel nicht. Wie kann sie Gustavo um Hilfe bitten? Sammeln Sie.

b) Hören Sie das Gespräch aus 1b) noch einmal. Welche Redemittel benutzt Inga? Kreuzen Sie an und vergleichen Sie.

1 ◯ Meint er/sie …?
2 ◯ Moment, das ging jetzt viel zu schnell.
3 ◯ Kannst du das bitte übersetzen?
4 ◯ Was hat er/sie gesagt?
5 ◯ Kannst du ihn/sie mal fragen, ob …
6 ◯ Sag ihm/ihr bitte, dass …
7 ◯ Habe ich richtig verstanden, dass …
8 ◯ Hilf mir bitte (noch) mal.

c) Wählen Sie ein Thema und eine Rolle und spielen Sie das Gespräch. Rolle C beginnt. Wechseln Sie dann das Thema und die Rollen. Die Redemittel aus 2a) helfen.

Rolle A: Sie sprechen nur … und verstehen kein Deutsch.

Rolle B: Sie sprechen Deutsch und … Sie helfen A und C.

Rolle C: Sie sprechen nur Deutsch und können kein …

3 Ich bin dann mal weg!

a) *Auswanderung aus Deutschland heute.* Hören Sie den ersten Teil einer Radioreportage, bringen Sie die Gründe a–e in die richtige Reihenfolge und vergleichen Sie.

a ◯ ein attraktives Stellenangebot im Ausland
b ◯ Neuanfang und Abenteuerlust
c ◯ Studium und Ausbildung
d ◯ Familie und Partnerschaft
e ◯ Klima und Wetter

b) Das ist beim Auswandern wichtig. Hören Sie die ganze Reportage, notieren und berichten Sie.

Schulen für die Kinder suchen, …

HIN UND WEG!

4 Mit wem …? Womit …?

a) Verbinden Sie die Fragen und Antworten aus der Radioreportage aus 3a) wie im Beispiel.

1 Worum muss man sich kümmern?
2 An wen kann man sich wenden?
3 Worüber informiert eine Beratungsstelle?
4 Worauf sollte man denn noch achten?
5 Auf wen kann man sich am besten verlassen?
6 Womit muss man rechnen?

a Über alle wichtigen Formalitäten.
b Mit hohen Kosten für den Umzug.
c Um Schulen für die Kinder, …
d Auf die Regeln im Zielland.
e An eine Person mit Erfahrung.
f Auf alle, die sich schon gut auskennen.

b) Lesen Sie die Fragen und Antworten in a) noch einmal und ergänzen Sie die Regel.

Regel: Nach Personen fragen: _____ + *wen/wem*. Nach Sachen fragen: Wo(r) + _____

c) Wählen Sie Rolle A oder B. Lesen Sie die Fragen vor. Ihr Partner / Ihre Partnerin antwortet schnell.

5 Familienfotos

a) Inga zeigt Gustavo ein paar alte Fotos. Wer? Wo? Wann? Was? Wählen Sie ein Foto aus, hören Sie das Gespräch und berichten Sie.

Der Junge mit der Zuckertüte ist …

b) *Wie heißt das noch mal auf Deutsch?* Ordnen Sie den Beispielen die Strategien 1–3 zu und vergleichen Sie.

a ○ Eine Treppe, die man tragen kann.
b ○ Und wer ist der junge Mann mit dem Musikinstrument?
c ③ Ich meine das Auto. Bei uns heißt es Käfer.
d ○ Ich fand sie jedenfalls nicht nett.
e ○ Die Zuckertüte ist eine große Tüte mit Süßigkeiten.

Strategien

Sprachmittlung
1 Begriffe umschreiben
2 Gegensätze nennen
3 Oberbegriffe nennen

6 Dingsda-Spiel

Lesen Sie die Spielregeln und das Beispiel. Wählen Sie Rolle A, B oder C und spielen Sie. Die Strategien aus 5b) helfen.

Spielregeln:
Spieler*in A wählt eine Bildkarte und erklärt den Begriff, ohne die Karte zu zeigen und das Wort zu nennen. Er/Sie sollte es den anderen nicht zu leicht machen! Wer das Wort rät, gewinnt die Karte und erklärt das nächste Wort.

● Ich brauche es, wenn ich etwas trinken möchte.
● Ist es eine Flasche?
● Nein. Ich benutze es jeden Morgen.
● …

siebenundsiebzig 77

Neue Heimat

1 Auswanderermuseum BallinStadt Hamburg

a) Lesen Sie den Wochenendtipp. Sammeln Sie Informationen zu den Themen 1–4 und berichten Sie.

1. Verkehrsmittel für Überseereisen früher und heute
2. Gründe für Reisen nach Übersee früher und heute
3. Unterwegs nach Brasilien früher und heute
4. „Hafen der Träume"

WOCHENENDTIPP

„HAFEN DER TRÄUME"
Eine Ausstellung im Auswanderermuseum

Ein Direktflug von Frankfurt am Main nach São Paulo in Brasilien dauert heute ca. zwölf Stunden. Während des langen Fluges über den Atlantik werden den Passagieren Mahlzeiten angeboten, sie können sich Filme ansehen oder Musik hören. Das Angebot ist groß. Viele wollen ein paar Wochen Urlaub machen oder reisen zu einem Geschäftstermin und haben das Rückflugticket schon in der Tasche.

Vor 150 Jahren sah das noch ganz anders aus! Wegen der großen Armut verließen viele ihre Heimat. Wer z. B. nach Brasilien reisen wollte, musste mit dem Schiff ab Hamburg oder Bremerhaven fahren. Eine Rückfahrkarte hatte damals fast niemand. Die meisten Männer, Frauen und Kinder an Bord der großen Schiffe waren Auswanderer, die ihre Heimat für immer verließen. Wegen der hohen Preise für die Überfahrt konnten sich viele nur einen einfachen Schlafplatz unten im Schiffsbauch leisten. Dort war es dunkel, laut, eng und die Luft war schlecht. So ist es kein Wunder, dass es oft Streit unter den Reisenden gab. Trotz der großen Gefahren durch Sturm und Krankheit haben sich damals sehr viele Menschen aus ganz Europa auf den Weg in eine neue Heimat gemacht, die sie noch gar nicht kannten.
Die interaktive Ausstellung „Hafen der Träume" im Auswanderermuseum BallinStadt Hamburg nimmt die Besucher*innen mit auf eine spannende Zeitreise in die Welt der großen Auswanderung nach Übersee im 19. und frühen 20. Jahrhundert.
Unsere Bewertung: Absolut sehenswert!

Der Hamburger Hafen im Winter.
Postkarte aus dem frühen 20. Jahrhundert

b) Adresse, Öffnungszeiten, Eintrittspreise, Ausstellungen, … Recherchieren Sie auf der Webseite des Auswanderermuseums BallinStadt in Hamburg und berichten Sie.

2 Während, wegen, trotz …

a) Markieren Sie Sätze mit den Präpositionen *während*, *wegen* und *trotz* + Genitiv im Wochenendtipp in 1a). Ordnen Sie passende Aussagen zu und vergleichen Sie.

b) Was machen Sie *während der kurzen Pause*, *trotz des schlechten Wetters*, *wegen des langen Staus*, … Schreiben Sie Ihre Antworten auf Kärtchen.

> **Minimemo**
> Adjektivendung nach bestimmten und unbestimmten Artikeln im Genitiv Singular und Plural immer *-en*.

> Wegen der langen Staus fahre ich mit dem Rad zur Arbeit.

c) Wie gut kennen Sie die anderen im Kurs? Mischen Sie die Karten, ziehen Sie abwechselnd eine Karte und lesen Sie sie vor. Die anderen raten.

> Die Karte ist bestimmt von Dong Ha, weil er oft mit dem Rad kommt.

HIN UND WEG! 5

3 Aussprache -tz, -ts und -s

a) Hören Sie und lesen Sie mit. Achten Sie auf -tz, -ts und -s.

Setz dich trotz des warmen Wetters nicht ins Gras.
Trotz der Dunkelheit frisst die Katze nachts nichts anderes als mittags.

b) Hören Sie noch einmal und sprechen Sie immer schneller nach.

4 Viel mehr als nur ein Ort!

a) *Heimat* ist … Beschreiben Sie Gustavos Sketchnote.

b) Hören Sie Gustavos Beschreibung und vergleichen Sie mit seiner Sketchnote in a). Was fehlt? Ergänzen und berichten Sie.

5 Heimat

a) Was ist Heimat? Wo ist Heimat? Hören Sie das Lied der *Munich Supercrew*, sammeln Sie und berichten Sie.

b) Hören Sie das Lied noch einmal, lesen Sie auf S. 146–147 mit und vergleichen Sie mit Ihren Angaben in a).

c) Lesen Sie die erste Strophe und erklären Sie sie in einer gemeinsamen Sprache.

Munich Supercrew

6 Das, was … Da, wo …

a) Etwas mit Beispielen klarer machen. Wählen Sie zwei Zitate aus dem Lied aus, die Ihnen am besten gefallen, und nennen Sie Beispiele. Die Redemittel helfen.

Heimat ist *da, wo* mir nichts fehlt.   Heimat ist *das, was* mir Mut macht.

> *Heimat ist da, wo mir nichts fehlt.*
> *Wie bei meiner Familie.*

> *Heimat ist das, was mir Mut macht.*
> *Das kann beispielsweise ein Lächeln sein.*

b) *Musik ist das, was …* Wählen Sie Rolle A oder B. Partner*in A liest einen Satzanfang, Partner*in B beendet den Satz. Die Angaben helfen. Wenn Sie fertig sind, tauschen Sie die Rollen.

7 Meine Heimat

a) Machen Sie eine Sketchnote zum Thema *Meine Heimat*. **ODER** Schreiben Sie eine neue Strophe für das Lied *Heimat*. Nehmen Sie Ihre Beschreibung der Sketchnote / die Strophe mit dem Smartphone auf.

b) Präsentieren Sie Ihre Sketchnote / Ihre Strophe.
Die anderen kommentieren und fragen nach.

> *… ist interessant! Wie meinst du das?*

ÜBUNGEN

1 Unglaublich?!

a) Was ist richtig? Hören Sie die Radiosendung und kreuzen Sie an.

1. ◯ Es geht um eine Quizsendung im Radio.
2. ◯ Das Publikum im Saal und zu Hause war begeistert.
3. ◯ Die Fernsehmoderatorin fragte nach dem Datum.
4. ◯ Olaf Möller konnte zu jedem Datum den Wochentag nennen.

b) Korrigieren Sie die falschen Aussagen.

c) Hören Sie noch einmal, achten Sie auf das Datum und ergänzen Sie die Wochentage.

1. 18.07.1954: _____
2. 27.03.1826: _____
3. 04.04.1912: _____
4. 01.01.2020: _____

2 Spurensuche

a) Komposita. Bestimmen Sie wie im Beispiel.

1. _____ Spurensuche
2. *der* Dachboden
3. _____ Lebenslinie
4. _____ Handschrift
5. _____ Postkarte
6. _____ Familiengeschichte

die Spurensuche → *die Spur*, *die Suche* → *suchen*

der Dachboden → *das Dach*, *der Boden*

b) Ingas Hobby. Ergänzen Sie die Komposita aus a) und vergleichen Sie mit dem Magazinartikel auf S. 75.

Seit Inga Hauser eine Kiste mit alten Briefen und _____¹ aus Brasilien auf ihrem _____² fand, interessiert sie sich für die *Lebenslinien*³ von Menschen, die ihre Heimat vor langer Zeit für immer verließen. Heute bringen ihr die Leute Dokumente in alter deutscher _____⁴, die sie nicht selbst lesen können. Und wenn eine _____⁵ sie neugierig macht, beginnt ihre _____⁶.

3 Das Radiointerview

a) Verben im Präteritum. Ergänzen Sie wie im Beispiel. Die Liste der unregelmäßigen Verben auf S. 126–129 hilft.

1. ◯ sein _____
2. ☒ wissen *wusste*
3. ◯ leben _____
4. ◯ heißen _____
5. ◯ finden _____
6. ◯ arbeiten _____
7. ◯ schreiben _____
8. ◯ gehen _____
9. ◯ denken _____
10. ◯ kommen _____
11. ◯ austauschen _____
12. ◯ können _____
13. ◯ sitzen _____
14. ◯ unterhalten _____

b) Welche Verben benutzt Inga im Präteritum? Hören Sie das Interview aus Aufgabe 5a) auf S. 75 noch einmal und kreuzen Sie in a) an.

Ich wusste ja, ...

HIN UND WEG!

5

4 Auswanderung im 19. und frühen 20. Jahrhundert

a) Wo steht das? Lesen Sie den Informationstext, formulieren Sie passende Fragen und notieren Sie die Zeilennummer(n) wie im Beispiel.

> Zwischen 1816 und 1914 wanderten rund 5,5 Millionen Deutsche in die USA aus. Die meisten von ihnen waren auf der Suche nach einer besseren Zukunft für sich und ihre Familien. In der zweiten Hälfte des 19. Jahrhunderts waren für 90 Prozent von ihnen die Vereinigten Staaten von Amerika vor Kanada, Brasilien, Argentinien und Australien das beliebteste Ziel. In dieser Zeit bildeten die deutschen Auswan-
> 5 derer auch die größte Einwanderergruppe in den Vereinigten Staaten. Bald gründeten sie dort erste „deutsche Gemeinden", in denen man oft den gleichen Dialekt sprach und die Häuser so wie in der alten Heimat baute. Viele Orte wie das kleine Dorf Heidelberg in Minnesota oder die Kleinstadt Hamburg in Iowa erinnern bis heute mit ihren Namen an diese Zeit.

1 Was *war das beliebteste Ziel?* *Zeilen 3–4*
2 Wann _____
3 Warum _____
4 Wer _____
5 Wie viele _____
6 Wo _____
7 Wie _____

b) Nicht nur Ortsnamen wanderten aus Deutschland aus. Lesen Sie die Angaben und ergänzen Sie die Wörter auf Deutsch und in Ihrer Sprache.

Portugiesisch (Brasilien)	Deutsch	meine Sprache
motor diesel	*der Dieselmotor*	_____
strudel	_____	_____
Englisch		
rucksack	_____	_____
kindergarten	_____	_____

c) Kennen Sie weitere deutsche Wörter, die in andere Sprachen ausgewandert sind? Ergänzen Sie.

5 Von Gustav zu Gustavo

🔊 2.20 a) Zwei Kursteilnehmer*innen unterhalten sich über Gustav und Gustavo. Hören Sie das Gespräch und ergänzen Sie die Namen.

1. Generation: _____ _____
2. Generation: _____ _____
3. Generation: _____ _____
4. Generation: *Rafael* _____
5. Generation: _____ *Sohn*

die Enkelin
der Vater
die Urgroßmutter
der Onkel
der Großvater
~~der Sohn~~
die Großtante
der Ururgroßvater

b) *Ururgroßvater, …* Wer ist wer? Ergänzen Sie passende Familienbezeichnungen wie im Beispiel. Kontrollieren Sie dann mit dem Hörtext aus a) auf S. 147.

ÜBUNGEN

6 *Frag sie doch mal, ob …*

a) Videokaraoke. Sehen Sie sich das Video an und antworten Sie.

b) Worum geht es? Wählen Sie aus.

1 ◯ Sprachprobleme
2 ◯ Termine an der Uni
3 ◯ Reisen in Deutschland
4 ◯ Studium im Ausland

c) Typisch Sprachmittlung! Sehen Sie sich das Video noch einmal an. Was ist richtig? Kreuzen Sie an.

1 ◯ Man muss jedes einzelne Wort übersetzen.
2 ◯ Es reicht oft aus, wenn man den Inhalt kurz zusammenfasst.
3 ◯ Es ist unhöflich, Fragen zu stellen, wenn die andere Person die Sprache nicht versteht.

7 Auswanderung aus Deutschland heute

a) Lesen Sie die Ergebnisse einer Umfrage aus dem Jahr 2022 und ergänzen Sie die Gründe in der Grafik.

Bye, bye Deutschland!

Laut einer Umfrage aus dem Frühjahr 2022 können sich zwei von drei Deutschen einen Neubeginn im Ausland gar nicht vorstellen. Andererseits verließen seit 2016 über eine Million deutsche Staatsbürger ihr Land. Besonders interessant ist, dass Abenteuerlust am wenigsten als Grund angegeben wurde. Die meisten Menschen wanderten wegen einer besseren Arbeitsstelle aus. Auf Platz zwei und drei der Gründe folgen Klima und Familie. Fast ein Viertel der Befragten gab an, dass sie wegen der Bildung ins Ausland gingen, zum Beispiel, um dort zu studieren oder eine Ausbildung zu machen.

Wer jetzt denkt, dass die meisten Deutschen eine neue Heimat in Übersee suchen, liegt falsch. Zu den beliebtesten Zielen gehören die Schweiz und Österreich!

Aber auch die Zahl der Menschen, die nach ein paar Jahren im Ausland wieder nach Deutschland zurückkehren ist hoch - trotz der guten Arbeits- oder Studienbedingungen oder des besseren Wetters im Ausland. Interessant ist, dass die Familie auch bei dieser Entscheidung eine große Rolle spielt.

Top 5-Gründe für Auswanderung aus Deutschland

1 — 58,7 %
2 — 45,8 %
3 — 37,1 %
4 — 24,2 %
5 — 15,7 %

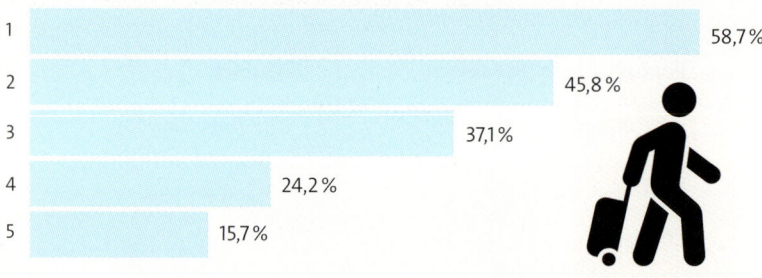

b) Hören Sie den ersten Teil der Radioreportage aus Aufgabe 3a) auf S. 76 noch einmal, vergleichen Sie mit dem Magazinartikel in a) und markieren Sie neue Informationen im Magazinartikel.

HIN UND WEG! 5

8 Ich verlasse mich auf Sie!

a) Verben mit Präpositionen. Analysieren Sie die Aussagen und ergänzen Sie Dativ (D) oder Akkusativ (A).

1 ◯ Bitte achten Sie auf die Hausordnung.
2 ◯ Wir freuen uns auf euch!
3 ◯ Morgen rechnen wir mit Kälte und Regen.
4 ◯ Viele träumen von einem eigenen Haus.
5 ◯ Bitte wenden Sie sich an Herrn Kazem.
6 ◯ Ich erinnere mich noch gut an meine Oma.
7 ◯ Wir ärgern uns oft über den Lärm.

8 ◯ Ich verlasse mich auf Sie.
9 ◯ Er kümmert sich um die Kunden.
10 ◯ Wir kennen uns mit Autos aus.
11 ◯ Ich beschwere mich bei der Vermieterin!
12 ◯ Sie informieren sich über die Kurse.
13 ◯ Ich bin mit der Lösung einverstanden.
14 ◯ Er arbeitet mit unserem Team zusammen.

b) *Auf wen* oder *worauf*? Lesen Sie die Aussagen 1–14 noch einmal. Schreiben Sie die Nachfragen und kurze Antworten wie im Beispiel.

1 Worauf soll ich achten? – Auf die Hausordnung.
2 Auf wen freut ihr euch? – Auf euch.

Lerntipp
Verben immer mit Präposition und Kasus lernen:
achten auf + Akkusativ.

c) Sprachschatten. Hören Sie die Dialoge, kontrollieren Sie Ihre Angaben in b) und sprechen Sie mit.
🔊 2.21

9 Wie soll ich das erklären?

a) Ergänzen Sie Oberbegriffe und mindestens zwei weitere Beispiele.

1 *das Obst* : der Apfel, die Birne, die Orange, *die Kirsche, die Erdbeere*
2 _____ : der Wind, das Gewitter, die Hitze, _____
3 _____ : die Hose, der Rock, das Kleid, _____
4 _____ : lila, rot, gelb, _____

b) *Nicht …, sondern …* Wie heißt das Gegenteil? Ergänzen Sie wie im Beispiel.

1 Hamburg liegt nicht nördlich, sondern *südlich* von Kiel.
2 Ein Käsekuchen ist nicht salzig, sondern _____.
3 Wenn es regnet, ist es draußen nicht trocken, sondern _____.
4 Meine neue Bluse ist nicht hässlich, sondern _____.
5 Ein Krimi ist nicht langweilig, sondern _____.

> Das ist nicht weiß, sondern schwarz.

südlich – nass – süß – hübsch – spannend

10 Strategietraining

a) Lesen Sie die Beispiele und ergänzen Sie *Gegenteil* (G), *Umschreibung* (U) oder *Oberbegriff* (O).

Was ist Ärger? a) ◯ Eine starke Emotion.
 b) ◯ Ärger ist auf keinen Fall Freude.
 c) ◯ Wenn ich auf dich sauer bin, ärgere ich mich über dich.

b) Schreiben Sie zu jeder Frage mindestens zwei Antworten mit den Strategien aus a).

1 Was ist Winter? 2 Was ist ein Hund? 3 Was bedeutet hübsch? 4 Was bedeutet rot?

ÜBUNGEN

11 Im Auswanderermuseum

a) Zu welchen Räumen passen die Bilder? Hören Sie den Audioguide und ergänzen Sie die Raumnummern.

b) Welche Aussagen sind richtig? Hören Sie den Audioguide noch einmal und kreuzen Sie an.

1 ○ Die Passagiere warten ruhig auf die lange Reise über den Atlantik, obwohl sie aufgeregt sind.
2 ○ Viele werden unterwegs krank, weil es sehr eng und das Essen schlecht ist.
3 ○ Obwohl die ersten Vögel schon über das Schiff fliegen, ist es bis zum Hafen noch weit.
4 ○ Während sie auf die Ankunft warten, überprüfen die Passagiere ihre Papiere und ihr Gepäck.
5 ○ Die Passagiere werden kontrolliert und untersucht, während sie im Hafen sind.
6 ○ Weil die Auswanderer die fremde Sprache gut verstehen, haben sie keine Probleme.

c) Korrigieren Sie die falschen Aussagen.

d) 14 Nomen aus dem Audioguide. Ergänzen Sie die Verben im Infinitiv wie im Beispiel.

1 der Traum   *träumen*
2 die Reise
3 die Sprache
4 die Fahrt
5 die Hoffnung
6 die Ankunft
7 die Kontrolle
8 die Untersuchung
9 der Auswanderer
10 der Streit   (sich)
11 der Abschied   (sich)
12 die Aufregung   (sich)

12 Im Museumsshop

a) Lesen Sie die Buchtitel und markieren Sie Artikel und Nomen im Genitiv wie im Beispiel.

1 Tier- und Pflanzenwelt des Regenwalds
2 Ursachen und Folgen des _____ Wetters um 1900
3 Am Ende einer _____ Reise
4 Die Spur der _____ Briefe aus Amerika

Der Regenwald

b) Ergänzen Sie die bestimmten und unbestimmten Artikel im Genitiv und kontrollieren Sie mit der Grammatiktabelle auf S. 119.

1 der Regenwald   *des/eines* Regenwalds
2 das Wetter   _____ Wetters
3 die Reise   _____ Reise
4 die Briefe (Pl.)   _____ Briefe

c) Hören Sie, sprechen Sie nach und ergänzen Sie die Buchtitel in a). Überprüfen Sie dann die Adjektivendungen mit dem Minimemo auf S. 78.

HIN UND WEG! 5

13 Gehen oder bleiben?

a) Wir ziehen nach Spanien! Vergleichen Sie die Texte A und B. Ergänzen Sie wie im Beispiel.

A Immer mehr Deutsche im Rentenalter wandern trotz der fremden Sprache nach Spanien aus. Viele entscheiden sich wegen des besseren Wetters für das Land. Während der kalten Wintermonate ist es am Mittelmeer viel wärmer als in Deutschland.

B Immer mehr Deutsche im Rentenalter wandern nach Spanien aus, obwohl sie die fremde Sprache nicht sprechen. Viele entscheiden sich für das Land, weil das Wetter besser ist. Während es in Deutschland im Winter kalt ist, ist es am Mittelmeer viel wärmer.

1 _____ + Genitiv   *Nebensatz mit obwohl*

2 *wegen* _____ + Genitiv   _____

3 _____ + Genitiv   _____

b) Analysieren Sie die beiden Texte aus a) und kreuzen Sie die richtige Aussage an.

1 ◯ Ein Text mit vielen Präpositionen mit Genitiv ist kürzer als ein Text mit vielen Nebensätzen.

2 ◯ Text A könnte ein Nachrichtentext sein, weil er formeller als Text B klingt.

3 ◯ Beide Texte sind informell.

c) Wir bleiben lieber in Deutschland! Ergänzen Sie *trotz*, *wegen* oder *während*.

1 _____ des besseren Wetters in Spanien leben viele Rentner*innen lieber in Deutschland.

2 Viele wollen ihre Heimat _____ der Familie, die in der Nähe lebt, auf keinen Fall verlassen.

3 _____ der kalten Wintermonate machen sie in warmen Ländern Urlaub.

d) Formulieren Sie die Aussagen aus c) mit Nebensätzen mit *weil*, *obwohl* und *während* um.

1 *Obwohl* _____, leben viele Rentner*innen lieber in Deutschland.

2 Viele wollen ihre Heimat auf keinen Fall verlassen, *weil* _____

3 Sie machen in warmen Ländern Urlaub, *während* _____

14 Koffergeschichten

a) Was könnte in den Koffern von Herrn Meier (M) und Herrn Schmidt (S) sein? Sehen Sie sich das Bild an und ergänzen Sie.

1 ◯ Rechnungen   7 ◯ Streit
2 ◯ Hoffnungen   8 ◯ Glück
3 Ⓢ Träume   9 ◯ Angst
4 ◯ Geld   10 ◯ Erfolg
5 ◯ Liebe   11 ◯ Verantwortung
6 ◯ Freundschaften 12 ◯ Probleme

b) Wohin sind Herr Meier und Herr Schmidt unterwegs? Was meinen Sie? Notieren Sie.

 c) *Herr Meier wundert sich ...* Hören Sie die Koffergeschichte und vergleichen Sie mit Ihren Angaben in a) und b).

Herr Meier (li.) und Herr Schmidt (re.)

ÜBUNGEN

15 Meine Heimat

a) Mit allen Sinnen. Erstellen Sie eine Mindmap wie im Beispiel.

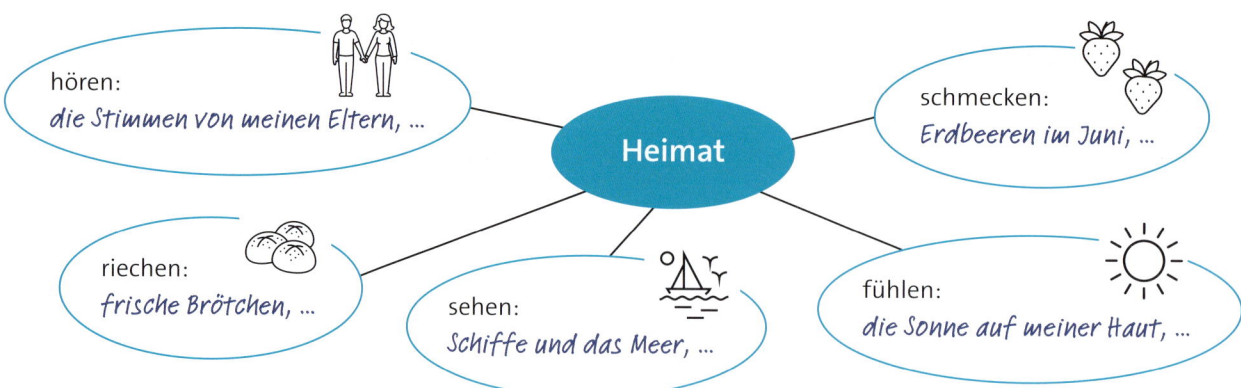

- hören: *die Stimmen von meinen Eltern, …*
- schmecken: *Erdbeeren im Juni, …*
- riechen: *frische Brötchen, …*
- sehen: *Schiffe und das Meer, …*
- fühlen: *die Sonne auf meiner Haut, …*
- Heimat

b) Wählen Sie einen Satzanfang. Schreiben Sie mit den Angaben aus Ihrer Mindmap einen Ich-Text.

Zum Thema / Zu Heimat fallen mir … ein. • Wenn ich an Heimat denke, denke ich an … • … gehören für mich zu Heimat. • Meine Heimat, das sind …

Wenn ich an Heimat denke, denke ich an die Stimmen von meinen Eltern, frische Brötchen, Erdbeeren im Juni, Schiffe und das Meer und die Sonne auf meiner Haut.

16 *Heimat ist die Musik in meinen Ohren.* Etwas mit Beispielen klarer machen. Erklären Sie die Zitate aus dem Lied aus Aufgabe 5a) auf S. 79.

> *Beispielweise, wenn …*

1. Heimat ist da, wo mein Herz singt. *Beispielsweise*
2. Heimat ist da, wo mein Herz lacht. *Zum Beispiel*
3. Sie ist da, wo mein Herz schlägt. *Das kann*

17 Das bin ich

a) Ein Gericht, eine Aktivität, ein Getränk, … Ergänzen Sie.

1. _____ ist das, was ich am liebsten esse.
2. _____ ist das, was mir am meisten Spaß macht.
3. _____ ist das, was ich jeden Morgen unbedingt brauche.
4. _____ und _____ sind das, was ich am besten kann.
5. _____ und _____ sind das, was ich gar nicht mag.

> *Was ich am liebsten esse? Würstchen mit Kartoffelsalat!*

b) *Glück ist da, wo …* Ergänzen Sie wie im Beispiel. Die Angaben helfen.

1. Glück ist da, *wo man sich liebt.*
2. Hoffnung ist da, _____
3. Liebe ist da, _____
4. Freundschaft ist da, _____
5. Ruhe ist da, _____

sich gut kennen • sich entspannen • sich mögen • sich vertrauen • sich wohlfühlen • sich zuhören • sich unterstützen • ~~sich lieben~~ • sich gut unterhalten

HIN UND WEG! 5

Fit für Einheit 6?

1 Mit Sprache handeln

über Auswanderung und Leben im Ausland sprechen
Gustav wanderte zu Beginn des 20. Jahrhunderts von Freiburg nach Brasilien aus.
Wegen der großen Armut verließen damals viele Menschen ihre Heimat.
Trotz der großen Gefahren haben sie sich auf den Weg in eine neue Heimat gemacht.
Sie wollten sich in Übersee eine neue Existenz aufbauen.
Die lange Fahrt über den Atlantik war anstrengend.

zwischen Sprachen vermitteln

Kannst du das bitte übersetzen?
Habe ich richtig verstanden, dass ...
Meint er/sie ...?
Sag ihm/ihr bitte, dass ...
Kannst du ihn/sie mal fragen, ob/wie/wo/...?

Klar. Er/Sie meint, dass ...
Ja/Nein/Fast. ... ist ein/eine ...
Er/Sie hat gesagt, dass ... / gefragt, ob/wie/...

etwas mit Beispielen klarer machen

Ein Käfer? Was ist das?
Wie heißt eine Treppe, die man tragen kann, auf Deutsch?
Wer ist der Mann mit dem Musikinstrument?
Was bedeutet warm?

Das ist ein Auto. Auf Deutsch heißt es Käfer.
Du meinst eine Leiter!
Der Mann mit dem Akkordeon? Das ist mein Onkel.
Naja, nicht kalt. Im April haben wir hier noch 20 Grad.

2 Wörter, Wendungen und Strukturen

Auswanderung
nach ... auswandern, sich auf den Weg nach ... machen, die Heimat verlassen, (sich) eine neue Existenz aufbauen, die Familie vermissen, ein attraktives Stellenangebot im Ausland haben

wo- und da- plus Präposition

Worum muss man sich kümmern, wenn man auswandern möchte?
An wen kann man sich mit Fragen wenden?
Worauf sollte man denn noch achten?
Auf wen kann man sich am besten verlassen?

Um eine Wohnung, Schulen für die Kinder, ...
An Personen mit Erfahrung.
Auf die Regeln im Zielland.
Auf alle, die sich schon gut auskennen.

trotz, wegen, während mit Genitiv
Wir sind trotz des schlechten Wetters im Wald spazieren gegangen.
Ich habe während der langen Fahrt meine Lieblingsmusik gehört.
Wegen der großen Armut verlassen noch heute viele Menschen ihre Heimat.

wo und was als Relativpronomen
Heimat ist da, wo ich mich wohl fühle. / wo Freunde sind. / wo man meine Sprache spricht. / ...
Heimat ist das, was mich glücklich macht. / was uns verbindet. / was mich an ... erinnert. / ...

3 Aussprache

-tz, -ts und -s: Setz dich trotz des warmen Wetters nicht ins Gras.
Trotz der Dunkelheit frisst die Katze nachts nichts anderes als mittags.

 Interaktive Übungen

siebenundachtzig 87

WEIHNACHTEN

Exportschlager Weihnachtsmarkt

Autos? Ja, klar! Maschinen? Auch. Aber wussten Sie, dass Weihnachtsmärkte zu den deutschen Exportschlagern gehören?

Die bunten Märkte vor dem 25. Dezember haben in Deutschland Tradition. Schon vor 600 Jahren konnte man hier Fleisch und Stoffe für den Winter kaufen und zum Naschen gab es Nüsse, Mandeln und Rosinen. Heute ist die Vielfalt wichtig. Deshalb stehen Stände mit Spielzeug und Weihnachtsdekoration neben Ständen mit Bratwurst, Glühwein oder Tee.

Vorfreude und Spaß

Manche Leute freuen sich schon das ganze Jahr auf „ihren" Weihnachtsmarkt, auf dem es den allerbesten Glühwein und die schönsten Weihnachtslieder gibt. Vom kleinen Markt auf dem Dorf bis zu dem berühmten Nürnberger Christkindlesmarkt oder dem beliebten Dresdner Striezelmarkt – die Magie von Weihnachten wirkt immer und überall. Familien, Freundinnen oder Kollegen treffen sich auf dem Markt und für alle gehört der Duft von gebrannten Mandeln und Räuchermännchen, der Klang von Glöckchen und „O Tannenbaum" oder „Jingle Bells" absolut dazu. Oft kann man auch noch mehr entdecken, zum Beispiel riesige Weihnachtspyramiden oder die aktuelle Weihnachtsmarkttasse, die jedes Jahr ein neues Design hat. Aber das Wichtigste ist der Weihnachtsbaum mit seinen Kerzen, den man an den dunklen Wintertagen schon von weitem sehen kann.

Weihnachtsmarkt Made in Germany

Die besondere Atmosphäre der deutschen Weihnachtsmärkte ist in vielen Ländern Europas, aber auch in den USA oder in Asien sehr beliebt. Man findet die Märkte zum Beispiel in Rom, Chengdu oder Chicago. Überall werden typische Produkte wie Lebkuchen, Bratwürstchen, Pyramiden oder Holzfigürchen für den Weihnachtsbaum angeboten. Und vielleicht machen die Weihnachtsmärkte im Ausland die Menschen neugierig auf das Original? Die 2.500 Weihnachtsmärkte in Deutschland freuen sich „alle Jahre wieder" über Besucherinnen und Besucher aus dem Ausland!

Mit Freunden auf dem Weihnachtsmarkt

Gebrannte Mandeln – lecker!

Striezelmarkt in Dresden

6

Weihnachtsmarkttassen mit Glühwein

Mandeln, Nüsse und Rosinen

HIER LERNEN SIE:
- über Weihnachten sprechen
- eine Reihenfolge aushandeln
- um Bestätigung bitten
- Aussagen verstärken und abschwächen
- einen Kommentar schreiben

Weihnachtsmarkt in Chengdu, China

Christmas Market in Manchester, Großbritannien

Die große Weihnachtspyramide in Heidelberg

1 **Wenn ich an Weihnachten denke, fällt mir zuerst ... ein.** Sammeln Sie in einer Mindmap.
- 🟢 *Ich denke zuerst an den Weihnachtsmann.*
- 💬 *Und Weihnachtsfilme im Fernsehen!*

2 **Was gibt's auf dem Weihnachtsmarkt?**
a) Beschreiben Sie die Fotos und kommentieren Sie.
- 🟢 *Es gibt viele bunte Stände.*
- 💬 *Es ist ziemlich kalt.*
- 🔵 *Deshalb trinken die Leute ...*

b) Ergänzen Sie die Mindmap in 1.

3 *Exportschlager Weihnachtsmarkt*
a) (Seit) Wann findet er statt? Was gibt es? Wer geht hin? Wo gibt es ihn und warum? Lesen Sie den Magazinartikel. Notieren und berichten Sie.
b) Ordnen Sie die Fotos passenden Textstellen zu.
- 🟢 *Den Weihnachtsbaum auf dem Striezelmarkt sieht man ...*

4 *Der Exportschlager.* Erklären Sie den Begriff. Sammeln Sie andere Exportschlager aus D-A-CH und anderen Ländern.
- 🟢 *Der VW Käfer wurde in die ganze Welt exportiert.*

5 **So schmeckt der Weihnachtsmarkt!**
Wählen Sie eine Spezialität und beschreiben Sie. Ihr Partner / Ihre Partnerin kommentiert.
- 🟢 *... ist eine ..., die man aus ... macht.*
- 💬 *Das hört sich sehr ... an.*
- 🔵 *Das würde ich gerne / auf keinen Fall probieren.*

6 **Weihnachtsmarkt – da will ich hin!**
🔊 2.25 a) Warum wir (nicht) gern auf den Weihnachtsmarkt gehen. Hören Sie das Interview. Sammeln Sie Argumente pro und kontra und berichten Sie.
b) Was mögen Sie (nicht so) gern? Berichten und begründen Sie.
- 💬 *Die Stimmung ist ..., das finde ich ...*
- 🟢 *Da geh ich (doch nicht) hin!*

Zweimal werden wir noch wach

1 Weihnachtsvorbereitungen bei Familie Hartmann

a) Lesen Sie das Gedicht und den Kommentar. Kennen Sie die Situation auch? Berichten Sie.

Advent, Advent,
ein Lichtlein brennt.
Erst eins, dann zwei,
dann drei, dann vier,
dann steht das
Christkind vor der Tür.
Autor unbekannt

der Adventskranz

Im Gedicht geht es um die vier Wochen vor Weihnachten, die Adventszeit. Jeden Sonntag vor Weihnachten wird eine Kerze auf dem Adventskranz angezündet. Viel Zeit, um das große Fest am 24., 25. und 26. Dezember vorzubereiten – oder?

2.26

b) Was müssen Elke und Sarah noch machen? Sehen Sie sich die Fotos an. Hören Sie den Dialog und kreuzen Sie an.

Sie müssen noch …   *Elke hat schon …*

Mutter und Tochter:
Elke (48) und
Sarah (23) Hartmann
aus Hamburg

24. Dezember Heiligabend
25. Dezember 1. Weihnachtsfeiertag

1  Geschenke besorgen

2  Plätzchen backen

3  Dekoration aussuchen

4  Kartoffelsalat machen

5  Essen bestellen

6  Baum schmücken

7  Lebensmittel einkaufen

8  Sterne basteln

2.27

c) Womit fangen wir an und was machen wir dann? Hören Sie den zweiten Teil des Dialogs. Ergänzen Sie die Textgrafik und berichten Sie.

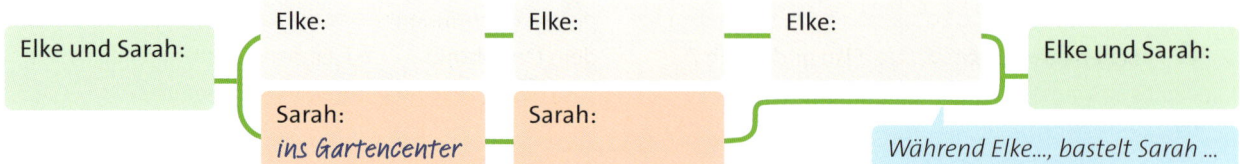

Elke und Sarah: — Elke: ___ — Elke: ___ — Elke: ___ — Elke und Sarah:
Sarah: ins Gartencenter — Sarah: ___

Während Elke …, bastelt Sarah …

2 Bevor ich die Plätzchen backe, koche ich die Kartoffeln

1.2

a) Was machen Sie, bevor …? Sprechen Sie wie im Beispiel.

Bevor wir den Film sehen, machen wir den Abwasch, oder?

In Ordnung, wir machen erst den Abwasch und sehen dann den Film.

den Film sehen / den Abwasch machen

b) Eine Reihenfolge aushandeln und um Bestätigung bitten. Welche Redemittel benutzen Elke und Sarah? Hören Sie den Dialog aus 1c) noch einmal und markieren Sie.

WEIHNACHTEN

6

3 Es gibt noch so viel zu tun!

Wählen Sie eine Situation. Handeln Sie die Reihenfolge aus. Die Redemittel aus 2b) helfen.

> *Was meinst du? Wir backen zuerst die Pizza und dann den Kuchen, oder?*

4 Unter dem Baum – Weihnachtsgeschenke in Deutschland

a) Wann gibt es bei Ihnen Geschenke? Wer bekommt Geschenke? Was verschenken Sie oft? Vergleichen Sie.

b) Lesen Sie den Zeitungsartikel. Ergänzen Sie die Informationen in der Grafik.

Gutschein, Parfüm, Schuhe
Anteil der Befragten, die Folgendes zu Weihnachten verschenken wollen

- _____ 36,8 %
- _____ 31,7 %
- Kleidung, Schuhe _____
- Gesellschaftsspiele, Spielzeug, Puppen, etc. 20,9 %
- Bücher, E-Books _____
- Unterhaltungselektronik 15,1 %

Quelle: Statista-Umfrage Weihnachten 2020

Kurz vor Weihnachten sind die Geschäfte immer voll. Ohne Geschenke ist das Fest kaum vorstellbar. Am Abend des 24. Dezember singen viele Familien Weihnachtslieder, bevor sie die Geschenke auspacken, die schon unter dem Baum warten. Gutscheine sind mit 36,8 % die beliebtesten Weihnachtsgeschenke. Kinder schenken sie gern den Eltern. Männer schenken ihren Frauen oder Freundinnen oft ein Parfüm oder etwas zum Anziehen. Es ist also kein Wunder, dass Kosmetik und Parfüm mit 31,7 % und Pullis oder T-Shirts mit 23,0 % wirklich beliebte Geschenke sind. Spielzeug und Spiele (20,9 %), aber auch Bücher (18,4 %) liegen relativ oft für die Kinder oder die beste Freundin unter dem Baum. Söhne, Väter oder Freunde freuen sich über Unterhaltungselektronik. Der Trend geht hin zu Geschenken, die die Beschenkten sich wirklich gewünscht haben.

c) Vergleichen und kommentieren Sie die Geschenketrends zu Weihnachten.

> *Mich wundern die vielen Gutscheine. Die gibt es bei uns nicht.*

> *Ich schenke meiner Frau auch immer ...*

5 Fragenrallye

a) Wer wem was? Schreiben Sie Fragen. Sie haben zwei Minuten Zeit.

		Dativ	Akkusativ
Schenkt/Bringt/Gibt	Elke/die Oma/Sarah	der Freundin/ihr	ein Buch? / ein Hemd? / eine Pflanze? /
		den Kindern/ihnen	eine Tasse? /
Schenken/Bringen/	Elke und Sarah /	dem Opa/ihm	einen Gutschein? / Plätzchen? /
Geben	die Kinder	den Eltern/ihnen	Socken?

b) Fragen und antworten Sie wie im Beispiel. Vergleichen Sie und ergänzen Sie die Regel.

Schenkt Sarah   den Kindern   ein Buch?

Ja, sie schenkt   es   den Kindern / ihnen.

Regel: Wenn das Nomen im _____ durch ein Pronomen ersetzt wird, dann steht das Akkusativpronomen vor dem _____.

6 Was feiern Sie gerne?

Ein Freund / Eine Freundin will mehr über ein Familienfest wissen, das Sie feiern. Berichten Sie ihm/ihr in einer E-Mail. Die Fragen helfen.

einundneunzig 91

1 Von total süß bis absolut hässlich

a) Sehen Sie sich die Fotos an und sagen Sie, wie Sie die Weihnachtsdekorationen finden.

Toll! Wie kommt ... in die Kugel?   *Der Engel ist ...*   *Oh nein, Weihnachtsdeko finde ich ...*

1 Bäumchen in der Kugel

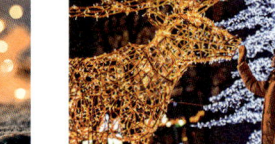

2 Lichtfiguren

3 Engelchen mit Vögelchen

4 Räuchermännchen

b) Aussagen verstärken/abschwächen mit *ganz/relativ* (☆), *wirklich* (★), *total* (★★) und *absolut* (★★★). Verstärken Sie Ihre Aussagen in a) oder schwächen Sie sie ab. Übertreiben Sie ein bisschen.

Das Engelchen finde ich wirklich ...   *Naja, ich finde es ganz ..., aber ... sind total ...*

2 Meine Meinung – deine Meinung

a) Was meinen Francas Freunde, was meint Franca? Lesen Sie den Kommentar und berichten Sie.

Weihnachtsdekoration – Ist das noch Kunst oder schon Kitsch?
Ein Kommentar von Franca Martín

Die Weihnachtsdekoration spaltet jedes Jahr meinen Freundeskreis. Die einen lieben bunte Kugeln, dicke Räuchermännchen oder Engelchen mit süßen Gesichtern und Flügelchen. Sie bezahlen für die kleinen Figürchen viel Geld. Die anderen finden solche Figuren total kitschig, zu süß, zu bunt und absolut zu teuer. Alles Geschmackssache, oder?
Im Gegensatz zu Kitsch will Kunst originell und innovativ sein, neugierig machen und zum Nachdenken anregen. Kunst ist oft teuer und exklusiv. Kitsch wird in großen Mengen immer gleich produziert. Er ist deshalb zwar relativ billig, aber er spricht unsere Gefühle an. Seine traditionellen Themen erkennen wir wieder. Sie wecken positive Gefühle und Erinnerungen – ohne viel nachzudenken.
Die Frage *Kunst oder Kitsch?* kann ich an Weihnachten einfach beantworten: Engelchen lächeln, ich lächle zurück. Einmal im Jahr ist Kitsch ganz okay!

b) Was ist Kunst, was ist Kitsch? Sammeln Sie in einer Tabelle.

c) Gegensätze ausdrücken. Lesen Sie die Redemittel und markieren Sie sie im Kommentar.

d) Kunst kontra Kitsch. Formulieren Sie Gegensätze. Ihre Tabelle aus b) hilft.

Auf der einen Seite ist ... Auf der anderen Seite ...   *Im Gegensatz zu Kunst ist Kitsch ...*

3 Kunst oder Kitsch?

Ihr Geschmack entscheidet! Sehen Sie sich die Gegenstände an und diskutieren Sie.

... ist Kunst. Man sieht immer etwas Neues.

Ich finde ... total kitschig, weil ...

Das ist doch nichts Besonderes!

Schneekugel mit Schneemann

WEIHNACHTEN 6

4 Räuchermännchen sind Holzfigürchen, die rauchen!

Sammeln Sie weitere Diminutive mit *-chen* und *-lein* auf S. 88–92 und ergänzen Sie wie im Beispiel. Was fällt auf?

Landeskunde

Es gibt unterschiedliche Diminutive, z. B. *Blümle*, *Häusle* (Südwestdeutschland), *Blümli*, *Häusli* (Schweiz), *Blümerl*, *Häuserl* (Bayern, Österreich).

die Holzfigur – das Holzfigürchen / der Räuchermann – …

5 Aussprache *-chen* und *-lein*

Hören Sie und lesen Sie mit. Sprechen Sie dann den Satz mit *-lein*.

Saß ein Würmchen mit 'nem Schirmchen unterm Ärmchen auf 'nem Türmchen.
Kam ein Stürmchen, blies das Würmchen mit dem Schirmchen unterm Ärmchen *ssssst* vom Türmchen.

6 *O Tannenbaum* – Kein Fest ohne Lieder

a) Lesen Sie den Steckbrief. Beschreiben Sie einen Tannenbaum und erklären Sie *immergrün*.

b) Worum geht es? Hören Sie das Lied, lesen Sie mit und berichten Sie.

1. O Tannenbaum, o Tannenbaum, wie grün sind deine Blätter! Du grünst nicht nur zur Sommerzeit, nein, auch im Winter, wenn es schneit. O Tannenbaum, o Tannenbaum, wie grün sind deine Blätter.

2. O Tannenbaum, o Tannenbaum, du kannst mir sehr gefallen! Wie oft hat nicht zur Weihnachtszeit ein Baum von dir mich hoch erfreut! O Tannenbaum, o Tannenbaum, du kannst mir sehr gefallen!

3. O Tannenbaum, o Tannenbaum, dein Kleid will mich was lehren: Die Hoffnung und Beständigkeit gibt Trost und Kraft zu jeder Zeit, o Tannenbaum, o Tannenbaum, dein Kleid will mich was lehren.

c) Lesen Sie die Landekunde-Info. Kennen Sie weitere Versionen von *O Tannenbaum*? Worum geht es in den Texten? Berichten Sie.

Landeskunde

Stille Nacht und *O Tannenbaum* sind die bekanntesten Weihnachtslieder. *O Tannenbaum* ist aus dem 16. Jahrhundert. Seit 1924 wird die moderne Version mit den drei Strophen gesungen. Das Lied gibt es in vielen Sprachen. Deutsche Auswanderer haben es im 19. Jahrhundert nach Amerika gebracht. Hier entstand *O Christmas Tree*, aber auch *My Maryland*, die Hymne des US-Bundesstaates Maryland.

7 Lieder zu Festen? Mag ich (nicht)!

Schreiben Sie einen Kommentar wie in 2a) zu Liedern, die Sie an Festtagen singen. Die Strategien helfen. **ODER**
Bringen Sie ein Festtagslied mit. Worum geht es im Text? Berichten Sie auf Deutsch oder in Ihrer Sprache.

dreiundneunzig 93

ÜBUNGEN

1 *Exportschlager Weihnachtsmarkt*

a) Da fehlt doch etwas! Lesen Sie den Magazinartikel auf S. 88 noch einmal und ergänzen Sie die Adjektive.

1 die _____ Märkte
2 der _____ Glühwein
3 die _____ Weihnachtslieder
4 der *berühmte* Christkindlesmarkt
5 die _____ Weihnachtspyramiden
6 die _____ Atmosphäre

b) Was ist richtig? Kreuzen Sie an und kontrollieren Sie mit dem Magazinartikel auf S. 88.

1 (X) Der Weihnachtsmarkt kommt aus Deutschland.
2 ( ) Früher gab es auf den Weihnachtsmärkten Nüsse, Mandeln und Rosinen.
3 ( ) Vor 600 Jahren wurden auf den Weihnachtsmärkten nur Lebensmittel verkauft.
4 ( ) Weihnachtsmärkte gibt es nur in Großstädten.
5 ( ) Gebrannte Mandeln und Räuchermännchen gehören zum Weihnachtsmarkt einfach dazu.
6 ( ) Auf deutschen Weihnachtsmärkten gibt es jedes Jahr die gleichen Tassen.
7 ( ) Weihnachtsmärkte gibt es vor allem in Nordeuropa.

c) Korrigieren Sie die falschen Aussagen.

2 *Spezialitäten auf dem Weihnachtsmarkt*

a) Wie heißen die Speisen und Getränke, die man auf dem Weihnachtsmarkt kaufen kann? Ordnen Sie zu.

a
b
c

1 der Glühwein
2 die Waffeln
3 die heiße Schokolade
4 die Kartoffelpuffer
5 der Eierpunsch
6 die gebrannten Mandeln

d
e
f

b) Ordnen Sie die Zutaten den Speisen und Getränken aus a) zu.

_____	_____	_____
Kartoffeln, Zwiebeln, Eier, Mehl, Pfeffer, Salz	heiße Milch, Kakao, Zucker, Schlagsahne	warmen Rotwein, Gewürze, Orangenschale, etwas Zucker

_____	_____	_____
Mandeln, Zucker, Wasser, Zimt	Butter, Zucker, Eier, Mehl, Milch	Eier, Zucker, Schlagsahne, Rum, Zimt

WEIHNACHTEN 6

3 *Weihnachtsmarkt – da will ich hin!*

a) Welche Aussagen sind ähnlich? Verbinden Sie wie im Beispiel.

1 Die Lieder gehören einfach dazu, aber wir können nur den Anfang mitsingen.

2 Es ist dunkel, ein bisschen kalt, es riecht nach Waffeln und wir stehen zusammen – einfach gemütlich!

3 Jedes Jahr steigen die Preise. Das nervt!

4 Ein Abend mit Freunden, winterliche Temperaturen, der leckere Duft – typisch Weihnachtsmarkt!

5 Es war wieder total voll, die Besucher kamen wieder von überall hierher ...

6 Wir singen immer nur die erste Strophe, dann fehlt uns leider der Text.

7 Der Weihnachtsmarkt hier gefällt einfach zu vielen Leuten.

8 Blöd ist nur, dass alles immer teurer wird.

b) Sagen Sie es anders! Ergänzen Sie den Paralleltext mit den passenden Formulierungen.

ein teurer Spaß • ziemlich viel • gut schmecken • fast jeden Abend • sehr gemütlich

Wir waren dieses Jahr schon total oft auf dem Weihnachtsmarkt. Es gab natürlich leckeres Essen, Glühwein und Eierpunsch. Das geht ganz schön ins Geld!

Der Weihnachtsmarkt ist super. Wir waren dieses Jahr _____ dort. Wie immer _____ die weihnachtlichen Speisen und Getränke _____ .

Leider ist das _____ !

4 Auf dem Weihnachtsmarkt

a) Was kann man wo kaufen? Sammeln Sie in der Einheit und ergänzen Sie.

Heiße Getränke	Leckeres Essen	Süßes zum Naschen	Weihnachtsdekoration
...	...	...	die Räuchermännchen

2.30

b) Hören Sie das Telefonat zwischen Jona und Melli. Wo treffen sich die beiden? Markieren Sie im Lageplan.

c) Hören Sie noch einmal und tragen Sie die Route von Jona und Melli im Lageplan ein.

fünfundneunzig 95

ÜBUNGEN

5 Weihnachtsvorbereitungen bei Familie Hartmann

a) Ein Gedicht nachsprechen. Hören Sie das Gedicht von S. 90. Sprechen Sie nach und achten Sie auf die Betonung.

b) Oma Hildes Butterplätzchen. Hören Sie das Telefonat zwischen Elke und ihrer Mutter Hilde und ergänzen Sie die fehlenden Angaben im Rezept.

Für den Teig:
- 500 Gramm Mehl
- _____
- 350 Gramm _____
- _____ Eier
- drei _____
- _____ Zitrone

c) *Zuerst ...* Hören Sie das Telefonat noch einmal und ordnen Sie.

a (3) Die Eier und die weiche Butter werden verrührt.
b ( ) Das Mehl und der Zucker werden zu den anderen Zutaten gegeben.
c ( ) Die Butter wird aus dem Kühlschrank geholt.
d ( ) Der Teig wird für mindestens eine Stunde in den Kühlschrank gestellt.
e ( ) Die Sahne und der Zitronensaft werden zu den Eiern und der Butter gegeben.
f ( ) Der Zucker und das Mehl werden in eine Schüssel gegeben.
g ( ) Jetzt werden alle Zutaten mit den Händen zu einem Teig geknetet.

den Teig kneten

d) Welches Verb passt? Markieren Sie.

1 den Teig putzen – kochen – kneten
2 das Mehl in eine Schüssel gießen – geben – legen
3 die Butter aus dem Kühlschrank holen – legen – stellen
4 die Plätzchen kochen – backen – braten

6 Die letzten Vorbereitungen am Heiligen Abend. Was machen Leon und Dilara gleichzeitig? Beschreiben Sie wie im Beispiel.

1 den Teig rühren, den Backofen anmachen
2 die Geschenke einpacken, den Baum schmücken
3 telefonieren, die Einkaufsliste schreiben
4 duschen, joggen

Während Leon den Teig rührt, macht Dilara ...

WEIHNACHTEN 6

7 Weihnachtssterne basteln: So geht's!

a) Hören Sie die Bastelanleitung und bringen Sie die Bilder in die richtige Reihenfolge.

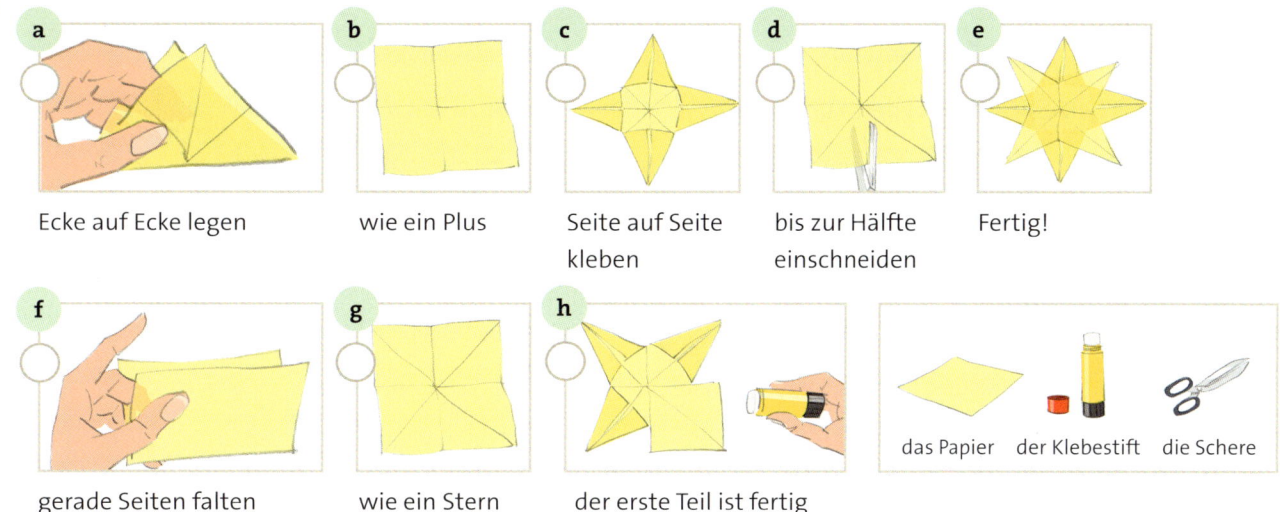

a Ecke auf Ecke legen
b wie ein Plus
c Seite auf Seite kleben
d bis zur Hälfte einschneiden
e Fertig!
f gerade Seiten falten
g wie ein Stern
h der erste Teil ist fertig

das Papier   der Klebestift   die Schere

b) Basteln Sie den Stern mit Hilfe der Anleitung und bringen Sie ihn in den Kurs mit.

8 Meine erste eigene Wohnung

a) Lesen Sie Davids Blogeintrag und ergänzen Sie die Zeilennummern.

1 Das Geburtstagsgeschenk kam nicht pünktlich an. (   )
2 David konnte nicht einkaufen gehen. (   )
3 Es war nicht einfach, ein Backrezept zu finden. (   )
4 Der erste Kuchen war zu lange im Ofen. (   )

Was mir letzten Sonntag passiert ist, glaubt mir keiner!

Meine Eltern haben mich das erste Mal in meiner ersten eigenen Wohnung besucht. Meine Mutter hatte an diesem Tag Geburtstag. Ich habe ihr ein Buch bestellt, das sie schon lange lesen wollte, aber es kam nicht pünktlich an. Am Samstagnachmittag wollte ich meiner Mutter noch schnell einen
5 Geburtstagskuchen kaufen. Als ich gerade losgehen wollte, rief meine Schwester an, weil sie noch einen Tipp für ein Geschenk brauchte. Wir haben viel zu lange telefoniert – leider waren danach die Geschäfte nicht mehr offen, toll! Also musste ich ein Rezept im Internet suchen und selber backen. Backt ihr gern? Ich esse den Kuchen eigentlich lieber. Nach einer Stunde habe ich mich dann endlich für ein Rezept entschieden und zum Glück hatte ich auch alle Zutaten zu Hause. Während der Kuchen
10 im Ofen war, habe ich angefangen die Wohnung zu putzen. Das war keine gute Idee! Als ich in die Küche kam, hat es total komisch gerochen – der Kuchen war schon ganz schwarz …
Also musste ich noch einmal anfangen. Zum Glück hat es dieses Mal funktioniert. Kennt ihr auch solche Situationen, in denen alles schief geht? Was macht ihr dann?

b) Was macht David beim nächsten Mal anders? Schreiben Sie Sätze mit *bevor* wie im Beispiel.

1 David bestellt ein Geschenk. – Er überprüft, ob es pünktlich ankommt.
2 David telefoniert lange. – Er kauft für seinen Besuch ein.
3 David backt einen Kuchen. – Er putzt seine Wohnung.
4 David bereitet alles vor. – Er bekommt Besuch.

1 Bevor David ein Geschenk bestellt, überprüft er, ob …

siebenundneunzig 97

ÜBUNGEN

9 Selbsttest. *Bevor* oder *während*? Ergänzen Sie.

1 Ich darf deine Nachrichten nicht beantworten, _____ ich in einer Besprechung sitze.

2 _____ sie das Restaurant verlassen, müssen sie ihre Rechnung bezahlen.

3 Sie holt die Butter aus dem Kühlschrank, _____ sie sie zu den anderen Zutaten gibt.

4 _____ er morgen seine Prüfung schreibt, muss er noch viel lernen.

5 _____ wir essen können, müssen wir den Tisch decken.

6 _____ ich Auto fahre, kann ich Musik hören.

7 Wir müssen Geld bei der Bank holen, _____ wir auf den Weihnachtsmarkt gehen.

8 _____ wir in Südtirol Urlaub gemacht haben, sind wir viel gewandert.

10 *Und was machen wir zuerst?*

a) Videokaraoke. Sehen Sie sich das Video an und antworten Sie.

b) Was sagt Petra? Sehen Sie sich das Video noch einmal an und kreuzen Sie an.

1 ◯ Was machen wir zuerst?
2 ◯ Wir müssen uns dringend um die Einladung kümmern!
3 ◯ Hast du eine andere Idee?
4 ◯ Kannst du das machen?
5 ◯ Schreiben wir die Einladung zusammen?
6 ◯ Und wenn alles fertig ist, kaufen wir ein paar Tage vorher die Getränke ein, ja?

c) Was muss für die Feier organisiert werden? Was machen Sie und was macht Petra? Ergänzen Sie die Checkliste.

– Einladungen schreiben (Petra und ich)
– ...

11 Ich kaufe meiner Schwester ein Geschenk

a) Selbsttest. Ergänzen Sie die Akkusativpronomen.

1 Hast du die Butter gekauft? – Ja, ich habe _____ gekauft.

2 Wo ist mein schwarzes Kleid? – Tut mir leid, ich habe _____ nicht gesehen.

3 Hast du die gebrannten Mandeln gesehen? – Tut mir leid, ich habe _____ schon gegessen.

4 Hast du den Weihnachtsbaum schon gekauft? – Nein, wir müssen _____ noch besorgen.

b) Wer? Wem? Was? Schreiben Sie wie im Beispiel.

1 Ich – kaufen – meine Schwester – ein Geschenk
2 Melli – basteln – ihre Freundin – ein Stern
3 Er – backen – seine Eltern – leckere Waffeln
4 Leon – leihen – Dilara – ein Kochbuch
5 Die Kinder – schenken – ihre Eltern – eine Schneekugel
6 Leon und Dilara – zeigen – ihre Familie – viele Urlaubsfotos

1 Ich kaufe meiner Schwester ein Geschenk.
Ich kaufe es meiner Schwester.
Ich kaufe es ihr.

WEIHNACHTEN

12 Die Atmosphäre ist einfach total schön!

2.34

a) Aussagen verstärken und abschwächen. Hören Sie und achten Sie auf die Emotionen.

1 Das neue Design der Weihnachtsmarkttasse finde ich relativ langweilig. (☆)
2 Das Weihnachtsessen ist dieses Jahr wirklich fantastisch – einfach lecker! (★)
3 Ich liebe den Weihnachtsmarkt. Die Atmosphäre ist total schön! (★★)
4 Diese kleinen Engelchen sind doch absolut hässlich, oder? (★★★)

b) Hören Sie noch einmal und sprechen Sie nach.

13 Einmal im Jahr ist Kitsch ganz okay

2.35

a) Hören Sie und lesen Sie die Kommentare zur Weihnachtsdekoration.

1 kitschig – total kitschig – Weihnachtssterne sind total kitschig!
2 schön – echt schön – Stofftaschen mit Wintermotiv sind echt schön.
3 teuer – zu teuer – Räuchermännchen sind zu teuer.

bunt
echt schön
die Räuchermännchen
die Engelchen   **zu kitschig**
total kitschig   süße Flügelchen
die Stofftasche mit Wintermotiv
niedliche Gesichter   **zu teuer**
absolut hässlich   **total süß**
die Weihnachtssterne
die Kugeln

b) Formulieren Sie eigene Beispiele wie in a) mit den Angaben aus der Wortwolke.

c) Ergänzen Sie die Kommentare. Die Wortwolke hilft.

1 Die einen finden Räuchermännchen total schön, *die anderen* … _____
2 Im Gegensatz zu Weihnachtssternen, finde ich _____
3 Kugeln gehören zwar zu einem Weihnachtsbaum, aber _____
4 Einerseits liebe ich Weihnachtsdekoration, andererseits _____

14 Alle Jahre wieder!

a) Was ist das Thema? Überfliegen Sie Mirkos Kommentar und kreuzen Sie an.

1 ◯ Essen an Weihnachten   2 ◯ Geschenke und Traditionen   3 ◯ Kunst oder Kitsch

Alle Jahre wieder!

Am Heiligen Abend kam meine Oma zu Besuch und brachte mir wie jedes Jahr ein ganz besonderes Geschenk mit: eine Schneekugel. Ich habe
5 jetzt schon ziemlich viele!
Kennt ihr Schneekugeln? Sie sind auch als Souvenir sehr beliebt. Ich habe Schneekugeln mit Engelchen, Schneemännern, Weihnachtsmännern und dem Brandenburger Tor …
10 Jede ist anders, aber alle sind total kitschig! Außerdem sind sie echt schwer und gehen relativ schnell kaputt, weil sie aus Plastik sind.

Andere finden Schneekugeln total romantisch. Sie sehen gerne zu, wie der Schnee in der Kugel
15 fällt. Schneekugeln sind ein Produkt, das in Mengen produziert wird, aber für mich ist eine schon zu viel. Nur weil meine Oma die Kugeln so sehr mag, stelle ich meine Sammlung immer auf, wenn sie mich am Heiligen Abend besucht.
20 Einmal im Jahr finde ich Kitsch ganz okay, ganz besonders, wenn ich anderen eine Freude machen kann!

ÜBUNGEN

b) Lesen Sie den Kommentar noch einmal. Wo finden Sie die Angaben? Notieren Sie.

Einen Kommentar schreiben	Informationen
die eigene Meinung vom Autor zum Thema	
Argumente für die Meinung vom Autor und Beispiele	
Gegenargumente	
das stärkste Argument steht hinten	
die eigene Meinung wird am Ende noch einmal verdeutlicht	Einmal im Jahr finde ich Kitsch ...

15 *Vorm Café.* Was hören Sie? Hören Sie die Minidialoge und markieren Sie.

2.36
1. Hast du mein Ladekabel gesehen? – Ja, das liegt auf dem / aufm Tisch im Wohnzimmer.
2. Treffen wir uns um drei vor dem / vorm Café? – Ja, das passt.
3. Hast du Lust, durch den / durchn Park zu spazieren und ein Eis zu essen? – Tolle Idee!
4. Ist es noch weit? – Wir müssen noch über den / übern Berg. Dann sind wir da.

16 *Das Würmchen aufm Türmchen.* Hören Sie und sprechen Sie nach.

2.37
1. das Haus – die Häuser – das Häuschen
2. der Baum – die Bäume – das Bäumchen
3. der Turm – die Türme – das Türmchen
4. der Mann – die Männer – das Männchen
5. die Wurst – die Würste – das Würstchen
6. der Sturm – die Stürme – das Stürmchen

17 *Rupfi – eine besondere Geschichte*

2.38
a) Hören Sie den Radiobeitrag. Was ist richtig? Kreuzen Sie an.

1. ◯ Rupfi ist das neue Design auf der Weihnachtsmarkttasse.
2. ◯ Nicht alle Menschen mögen Rupfi.
3. ◯ Rupfi hat ein eigenes Social Media-Profil.
4. ◯ Die Stadt Erfurt möchte nur noch Bäume wie Rupfi auf den Weihnachtsmarkt stellen.
5. ◯ Es gibt sogar T-Shirts mit einem Foto von Rupfi.
6. ◯ Es gibt Postkarten mit Rupfimotiv.

b) Hören Sie noch einmal und ergänzen Sie den Steckbrief.

Name: *Rupfi*   Höhe: _____   Alter: _____
Nadeln: _____
Lebensgeschichte: _____

Warum war der Baum bei den einen beliebt und bei den anderen unbeliebt?
_____

c) Ein Baum, viele Meinungen. Wie finden Sie Rupfi? Begründen Sie Ihre Meinung.

Mir gefällt Rupfi ...

WEIHNACHTEN

Fit für Einheit 7?

1 Mit Sprache handeln

über Weihnachten sprechen

Was müssen wir noch vorbereiten?	Wir müssen einkaufen, Plätzchen backen und den Baum schmücken.
Was gefällt dir am Weihnachtsmarkt?	Ich liebe die gemütliche Atmosphäre.
Was gibt es dieses Jahr zum Essen?	Am Heiligen Abend essen wir Würstchen mit Kartoffelsalat.

eine Reihenfolge aushandeln und um Bestätigung bitten

Wann kümmern wir uns um die Einladungen?	Das sollten wir als erstes machen.
Was machen wir zuerst?	Wir bestellen zuerst das Essen für den Abend.
Dann gehst du einkaufen, während ich den Baum schmücke, okay?	Nein, wir sollten den Baum lieber zusammen schmücken, bevor ich einkaufen gehe.
Ich bereite zuerst den Teig für die Plätzchen vor, ja?	Ja, das kannst du gern machen. Während du den Teig vorbereitest, koche ich die Kartoffeln.
Der Plan ist gut, oder?	Ja, so machen wir es.

2 Wörter, Wendungen und Strukturen

Weihnachten
Süßes naschen, Kerzen anzünden, Sterne basteln, den Baum schmücken, Geschenke besorgen, Lieder singen

Dativ- und Akkusativergänzungen

Zeigst du uns die Urlaubsfotos?	Ja, natürlich zeige ich sie euch.
Hat sie ihrer Freundin den neuen Krimi geliehen?	Ja, sie hat ihn ihr geliehen.

Aussagen verstärken und abschwächen

Der neue Krimi hat mir ganz gut gefallen.	Diesen Pullover finde ich wirklich schön.
Deine neue Frisur sieht total klasse aus.	Das Bäumchen in der Kugel ist absolut hässlich.

Gegensätze ausdrücken

Die einen finden es gut, die anderen mögen es nicht.	Im Gegensatz zu Kitsch liebe ich Kunst total.
Einerseits gehört es zum Fest dazu, andererseits gefällt es mir einfach nicht.	Das Lied wurde zwar schon oft gespielt, aber es ist einfach ein echter Klassiker.

3 Aussprache

-chen und *-lein*: Saß ein Würmchen mit 'nem Schirmchen unterm Ärmchen auf 'nem Türmchen.
Saß ein Würmlein mit 'nem Schirmlein unterm Ärmlein auf 'nem Türmlein.

→ Interaktive Übungen

Wörter Spiele Training

1 Hast du Lust, ... Notieren Sie sechs Fragen. Gehen Sie durch den Kursraum, fragen und antworten Sie. Versuchen Sie, nicht auf Ihren Zettel zu sehen.

Hast du Lust, ...?

Hast du morgen Nachmittag/ am Dienstag/ ... Zeit, ...?

Findest du es wichtig/richtig, ...?

Macht es dir Spaß, ...?

2 Das ist ein Beispiel für ...!

a) Analysieren Sie die unterstrichenen Formen und ordnen Sie sie den Begriffen zu. Vergleichen Sie.

1 <u>Obwohl</u> ich keine Lust hatte, bin ich auf die Party gegangen.
2 In der Hütte, <u>in der wir übernachtet haben</u>, gab es ein tolles Frühstück.
3 <u>Wegen des schlechten Wetters</u> konnten wir heute nicht wandern gehen.
4 <u>Könntest</u> du bitte das Fenster aufmachen? Hier ist schlechte Luft!
5 Ich habe heute keine Lust, Hausaufgaben <u>zu machen</u>.
6 Wir waschen noch schnell das Geschirr ab, <u>bevor</u> wir einkaufen gehen. <u>Was meinst du?</u>
7 Das Café <u>wurde</u> 1999 <u>eröffnet</u>.
8 Wusstest du, dass Rügen <u>die größte Insel</u> Deutschlands ist?
9 💬 Zeig mir doch mal dein neues T-Shirt. 💬 Ja, ich zeige <u>es dir</u> gleich.
10 💬 Ist es noch weit? 💬 Nein, du musst nur noch <u>ein Stückchen</u> laufen.

a Passiv Präteritum
b Akkusativpronomen vor Dativ
c Relativsatz
d Superlativ
e Gegensätze ausdrücken
f Konjunktiv II mit Modalverb
g Infinitiv mit *zu*
h eine Reihenfolge aushandeln
i Diminutiv
j etwas begründen

b) Übungen selber machen. Wählen Sie drei Grammatikbegriffe und schreiben Sie drei neue Sätze. Ihr Partner/Ihre Partnerin analysiert wie in a).

3 *Trotz* oder *wegen* ... passiert ziemlich viel

a) Formulieren Sie fünf Sätze. Es gibt viele Möglichkeiten. Vergleichen Sie.

		trinke ich sechs Tassen Kaffee.
	der großen Hitze	schlafe ich schnell ein.
	des Feiertags	fahre ich mit dem Bus.
Wegen	der ständigen Staus	sind alle Geschäfte geschlossen.
Trotz	des Verbots	spielen die Kinder auf der Wiese.
	des heftigen Regens	gehe ich jeden Tag gern zur Arbeit.
	der vielen Probleme	frühstücken wir auf dem Balkon.
		arbeite ich in der Bürgerinitiative mit.

Trotz des Verbots spielen die Kinder auf der Wiese.

b) Sagen Sie es anders! Formulieren Sie Ihre Sätze aus a) mit *weil* und *obwohl* wie im Beispiel.

Weil es viele Probleme gibt, arbeite ich ...

PLATEAU 2

4 Diese Grammatik ist ein Gedicht!

a) Schreiben Sie ein Gedicht mit zehn Zeilen. Die erste Zeile ist die Überschrift. Verwenden Sie die Wortarten.

1	Artikel + Nomen	**Die Blätter**
2	Adjektiv und Adjektiv	Rot und gelb,
3	Partizip II, Partizip II	gewachsen, gefallen,
4	Wiederholung 1	die Blätter,
5	Pronomen + Verb	sie riechen,
6	Pronomen + Verb	sie rascheln,
7	Pronomen + Verb + Adjektiv	sie liegen still,
8	Wiederholung 1	die Blätter,
9	Wiederholung 3	gewachsen, gefallen
10	Wiederholung 2	rot und gelb.

b) Tragen Sie Ihr Gedicht vor. Achten Sie auf die Betonung ODER Eine besondere Schrift, Bilder … Gestalten Sie Ihr Gedicht, drucken Sie es aus und machen Sie eine Ausstellung.

---

5 *Der Bratapfel*

🔊 2.39

a) Worum geht es im Gedicht? Hören Sie und berichten Sie.

1. Kinder, kommt und ratet,
was im Ofen bratet*! *brät
Hört, wie's knallt und zischt.
Bald wird er aufgetischt,
der Zipfel, der Zapfel,
der Kipfel, der Kapfel,
der gelbrote Apfel.

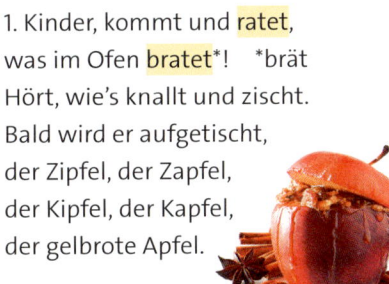

2. Kinder, lauft schneller,
holt einen Teller,
holt eine Gabel!
Sperrt auf den Schnabel
für den Zipfel, den Zapfel,
den Kipfel, den Kapfel,
den goldbraunen Apfel!

3. Sie pusten und prusten,
sie gucken und schlucken,
sie schnalzen und schmecken,
sie lecken und schlecken
den Zipfel, den Zapfel,
den Kipfel, den Kapfel,
den knusprigen Apfel.

(Bayrisches Volksgut)

b) Markieren Sie die Reimwörter. Sprechen Sie sie laut und achten Sie auf den Reim.

c) *Knallt und zischt, schlecken und …* Laute nachmachen, mit Lauten malen. Lesen Sie das Gedicht laut, übertreiben Sie ein bisschen und kommentieren Sie die Wirkung der Laute.

> Man kann hören, dass der Apfel …

> Stimmt, und die Kinder …

d) *Bellen, klingeln, …* Welche Lautmalereien kennen Sie auf Deutsch oder in Ihren Sprachen? Vergleichen Sie.

> Wenn man eine leere Dose über den Boden rollt, sagt man auf … sie …

> Wenn Gläser klirren, nennt man das auf …

> Auf … macht eine Kuh …

Dosen scheppern über den Boden   Gläser klirren   eine Kuh macht muuuuh

e) Recherchieren Sie ein Bratapfelrezept und berichten Sie, wie man einen Bratapfel macht.

Tisch und Stuhl
Keto von Waberer (* 1942)

Der Stuhl verliebte sich sofort in den Tisch, als man ihn zum ersten Mal, Beine nach oben, Lehne nach unten, hinaufhob, um den Küchenboden zu putzen. Der Stuhl war neu in der Küche. Er konnte an seinem Sitz das glatte Holz der Tischplatte spüren.
5 Er war dem Tisch sehr nahe. „Wie stark Sie sind, Herr Tisch", sagte er, aber der Tisch gab ihm keine Antwort. Man hob den Stuhl wieder herunter und setzte die kleine Ilse darauf. Man stellte einen Teller mit Blaubeeren in Milch vor sie auf den Tisch. „Sehen Sie, wir brauchen einander", sagte der Stuhl
10 ganz glücklich. Ilse drückte die Blaubeeren mit den Fingern auf die Tischplatte und machte eine blaue Straße bis zur Milchpfütze. Die Milch lief über die Tischkante hinunter auf den Stuhl und dann auf den Boden. „Wir stehen das gemeinsam durch", sagte der Stuhl. Ilse wurde weggetragen, der Tisch mit dem Lappen
15 gewischt und der Stuhl wieder auf den Tisch gehoben.
„Wir gehören zusammen", sagte der Stuhl.
„Sie sind nicht der einzige Stuhl in meinem Leben", sagte der Tisch.
Aber das war dem Stuhl egal.

PLATEAU 2

Literatur
2.40

1   Ein Tisch, Stühle und … Beschreiben Sie das Foto.

2   Tisch und Stuhl
    a) Worum geht es? Lesen Sie die Kurzgeschichte und berichten Sie.
    b) Wer mit wem? Analysieren Sie die Kurzgeschichte. Die Fragen helfen.
    c) Erzähler*in, Tisch, Stuhl, … Inszenieren Sie die Kurzgeschichte.

3   Wie geht die Geschichte weiter?

4   *Sofa und Kissen, Stift und Heft* oder …
    a) Wählen Sie zwei Gegenstände und schreiben Sie eine Parallelgeschichte.
    b) Präsentieren Sie Ihre Geschichte mit einem passenden Foto.

5   Lebenslinien
    a) Keto von Waberer. Recherchieren Sie und erstellen Sie ein Porträt.
    b) Stellen Sie die Autorin vor.

einhundertfünf 105

1 Es gibt Neuigkeiten

 a) *Ein Lieferservice für das Marek.* Pepe telefoniert mit Herrn Schulte, einem Investor. Es geht um viel Geld! Welche Bedingungen nennt Herr Schulte? Hören Sie und kreuzen Sie an.

- ○ Das Marek muss den Lieferservice schon in vier Wochen anbieten.
- ○ Pepe Gonzales muss Geschäftspartner von Max und Tarek sein.
- ○ Der Investor will für sein Geld 15 % vom Lieferservice.
- ○ Herr Schulte wird Geschäftspartner und bekommt 50 % vom Gewinn des Marek.
- ○ Pepe, Max und Tarek können den Vertrag schon vorbereiten.

Lieferservice mit dem Rad

b) Sind die Bedingungen von Herrn Schulte o.k.? Was meinen Sie? Diskutieren Sie.

> *Ich weiß zwar nicht, wie viel Geld das Marek für den Lieferservice braucht, aber ...*

> *Das geht gar nicht! Ich würde mit so einem Projekt auf jeden Fall zur Bank gehen!*

 c) Wie reagieren Max und Tarek auf Pepes Neuigkeiten? Sehen Sie sich das Video an und berichten Sie.

 d) Sehen Sie sich das Video noch einmal an, wählen Sie Rolle A oder B und lesen Sie die Satzanfänge vor. Ihr Partner / Ihre Partnerin beendet die Sätze. Wechseln Sie sich ab.

> *Pepe kommt ins Marek, ...*

> *... während Max ...*

e) *Wir brauchen mehr Zeit!* Was müssten Max, Tarek und Pepe in den vier Wochen schaffen? Sehen Sie sich Tareks Liste an und berichten Sie wie im Beispiel.

- Projektplanung
- Ausbau der Küche (3-4 Wo.)
- neues Personal: Einstellung/Einarbeitung (mind. 2 Wo.)
- Erstellung der App (Pepe)
- Bearbeitung des Businessplans (Pepe)

> *Sie müssten das Projekt planen.*

> *Genau. Und die Küche ...*

> *Das schaffen sie ...*

 f) *Einfach so?* Hören Sie, achten Sie auf die Betonung und sprechen Sie nach.

1. Einfach so?
2. Wozu soll das denn gut sein?
3. Das schaffen wir nie im Leben!
4. ..., wenn es gut läuft.
5. Das geht auch nicht so einfach.
6. Die Arbeit ist ja auch noch da!
7. Auf gar keinen Fall!
8. Das ist viel zu viel!
9. Mir ist die ganze Sache sowieso viel zu riskant!

Pepe, Tarek und Max diskutieren vor dem Marek.

 g) *Deal oder kein Deal?* Wählen Sie ein Projekt aus. Diskutieren Sie die Bedingungen mit zwei Partner*innen. Die Redemittel aus f) helfen.

h) Berichten Sie über das Projekt, die Bedingungen und Ihre Entscheidung aus g). Die anderen kommentieren und fragen nach.

PLATEAU 2

2 Heimat

a) Was wissen Sie schon über Inge und Selma? Ergänzen Sie weitere Informationen und vergleichen Sie.

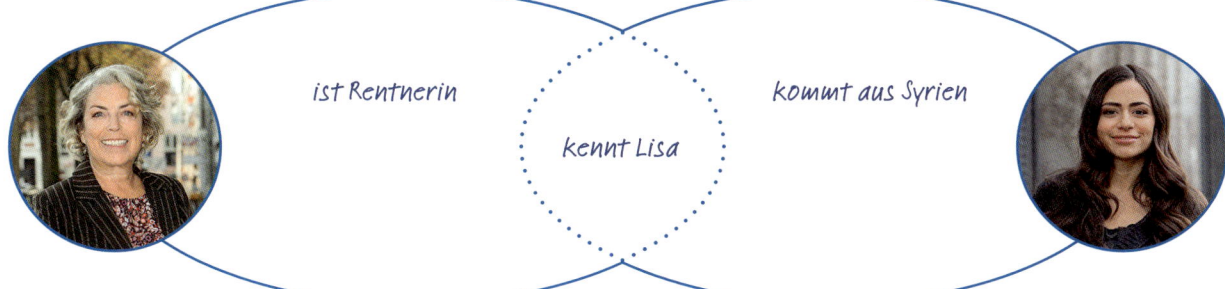

ist Rentnerin · kennt Lisa · kommt aus Syrien

 b) Unterrichtsbesuch. Sehen Sie sich das Video an und ergänzen Sie weitere Informationen in a).
1.13

c) *Das kleine Mädchen bin ich.* Lesen Sie Inges Beschreibung und zeigen Sie sie auf dem Foto.

Die Braut in Weiß ist meine Tante Hedwig. Das war an ihrem Hochzeitstag. Rechts neben ihr steht ihr Mann, mein Onkel Hans. Ich glaube, sie haben im Sommer 1962 geheiratet. Da war der Krieg zum Glück schon lange vorbei und es war wieder Frieden! Jedenfalls war es warm und ich hatte ein neues Kleid und weiße Kniestrümpfe an. Das war etwas ganz Besonderes! Rechts neben mir steht meine Cousine Helene und neben Helene, das ist meine Mutter. Ich meine, sie sieht sehr hübsch und jung aus!

d) Lesen Sie die Beschreibung in c) noch einmal. Wählen Sie ein markiertes Wort aus und beschreiben Sie es, ohne das Wort zu nennen. Die anderen raten.

e) Ein Schüler von Lisa hat sich Notizen gemacht und die Familiengeschichte von Inge aufgeschrieben. Lesen Sie, markieren Sie neue Informationen und vergleichen Sie.

> Inges Familie hatte ein Lebensmittelgeschäft in Kolberg. Das ist eine Hafenstadt an der Ostsee, die bis zum Ende des Zweiten Weltkriegs deutsch war. Heute gehört die Stadt zu Polen und heißt Kołobrzeg. Inges Eltern und Großeltern mussten ihre Heimatstadt an der Ostsee 1945 verlassen. Die Flucht war schlimm und auch die ersten Jahre nach der Flucht waren sehr schwer, denn nach dem Krieg gab es über 12 Millionen deutsche Flüchtlinge, die ein neues Zuhause suchten. Aber überall waren Häuser, Straßen und Brücken zerstört, viele Menschen hatten keine Wohnung und oft auch nicht genug zum Essen. Trotz der schwierigen Situation haben Inges Eltern es aber geschafft. Nach ein paar Jahren haben sie Arbeit in einem Lebensmittelgeschäft gefunden. Zum Glück hatten sie wegen der Sprache keine Probleme. Inge weiß das alles aber nur aus Erzählungen, denn sie wurde erst viel später geboren.

f) *Wir versuchen jetzt, hier ein neues Leben zu beginnen.* Fassen Sie die Angaben zu Selmas Familiengeschichte wie in e) zusammen.

g) Vergleichen Sie die Familiengeschichten von Inge und Selma.

> Selma und ihre Eltern mussten Deutsch lernen.   Das musste Inges Familie nicht, weil …

3 Im Fahrradladen

a) Kennen Sie diesen Mann? Berichten und vergleichen Sie. Das Porträt hilft.

1 Wie heißt er?
2 Woher kommt er?
3 Was macht er beruflich?
4 Woher kennt er Inge?
5 Wie würde Inge ihn beschreiben?

Ich kenne ihn aus Nicos Weg A2. Er heißt … und …

b) Sehen Sie sich die Szene vor Yaras Fahrradladen an. Wer ist Otto? Sammeln Sie Vermutungen.

c) Ein Fahrrad, drei Meinungen. Sehen Sie sich die Szene noch einmal an und ergänzen Sie.

Stabil ist es nicht. Schrott! …

d) Wie finden Sie das Fahrrad? Verstärken Sie Ihre Aussagen mit *wirklich* (★), *total* (★★) und *absolut* (★★★). Übertreiben Sie ein bisschen.

Das ist doch absolut cool!

Meinst du das Ernst? Ich finde es total …

e) Nicos Bewerbung. Sehen Sie sich die nächste Szene an. Für welche Ausbildung möchte Nico sich doch noch bewerben? Berichten Sie.

f) Motivationsschreiben. Welche Tipps passen zu Pepes Ratschlägen? Kreuzen Sie an.

1 ◯ Stellen Sie sich in der Einleitung persönlich vor und nennen Sie den Grund für Ihre Bewerbung.

2 ◯ Begründen Sie im Hauptteil, warum Sie der/die Richtige für den Ausbildungsplatz sind. Nennen Sie Beispiele für Ihre Fähigkeiten und Erfahrungen.

3 ◯ Im Schlussteil können Sie noch kurz über Ihre Hobbys berichten. Im letzten Satz können Sie angeben, dass sie sich über eine Einladung zu einem Vorstellungsgespräch freuen würden.

g) Nicos Motivationsschreiben. Was könnte/sollte/müsste er besser machen? Lesen Sie und machen Sie Vorschläge. Die Redemittel und die Ratschläge aus f) helfen.

Sehr geehrte Damen und Herren,
ich komme aus Spanien und möchte unbedingt Schauspieler werden! Deshalb bewerbe ich mich hiermit um einen Ausbildungsplatz an Ihrer Schauspielschule.
Auf Ihrer Webseite habe ich gesehen, dass Sie schon viele berühmte Schauspieler und Schauspielerinnen ausgebildet haben. Das finde ich toll! Ich interessiere mich für modernes Theater.
Mit freundlichen Grüßen
Nico Gonzales

Goethe-Zertifikat B1: Schreiben

Der Prüfungsteil Schreiben hat drei Teile und dauert 60 Minuten. Sie schreiben zwei E-Mails und einen Diskussionsbeitrag. Sie können wählen, mit welcher Aufgabe Sie beginnen. Sie können maximal 100 Punkte erreichen und brauchen mindestens 60 Punkte, um die Prüfung zu bestehen. Wörterbücher und Mobiltelefone sind nicht erlaubt.

Schreiben Teil 1: Hier sollen Sie eine kurze informelle E-Mail an eine Freundin oder einen Freund schreiben. Sie haben 20 Minuten Zeit und können maximal 40 Punkte bekommen.

Sie sind umgezogen und haben mit Freunden am letzten Samstag den Einzug in eine neue Wohnung gefeiert. Ein Freund / Eine Freundin von Ihnen konnte nicht zu Ihrer Feier kommen, weil er/sie krank war.

- Beschreiben Sie: Wie war die Feier?
- Begründen Sie: Welches Geschenk zum Einzug hat Ihnen besonders gut gefallen und warum?
- Machen Sie einen Vorschlag für ein Treffen.

Schreiben Sie eine E-Mail (ca. 80 Wörter).
Schreiben Sie etwas zu allen drei Punkten.
Achten Sie auf den Textaufbau (Anrede, Einleitung, Reihenfolge der Inhaltspunkte, Schluss).

Schreiben Teil 2: Hier sollen Sie einen Beitrag für ein Internet-Gästebuch oder -Forum schreiben. Sie sollen Ihre persönliche Meinung zu einem Thema äußern. Sie haben 25 Minuten Zeit und können maximal 40 Punkte bekommen.

Sie haben im Fernsehen eine Dokumentarsendung zum Thema „Biosphärenreservate in Deutschland" gesehen. Im Online-Gästebuch der Sendung lesen Sie folgenden Kommentar:

Susanne [17.10., 21:55 Uhr]

Diese Dokumentation war sehr interessant. Sie hat gezeigt, wie die Menschen in den Biosphärenreservaten im Einklang mit der Natur leben und arbeiten. Ich halte den Naturschutz für sehr wichtig, denn wir alle brauchen diese unterschiedlichen Landschaften zur Erholung. Meiner Meinung nach müssen Tiere und Pflanzen in Zukunft noch besser geschützt werden. Wir brauchen noch mehr Schutzgebiete!

Schreiben Sie nun Ihre Meinung zum Thema (ca. 80 Wörter).

Schreiben Teil 3: In diesem Prüfungsteil sollen Sie eine kurze E-Mail schreiben. Sie kennen die Person, an die Sie schreiben, aber Sie Siezen sie. Sie haben 15 Minuten Zeit, die E-Mail zu schreiben. Sie können maximal 20 Punkte bekommen.

Ihre Deutschlehrerin, Frau Pasemann, hat Sie am Samstag zu einem Besuch auf dem Weihnachtsmarkt eingeladen. Zu dem Termin können Sie aber nicht kommen.

Schreiben Sie an Frau Pasemann. Entschuldigen Sie sich höflich und berichten Sie, warum Sie nicht kommen können.
Schreiben Sie eine E-Mail (circa 40 Wörter).
Vergessen Sie nicht die Anrede und den Gruß am Schluss.

Tipps zum Prüfungsteil Schreiben auf einen Blick

GRAMMATIK

Grammatik im Überblick

Sätze

1. Zeitangaben in Sätzen
   - 1.1 Gleichzeitigkeit mit *als* und *während*
   - 1.2 Nachzeitigkeit mit *nach, nachdem, bevor*
   - 1.3 Häufigkeit. *Nie, ..., immer*
2. Gründe, Folgen, Widersprüche und Gegensätze
   - 2.1 Gründe nennen mit *deshalb, darum* und *deswegen*
   - 2.2 Gründe in Nebensätzen mit *weil* und *da*
   - 2.3 Gründe und Gegensätze in Hauptsätzen mit *wegen* und *trotz* + Nomen im Genitiv
   - 2.4 Widersprüche und Gegensätze mit *obwohl, trotz, trotzdem*
   - 2.5 Auf einen Blick: Sätze mit Gründen/Folgen, Widersprüchen/Gegensätzen
3. Alternativen. *Entweder ... oder*
4. Bedingungen und Wünsche. Nebensätze mit *wenn* + Konjunktiv II
5. Ziele oder Konsequenzen mit *damit, sodass, je ..., desto*
   - 5.1 *damit, sodass*
   - 5.2 Handlungen und Konsequenzen mit *je ..., desto*
6. Informationen verbinden
   - 6.1 Wörter, Wendungen und Sätze verbinden mit *nicht nur ..., sondern auch / sowohl ... als auch / weder ... noch / entweder ... oder / zwar ..., aber*
   - 6.2 Auf einen Blick: Konjunktionen, die Nebensätze einleiten
   - 6.3 Auf einen Blick: Konjunktionen, die Informationen verbinden
7. Personen und Sachen genauer beschreiben: Relativsätze
   - 7.1 Relativsätze mit Relativpronomen
   - 7.2 Relativsätze mit Präposition und Relativpronomen
   - 7.3 Relativsätze in der Satzmitte
   - 7.4 *Wo* und *was* als Relativpronomen
8. Fragen mit Präpositionen. *An wen / Woran* denkst du?
   - 8.1 Fragen nach Personen mit *über, an, mit, auf, ...*
   - 8.2 Fragen nach Sachen. *Wo* + Präposition
9. Infinitiv mit *zu* im Satz
10. Dativ- und Akkusativergänzungen im Satz

Wörter und Wendungen

11. Pronomen
    - 11.1 Unpersönliches Pronomen *man*
    - 11.2 Indefinitpronomen *irgend-*
    - 11.3 Auf einen Blick: Pronomen
12. Wortbildung
    - 12.1 Diminutive. *Das Haus – das Häuschen / das Häuslein*
    - 12.2 Adjektive als Nomen. *Etwas Wichtiges*
    - 12.3 Adjektive in Nomen mit *-heit* und *-keit*
    - 12.4 Adjektive mit *-los, -reich, frei, voll*
13. Der Genitiv
    - 13.1 Possessivartikel, Nomen und unbestimmter Artikel im Genitiv
    - 13.2 Adjektivendungen im Genitiv
    - 13.3 *Trotz, wegen, während* mit Genitiv
    - 13.4 Auf einen Blick: der Genitiv
14. Adjektive verstärken oder abschwächen
15. Auf einen Blick: Adverbien
16. *Wo-* und *da-* + Präposition. *An wen / Woran denkst du?*
    - 16.1 *Über wen, an wen?*
    - 16.2 *Worüber – darüber? Woran – daran?*
17. Verb *brauchen* + *zu*
18. Konjunktiv II. Bitten, Ratschläge, Wünsche
    - 18.1 Verwendung des Konjunktivs
    - 18.2 Konjunktiv II von *haben, sein, werden* und Modalverben
19. Partizip I und II als Adjektiv und Nomen
    - 19.1 Partizip I
    - 19.2 Partizip II
20. Plusquamperfekt
21. Über die Zukunft sprechen, Prognosen machen. Das Futur I

Sätze

1 Zeitangaben in Sätzen

1.1 Gleichzeitigkeit mit *als* und *während* ▶ E2, E5 ▶ A2 GR5.1

Während Nick vor dem Regal steht, kommt Maik auf die Bühne.
Ich telefoniere immer, während ich aufräume.
Während der Ferien habe ich drei Romane gelesen.
Während der Ferien telefonierte sie jeden Tag mit ihrer Freundin.

> *Leben ist das, was passiert, während du beschäftigt bist, andere Pläne zu machen.*
> (John Lennon)

Regel: *während*: Gleichzeitigkeit in Vergangenheit und Gegenwart.

Als sie in den Ferien war, telefonierte sie jeden Tag mit ihrer Freundin.
Als ich gestern im Theater war, hustete eine Frau die ganze Zeit.

Regel: *als* + Nebensatz = nur in der Vergangenheit.

1.2 Nachzeitigkeit mit *nach, nachdem, bevor* ▶ E6, E8 ▶ GR20

Nach meinem Studium habe ich gleich einen Job in einer großen Firma gefunden.
Ich habe nach meinem Studium gleich einen Job in einer großen Firma gefunden.

Nachdem Hannah studiert hatte, hat sie gleich einen Job in einer großen Firma gefunden.
Sie fand einen Job in einer IT-Firma, nachdem sie neun Bewerbungen geschrieben hatte.

Er machte seine Arbeit fertig, bevor er nach Hause ging.
Bevor wir Plätzchen backen, kaufen wir ein.
Wollen wir einen Tisch reservieren, bevor wir ins Restaurant gehen?

Regel: **Zwei Ereignisse:** **1.** Sie hat studiert. **2.** Sie hat einen Job gefunden.

Zeitenfolge: Hauptsatz im Präsens: Nebensatz im Perfekt
Hauptsatz im Perfekt oder Präteritum: Nebensatz im Plusquamperfekt

1.3 Häufigkeit. *Nie, ..., immer* ▶ E2

Ich gehe regelmäßig ins Theater.
Manchmal gehe ich ins Theater.
Gehst du ab und zu auch ins Theater? Ja, aber selten.
Ich gehe sehr selten ins Theater, aber oft ins Kino.
In die Oper gehe ich nie. Ich interessiere mich nicht für Musik.
Am Sonntag gehe ich meistens spazieren.
Jeden Sonntag gehe ich spazieren. Ich gehe immer am Sonntag spazieren.
Am Samstag gehe ich nicht immer schwimmen, aber meistens.

Häufige Wendungen

Das geht nicht. Das haben wir noch nie so gemacht.
Das war bis jetzt nie ein Problem.
So etwas habe ich noch nie gesehen.
Ab und zu trinke ich mal ein Bier.

GRAMMATIK

2 Gründe, Folgen, Widersprüche und Gegensätze

2.1 Gründe nennen mit *deshalb, darum* und *deswegen* ▶ E3

Es gibt nicht genug Wohnungen. Deshalb/Darum/Deswegen sind die Mieten so hoch.
Es gibt nicht genug Wohnungen, deshalb/darum/deswegen sind die Mieten so hoch.

Regel: Hauptsätze mit *deshalb, darum* und *deswegen* nennen Gründe.

2.2 Gründe in Nebensätzen mit *weil* und *da* ▶ E12 ▶ A2 GR2

Carina nimmt am liebsten das Fahrrad, weil die Fahrt mit dem Bus länger dauert.
Der Film *Metropolis* wurde kein Erfolg, da die Menschen ihn damals nicht verstanden.
Da die Menschen den Film Metropolis nicht verstanden, wurde er kein Erfolg.

Minimemo
Da verwendet man meistens in schriftlichen Texten.

💬 Warum wurde der Film von Fritz Lang eigentlich kein Erfolg?
💬 Weil die Menschen den Film damals nicht verstanden haben.

> *Es ist nicht wahr, dass Menschen aufhören, Träume zu verfolgen, weil sie alt werden.*
> *Sie werden alt, weil sie aufhören, Träume zu verfolgen.* – Gabriel García Márquez

2.3 Gründe und Gegensätze in Hauptsätzen mit *wegen* und *trotz* + Nomen im Genitiv ▶ E5 ▶ GR13.3 ▶ A2 GR7

Grund
Wegen des schlechten Wetters war die Fahrt über den Atlantik oft gefährlich.
Ich konnte wegen meines Impftermins heute nicht zur Arbeit gehen.
Wegen der Pandemie musste das Café schließen.

Widerspruch/Gegengrund
Trotz der Gefahr machten sich viele Auswanderer auf den Weg über den Atlantik.
Trotz der hohen Kosten fahren die Menschen immer noch viel mit dem Auto.
Der Marathonlauf fand trotz des schlechten Wetters statt.
Trotz der Corona-Pandemie ging sie jeden Tag ins Büro.

Regel: *trotz/wegen* + Nomen im Genitiv

2.4 Widersprüche und Gegensätze mit *obwohl, trotz, trotzdem* ▶ E4, E5, E10 ▶ GR6

Obwohl die Reise über das Meer gefährlich war, wanderten im 19. Jahrhundert viele Menschen aus Deutschland, Österreich und der Schweiz nach Amerika aus. Trotz der hohen Preise und der Gefahren machten sie sich auf den Weg über das Meer.

Hauptsatz	Nebensatz
Viele Menschen wanderten nach Amerika aus,	obwohl die Reise gefährlich war.

Nebensatz	Hauptsatz
Obwohl die Reise gefährlich war,	wanderten viele Menschen nach Amerika aus.

Regel: Mit *obwohl* beginnt ein Nebensatz. Der *obwohl*-Satz drückt einen Gegensatz aus. Er kann vor oder nach dem Hauptsatz stehen.

Hauptsatz	Hauptsatz
Die Reise über das Meer war gefährlich.	Trotzdem wanderten sie nach Amerika aus.
	Trotz der Gefahren wanderten die Menschen aus.

2.5 Auf einen Blick: Sätze mit Gründen/Folgen, Widersprüchen/Gegensätzen

	Präposition + Nomen	Konjunktion + Verb	Adverb
Grund/Folge	Wegen* des Regenwetters bleiben wir zuhause.	Wir bleiben zuhause, weil es regnet.	Es regnet. Deshalb/Darum/Deswegen bleiben wir zuhause.
Widerspruch/ Gegensatz	Trotz des Regenwetters gehen wir spazieren.	Wir gehen spazieren, obwohl es regnet.	Es regnet. Trotzdem gehen wir spazieren.

*Wegen wird mündlich oft mit dem Dativ verwendet: Wegen dem Regenwetter ...

3 Alternativen. *Entweder ... oder* ▶E8

Ich möchte entweder in Göttingen oder in Jena studieren.
Einen Konflikt kann man entweder ignorieren oder lösen.
Der Deutschkurs findet entweder online oder im Kursraum statt.

Wir müssen uns jetzt entscheiden: Entweder links oder rechts.

4 Bedingungen und Wünsche. Nebensätze mit *wenn* + Konjunktiv II ▶E3 ▶GR18 ▶A2 GR19

real	Wenn ich Zeit habe, (dann) fahre ich ans Meer.
nicht real/Wunsch	Wenn ich Zeit hätte, würde ich ans Meer fahren.
	Ich würde ans Meer fahren, wenn ich Zeit hätte.
real	Ich habe aber keine Zeit, deshalb kann ich nicht ans Meer fahren.
nicht real/Wunsch	Wenn ich Geld hätte, (dann) würde ich in den Urlaub fliegen.
real	Aber ich habe kein Geld und keine Zeit. Deshalb bleibe ich zuhause.

Häufige Wendungen

Ich wäre froh, wenn der Winter endlich vorbei wäre.
Ich würde mich freuen, wenn du mich anrufen würdest.
Es wäre schön, wenn du mir beim Umzug helfen könntest.

GRAMMATIK

5 Ziele oder Konsequenzen mit *damit, sodass, je ..., desto*

▶ E9 ▶ A2 GR23

5.1 *damit, sodass*

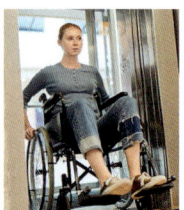

Die Eingangstüren öffnen sich automatisch, sodass niemand eine schwere Tür öffnen muss.
Die Eingangstüren öffnen sich automatisch, damit niemand eine schwere Tür öffnen muss.
Auf Bahnhöfen gibt es Aufzüge, sodass auch Rollstuhlfahrer bequem zum Zug kommen.
Damit auch Rollstuhlfahrer bequem zum Zug kommen, gibt es auf Bahnhöfen Aufzüge.

Regel: Nebensätze mit *damit* drücken Ziele aus. Nebensätze mit *sodass* drücken Konsequenzen aus. Sie stehen nie am Anfang.

5.2 Handlungen und Konsequenzen mit *je ..., desto*

Handlung	Konsequenz
Je länger ich schlafe,	desto entspannter bin ich.
Je mehr ich trainiere,	desto fitter werde ich.
Je weniger ich lese,	desto weniger weiß ich.
Je weniger ich schlafe,	desto nervöser bin ich.

Je länger ich lebe, desto uninformierter fühle ich mich. Nur die Jungen haben für alles eine Erklärung.
(Isabel Allende)

6 Informationen verbinden ▶ E6, E7, E8, E10

6.1 Wörter, Wendungen und Sätze verbinden mit *nicht nur ..., sondern auch / sowohl ... als auch / weder ... noch / entweder ... oder / zwar ..., aber*

Nicht nur eine Schule, sondern auch ein Museum und eine Straße tragen den Namen von Konrad Duden.
Dudens Wörterbuch hat sich zwar im Laufe der Zeit verändert, aber es ist immer noch ein Bestseller.
Konrad Duden arbeitete sowohl in Thüringen als auch in Hessen.
Ihre Eltern konnten ihr weder ein Studium noch eine Ausbildung finanzieren.
Wir gehen entweder ins Museum oder wir machen eine Stadtrundfahrt.

Man reist nicht nur um anzukommen, sondern vor allem, um unterwegs zu sein.
(Johann Wolfgang von Goethe)

6.2 Auf einen Blick: Konjunktionen, die Nebensätze einleiten

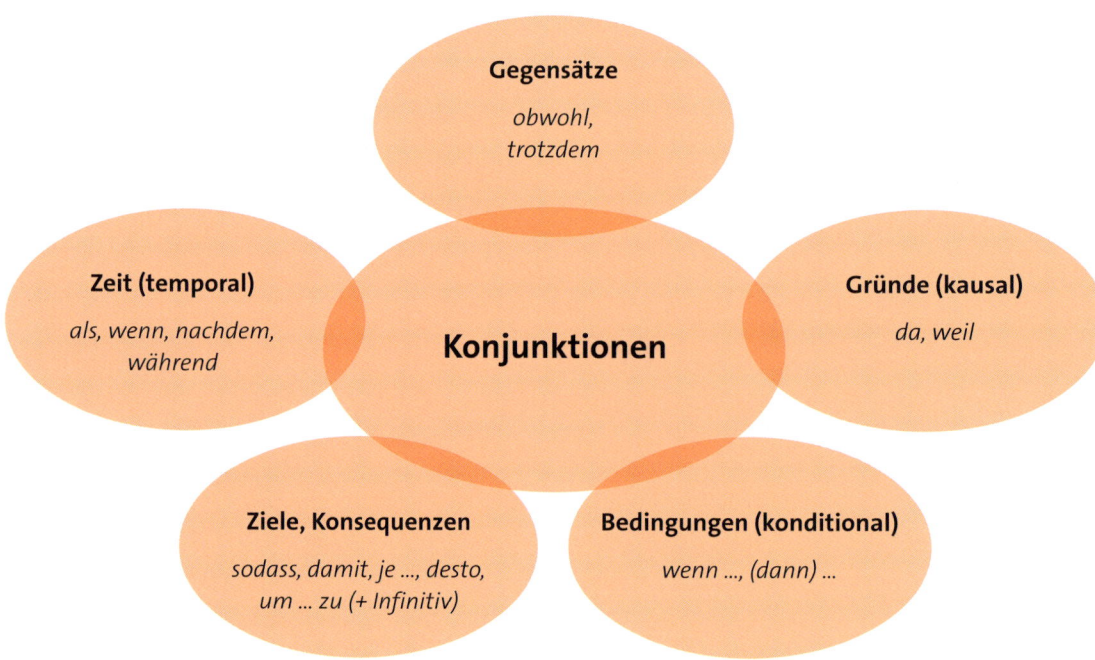

6.3 Auf einen Blick: Konjunktionen, die Informationen verbinden

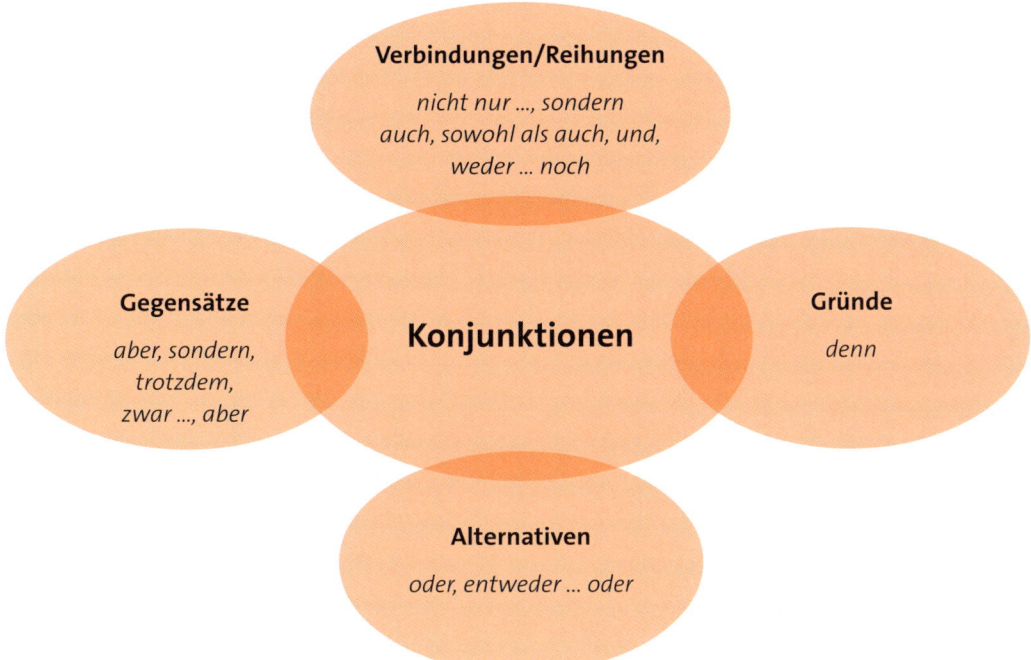

7 Personen und Sachen genauer beschreiben: Relativsätze ▶ A2 GR6, GR25

7.1 Relativsätze mit Relativpronomen ▶ E10 ▶ A2 GR6

Parvati Singh hat einen Masterabschluss gemacht,	der gute Karrierechancen bietet.
Sie arbeitet in einem Team,	das sich auch privat nach der Arbeit trifft.
Merle Sutter ist eine Personalmanagerin,	die oft im Homeoffice arbeitet.
Das Berghotel Haydn hat einen Wellnessbereich,	den man kostenlos nutzen kann.
Sie ist eine Freundin,	der ich die Hoteladresse gegeben habe.
Das Schlossparkhotel ist ein Hotel,	dessen Frühstücksbuffet sehr gut ist.

7.2 Relativsätze mit Präposition und Relativpronomen ▶ E4, E10 ▶ A2 GR25

Parvati Singh hat einen Masterabschluss,	mit dem sie beste Karrierechancen hat.
Sie arbeitet in Teams,	in denen sie sich sehr wohl fühlt.
Merle Sutter arbeitet in einer Firma,	in der sie sich weiterentwickeln kann.
Das Berghotel ist ein Hotel,	für das sich besonders Sportler interessieren.
Es gibt hier viele Hotels,	in deren Restaurants man sehr gut essen kann.

7.3 Relativsätze in der Satzmitte ▶ E4, E10

Der Schlosspark,	der neben dem Hotel beginnt,	ist ein Ort zum Entspannen.
Das Hotel,	das ich meinen Freunden empfohlen habe,	wird gerade renoviert.
Die alte Hütte,	in der ich übernachtet habe,	hat keinen Handyempfang.
Der Urlaub,	für den ich lange gespart habe,	war leider viel zu kurz.
Den Autor,	dessen Buch ich gelesen habe,	kenne ich aus der Schulzeit.
Die Autorin,	deren Bücher sehr erfolgreich sind,	wohnt in Berlin.
Die Autorinnen,	deren Bücher sehr erfolgreich sind,	treffen sich auf der Buchmesse.

GRAMMATIK

7.4 *Wo* und *was* als Relativpronomen ▶E5

Heimat ist da,	wo meine Freunde sind.
Ich mache dort Ferien,	wo es warm ist.
Ein Urlaub am Meer ist das,	was mich am meisten entspannt.
Ein Picknick im Wald ist das,	was ich im Sommer liebe.

Regel: Relativsätze stehen hinter den Wörtern oder Satzteilen, die sie erklären.

8 Fragen mit Präpositionen. *An wen / Woran denkst du?*

8.1 Fragen nach Personen mit *über, an, mit, auf, ...* ▶E5

Über wen schreibt die Autorin?	Über Auswandererfamilien.
An wen denkst du?	An meine Mutter.
Mit wem gehst du ins Kino?	Mit meiner besten Freundin.
Auf wen wartest du?	Auf den Zusteller mit dem Paket.

8.2 Fragen nach Sachen. *Wo* + Präposition ▶A2 GR21

Worüber schreibt die Autorin?	Über das Thema Auswanderung.
Woran denkst du?	An meine Ferien.
Womit fährst du zur Arbeit?	Meistens mit dem Rad.
Worum geht es in dem Text?	Um die Umwelt.
Worauf wartest du?	Auf ein Paket von meinen Eltern.

Häufige Wendungen

Worüber regst du dich auf? Das ist doch nicht wichtig!
Worum geht es in dem Film?
Ein Baumhaus? Wozu soll das denn gut sein?

9 Infinitiv mit *zu* im Satz ▶E2

Hast du vor, Winterurlaub zu machen?
Ich habe Lust, Theater zu spielen.
Es macht mir Spaß, ins Theater zu gehen.
Ich habe vergessen, den Impfpass mitzunehmen.

Nach diesen Wendungen stehen oft Infinitive mit *zu*

Ich habe Angst, Fehler zu machen.
Ich habe keine Zeit, Urlaub zu machen.
Ich habe keine Lust, mit dir auszugehen.
Es ist wichtig, fit zu bleiben.
Es ist nicht leicht, unsere Lehrerin zu verstehen.
Kannst du nicht aufhören, in der Küche zu rauchen?

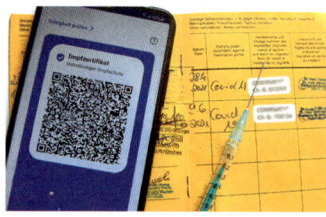

der Impfpass

GRAMMATIK

 ## Dativ- und Akkusativergänzungen im Satz ▶E6 ▶A2 GR9, GR15, GR24

	Dativergänzung	Akkusativergänzung	
Sarah schenkt	ihrer Freundin	ein Buch.	
Ich zeige	dem neuen Kollegen	seinen Arbeitsplatz.	
Carola gibt	mir	ihren Autoschlüssel.	
Kannst du	uns	eine Pizza	mitbringen?
Schenkt die Oma	den Kindern	Geld?	

Regel: Dativergänzung vor Akkusativergänzung

> **Lerntipp**
>
> *schenken, kaufen, (mit-)bringen, geben, zeigen, leihen*
> immer mit **Dativ- und Akkusativergänzung**.

		Akkusativergänzung Pronomen	Dativergänzung	
(das Buch)	Sarah schenkt	es	ihr. / ihrer Freundin.	
(der Arbeitsplatz)	Ich zeige	ihn	ihm. / dem neuen Kollegen.	
(der Schüssel)	Carola gibt	ihn	mir.	
(die Pizza)	Kannst du	sie	uns	mitbringen?
(das Geld)	Schenkt die Oma	es	ihnen? / den Kindern?	

Regel: Akkusativergänzung als Pronomen vor Dativergänzung

Wörter und Wendungen

 ## Pronomen

11.1 Unpersönliches Pronomen *man* ▶E9

Man will oder kann die Person nicht nennen	Man muss zuerst den Akku aufladen und dann das Handy einschalten. Passwörter vergisst man oft.
Passivfunktion	Man backt Kuchen mit Eiern, Mehl und Zucker. Kuchen wird mit Eiern, Mehl und Zucker gebacken.
Pronomen *man* in allgemeinen Aussagen	Man darf hier nicht parken! Hier ist das Parken verboten! Es ist verboten, hier zu parken.

Regel: *man* + 3. Person Singular: Er/Es/Sie/Man darf ...

Man darf hier nicht parken.

> **Häufige Wendungen**
>
> Das kann man so nicht sagen.
> Wenn man das wüsste ...
> Man sollte weniger Fleisch essen.
> Man weiß nicht, wie das Wetter wird.
> Das kann man leider nicht machen.

GRAMMATIK

11.2 Indefinitpronomen *irgend-* ▶ E1

Hast du irgendwas im Kühlschrank? Ich habe Hunger.
Ich kenne den Mann. Ich habe ihn irgendwo schon gesehen.
Hast du irgendwann mal Zeit? Ich muss mit dir reden.
Kennst du irgendwen, der ein Auto hat?
Hat irgendwer mein Handy gesehen? Ich finde es nicht.

irgend- = unbestimmt, ungenau

> *Irgendwie fängt irgendwann irgendwo die Zukunft an.*
> (Songtext von Nena, 1984)

11.3 Auf einen Blick: Pronomen

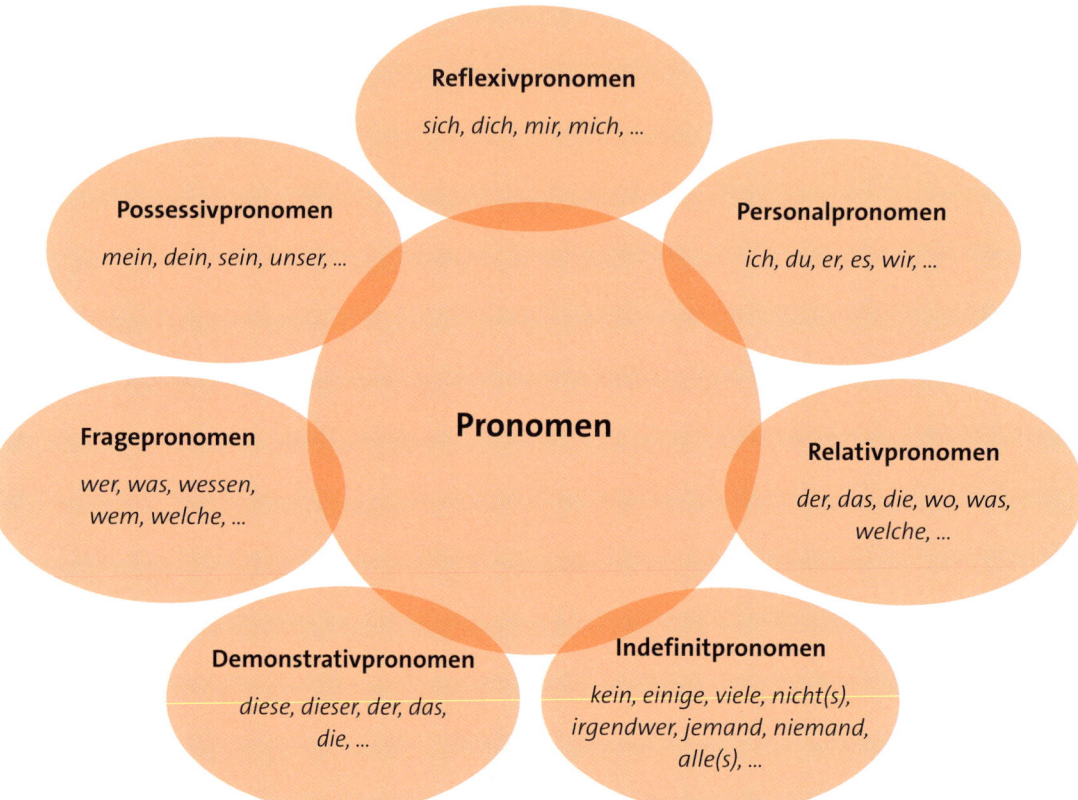

12 Wortbildung ▶ A2 GR13

12.1 Diminutive. *Das Haus – das Häuschen / das Häuslein* ▶ E6

| das große Haus | das kleine Haus: | das Häuschen, das Häuslein |
| der große Baum | der kleine Baum: | das Bäumchen, das Bäumlein |

die Wurst — das Würstchen
der Schirm — das Schirmchen
der Stern — das Sternchen
die Katze — das Kätzchen

das Brötchen (kleines Brot)
das Mädchen (Kind, weiblich)
das Plätzchen (kleines Gebäck)

Minimemo

Es gibt regionale Formen, z. B.
das Würsterl (A, Bayern)
das Würstli (CH)

Regel: Diminutive haben immer den Artikel *das*. Die Endung *-lein* (das Tischlein) wird seltener verwendet. Bei *a, u* und *au* im Nomen: Diminutiv mit Umlaut (das Würstchen).

12.2 Adjektive als Nomen. *Etwas Wichtiges* ▶ E12

Ein Urlaub im Tannheimer Tal ist etwas Besonderes.
An diesem Ort ist etwas Wichtiges passiert.

Häufige Wendungen

Zieh doch mal etwas Anderes an, nicht immer nur Jeans.
Man sollte jeden Tag etwas Gutes tun.
Hast du etwas Neues von Bianca gehört?

12.3 Adjektive in Nomen mit *-heit* und *-keit* ▶ E7

die Gesundheit	gesund	die Arbeitslosigkeit	arbeitslos
die Krankheit	krank	die Teamfähigkeit	teamfähig
die Vergangenheit	vergangen	die Langsamkeit	langsam
die Klugheit	klug	die Fröhlichkeit	fröhlich

Regel: In Nomen mit *-heit* und *-keit* findet man meistens Adjektive. Der Artikel ist immer *die*.

12.4 Adjektive mit *-los, -reich, -frei, -voll* ▶ E7, E9

Der Autor war erfolglos.	Der Autor hatte keinen Erfolg mit seinen Büchern.
Der Autor war erfolgreich.	Der Autor hatte viel Erfolg mit seinen Büchern.
Er war arbeitslos.	Er hatte keine Arbeit mehr.
Es war ein arbeitsreicher Tag.	Es gab an diesem Tag viel Arbeit.
Die Familie war kinderlos.	Die Familie hatte keine Kinder.
Die Meiers sind eine kinderreiche Familie.	Sie haben drei Töchter und zwei Söhne.
Ich bin sprachlos.	Ich weiß nicht, was ich sagen soll.
In Zukunft gibt es fahrerlose Autos.	Diese Autos bauchen keinen Fahrer mehr.
Der 1. Mai ist in Deutschland ein arbeitsfreier Tag.	Man muss an diesem Tag nicht arbeiten.
Der Bahnhof ist barrierefrei.	Es gibt keine Barrieren (z. B. Treppen).
Es wäre sinnvoll, den Zug zu nehmen.	Es ist vernünftig, mit der Bahn zu fahren.
Lara schaute sorgenvoll in die Zukunft.	Sie machte sich Sorgen wegen der Zukunft.
Er war sehr liebevoll zu seinen Kindern.	Er liebte seine Kinder sehr.

13 Der Genitiv ▶ A2 GR7

13.1 Possessivartikel, Nomen und unbestimmter Artikel im Genitiv ▶ E7

Nominativ	Genitiv	
Singular	bestimmter Artikel	unbestimmter Artikel / Possessivartikel
der Direktor	der Name des Direktors	der Name (m)eines Direktors
das Museum	der Name des Museums	der Name (s)eines Museums
das Kind	der Name des Kindes	der Name (m)eines Kindes
die Schule	der Name der Schule	der Name (m)einer Schule
Plural		
die Direktoren/ Museen/Häuser	die Namen der Direktoren/ Museen/Häuser	seiner/ihrer Direktoren/Museen/Häuser

GRAMMATIK

13.2 Adjektivendungen im Genitiv ▶ E5, E7

Wortreich ist der Name einer interessanten Ausstellung in Bad Hersfeld.

der Direktor	(der Name) des/eines neuen Direktors
das Museum	(der Name) des/eines neuen Museums
die Kollegin	(der Name) der neuen Kollegin
die Schulen	(die Namen) der neuen Schulen

Regel: Adjektive im Genitiv mit Artikel: Die Endung ist immer *-en*.

13.3 *Trotz, wegen, während* mit Genitiv ▶ E5 ▶ GR2.3

Trotz des Regens machten wir eine Bergwanderung.
Trotz der großen Gefahren machten sich die Menschen auf den Weg über das Meer.
Wegen der Armut wanderten viele Menschen im 19. Jahrhundert aus Europa aus.
Wegen des schlechten Wetters mussten die Schiffe im Hafen bleiben.
Während des Stadtfestes* bleibt die Innenstadt autofrei.
Während der Ferien bleiben die Schulen offen, obwohl kein Unterricht stattfindet.

*des Festes: Einsilbige Nomen im Genitiv oft mit *-es*.

13.4 Auf einen Blick: Genitiv

Man nennt Konrad Duden den Vater der deutschen Rechtschreibung. Er war Direktor des Gymnasiums in Bad Hersfeld. Konrad Dudens Denkmal steht dort im Kurpark. Wegen der vielen verschiedenen Schreibweisen wollte Duden die Rechtschreibung reformieren.

a) Das Genitiv *-s* ▶ A2 GR7

Das Genitiv *-s* verbindet zwei Nomen (Person + Person, Person + Sache), die zusammengehören.

Vaters Fahrrad ist kaputt.
Frau Meyers Auto ist in der Werkstatt.
Lisas Mutter arbeitet in einem Labor.
Familie Meyers Hund heißt Waldi.

b) Das Genitivattribut ▶ E7 ▶ A2 GR7.2

die Grenzen des Landes — *Welcher Club?*
der Club der toten Dichter — *Wessen Besuch?*
der Besuch der alten Dame
das Wörterbuch der deutschen Sprache — *Welches Wörterbuch?*
das Haus meiner Eltern / ihrer Eltern — *Wessen Haus?*

Regel: Das Genitivattribut beschreibt ein Nomen genauer oder sagt, wem etwas gehört. Das Genitivattribut steht nach dem Nomen.

14 Adjektive verstärken oder abschwächen mit *ganz, relativ, ziemlich, besonders, wirklich, sehr, total, absolut* ▶ E1, E6

Das finde ich süß!
Das ist cool!
Das ist kitschig!

Das ist wirklich sehr süß!
Das ist ziemlich cool!
Ich finde das total kitschig!

Das Räuchermännchen ist absolut witzig!

15 Auf einen Blick: Adverbien

In Hamburg habe ich damals gern gewohnt. Dort lebt jetzt meine Schwester. Deshalb fahre ich oft nach Hamburg. Wir machen immer eine Hafenrundfahrt. Möglicherweise zieht sie bald nach München um. Da sind die Wohnungen leider noch teurer. Jetzt sucht sie eine Wohnung am Stadtrand.

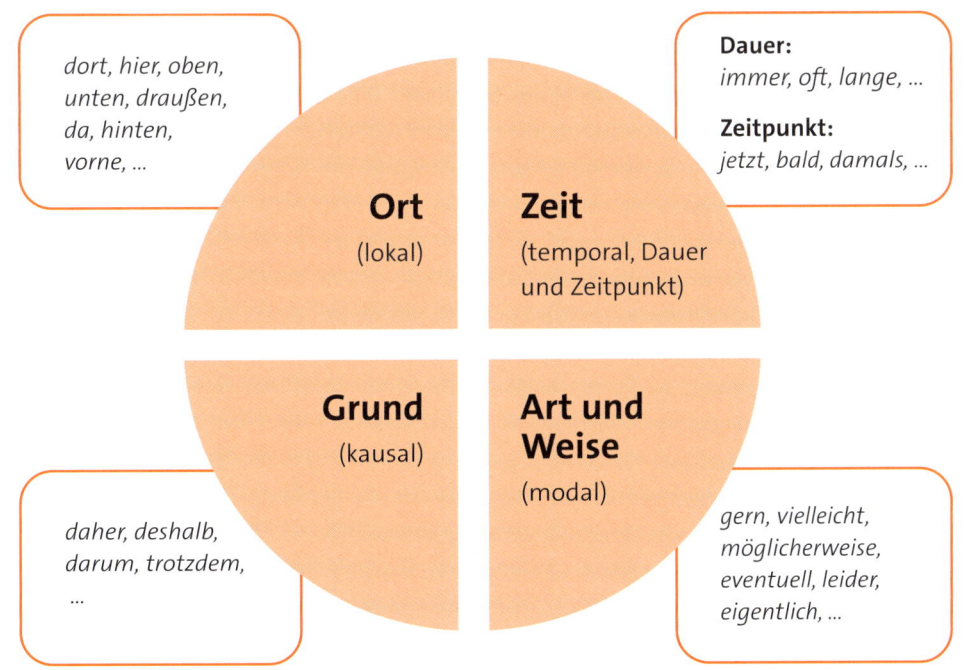

Ort (lokal): dort, hier, oben, unten, draußen, da, hinten, vorne, ...

Zeit (temporal, Dauer und Zeitpunkt)
- **Dauer:** immer, oft, lange, ...
- **Zeitpunkt:** jetzt, bald, damals, ...

Grund (kausal): daher, deshalb, darum, trotzdem, ...

Art und Weise (modal): gern, vielleicht, möglicherweise, eventuell, leider, eigentlich, ...

Ich fahre möglicherweise bald nach Berlin.
Ich fahre immer nach Berlin.
Dort arbeite ich.
Darum fahre ich nach Berlin.
Ich bleibe immer lange in Berlin.
Ich habe eigentlich kein Geld. Trotzdem fahre ich nach Berlin.

Minimemo

Mit Adverbien kann man sagen, wo, wann, warum oder wie etwas passiert. Sie verändern sich nicht.

GRAMMATIK

16 Wo- und da- + Präposition. An wen / Woran denkst du? ▶GR8

16.1 Über wen, an wen? ▶E5

Über wen schreibt die Autorin?	Sie schreibt über Auswandererfamilien.
	Sie schreibt seit drei Jahren über sie.
An wen denkst du?	An meine Mutter.
	An sie denke ich sehr oft.
Mit wem gehst du ins Kino?	Mit meiner Freundin.
	Mit ihr treffe ich mich jeden Sonntag.
Auf wen wartest du?	Auf den Zusteller mit dem Paket.
	Ich warte seit einer Stunde auf ihn.

16.2 Worüber – darüber? Woran – daran? ▶E12 ▶A2 GR21

Worüber schreibt die Autorin?	Über das Thema Auswanderung.
	Darüber schreibt sie seit drei Jahren.
Woran denkst du?	Ich denke an meine Ferien.
	Daran denke ich jeden Tag.
Womit fährst du zur Arbeit?	Meistens mit dem Rad.
	Damit fahre ich am liebsten.
Worum geht es in dem Text?	Um die Umwelt.
	Darum geht es in den Texten, die sie schreibt.
Worauf wartest du?	Ich warte auf ein Paket von meinen Eltern.
	Ich warte seit einer Woche darauf.

Häufige Wendungen

Worin liegt/besteht der Unterschied zwischen Obst und Gemüse?
+ Kümmerst du dich um die Getränke? - Darum kümmere ich mich morgen.

17 Verb *brauchen* + zu ▶E11

Ich brauche heute nicht in die Uni zu gehen. Heute ist Nationalfeiertag.
(Ich muss nicht in die Uni gehen.)

Du brauchst mich nur anzurufen. Dann komme ich und helfe dir.
(Du musst mich nur anrufen. Dann ...)

Du brauchst dich nicht zu ärgern. In 10 Minuten kommt der nächste Bus.
(Du musst dich nicht ärgern.)

Ihr braucht keine Tickets zu reservieren. Das haben wir schon gemacht.
(Ihr müsst keine Tickets reservieren.)

brauchen + zu: Bedeutung und Gebrauch wie Modalverb *müssen*

GRAMMATIK

18 Konjunktiv II. Bitten, Ratschläge, Wünsche ▶E1, E3 ▶GR4

18.1 Verwendung des Konjunktivs

Ratschläge	Du solltest mal wieder Urlaub machen.
(höfliche) Bitten	Könnten Sie mir bitte helfen?
	Ich hätte gern zwei Brötchen.
nicht real / Wünsche	Ich hätte gern mehr Zeit. Dann müsste ich nicht so viel arbeiten.
	Ich würde Urlaub machen und könnte morgens länger schlafen.
	Wenn ich nicht so viel arbeiten müsste, hätte ich mehr Zeit.
real	Ich habe keine Zeit. Ich muss viel arbeiten und morgens früh aufstehen. Ich mache keinen Urlaub.

Regel: Konjunktiv II der meisten Verben im Präsens: *würde* + Verb im Infinitiv
Ich würde gern weniger arbeiten.
Ich würde gern mehr Urlaub machen.

18.2 Konjunktiv II von *haben, sein, werden* und Modalverben ▶A2 GR31

	Präteritum	Konjunktiv II	Präteritum	Konjunktiv II	Präteritum	Konjunktiv II
	haben		**sein**		**werden**	
ich	hatte	hätte	war	wäre	wurde	würde
du	hattest	hättest	warst	wärst	wurdest	würdest
er/es/sie/man	hatte	hätte	war	wäre	wurde	würde
wir	hatten	hätten	waren	wären	wurden	würden
ihr	hattet	hättet	wart	wärt	wurdet	würdet
sie/Sie	hatten	hätten	waren	wären	wurden	würden

Regel: Konjunktiv von *haben, sein, werden* und Modalverben: Präteritum + Umlaut
hatte → hätte, konnte → könnte, musste → müsste, ... **Aber:** sollte → sollte

19 Partizip I und Partizip II als Adjektiv und Nomen

19.1 Partizip I ▶E11

Bildung Verb + d
schlafen → schlafend
leuchten → leuchtend
überzeugen → überzeugend

Partizip I als Adjektiv
Das Argument ist sehr überzeugend.
Das ist ein sehr überzeugendes Argument.
(Das ist ein Argument, das überzeugt.)
Für Spaghetti braucht man kochendes Wasser.
(Für Spaghetti braucht man Wasser, das kocht.)

Partizip I als Nomen
die Studierenden (Menschen, die studieren)
die Lesenden (Menschen, die gerade lesen)

Der denkende Mensch ändert seine Meinung.
(Friedrich Nietzsche, 1844–1900)

die Studierenden

Häufige Wendungen

Man soll keine schlafenden Hunde wecken.
Carolina spricht fließend Deutsch, Italienisch und Griechisch.

GRAMMATIK

19.2 Partizip II ▶ E10

handeln	gehandelt	wegwerfen	weggeworfen
kochen	gekocht	trinken	getrunken
lieben	geliebt	mahlen	gemahlen
flüchten	geflüchtet	backen	gebacken

Partizip II als Adjektiv

Der Kaffee ist fair gehandelt, das heißt die Kaffeebauern bekommen einen fairen Preis.
Im Supermarkt kann man fair gehandelten Kaffee kaufen.
(Im Supermarkt kann man Kaffee kaufen, der fair gehandelt wurde.)
Die frisch gebackenen Brötchen sind noch warm.
(Die Brötchen, die frisch gebacken wurden, sind noch warm.)
Viele mögen den Duft von frisch gemahlenen Kaffeebohnen.
(Viele mögen den Duft von Kaffeebohnen, die frisch gemahlen wurden.)
Ich trinke am liebsten frisch gepressten Orangensaft.
(Ich trinke am liebsten Orangensaft, der frisch gepresst wurde.)

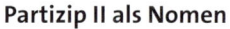

Lecker, frisch gepresster Orangensaft!

Partizip II als Nomen

der/die Geflüchtete (der Flüchtling)
Ich habe das Gelernte vergessen.

20 Plusquamperfekt ▶ E8 ▶ GR1.2

2022 hatte Dora ihren Abschluss gemacht. Danach schrieb sie viele Bewerbungen. Nachdem sie die achte Bewerbung geschrieben hatte, bekam sie eine positive Antwort von einer Firma in Hamburg. Danach suchte sie eine Wohnung. Als sie eine hübsche Wohnung gefunden hatte, zog sie um. Nachdem sie umgezogen war, konnte sie mit der Arbeit beginnen.

> **Lerntipp**
>
> *Sein* oder *haben*?
> Wie beim Perfekt.

Regel: Mit dem Plusquamperfekt verbindet man zwei Ereignisse in der Vergangenheit. Das Plusquamperfekt sagt, was zuerst passiert ist. Das Plusquamperfekt bildet man mit der Präteritumform von *sein* oder *haben* (*war* oder *hatte*) und dem Partizip II.

Zuerst	Danach
Dora machte ihren Abschluss.	Dora schrieb Bewerbungen.
Nachdem Dora ihren Abschluss gemacht hatte,	schrieb sie Bewerbungen.

Danach	Zuerst
Sie konnte mit der Arbeit beginnen,	nachdem sie umgezogen war.

> Kellner: „Wie fanden Sie das Steak?"
> Gast: „Ganz zufällig, als ich den Salat schon fast gegessen hatte."

21 Über die Zukunft sprechen, Prognosen machen. Das Futur I

▶ E12 ▶ A2 GR29

Zukunft (mit Präsens)	Wir fahren nach Tirol.
Zukunft (mit Zeitadverb)	Nächsten Sommer/Bald/Morgen fahren wir nach Tirol.
Zukunft (mit Futur I)	Herr Hulot wird (nächsten Sommer) nach Tirol fahren.
Prognosen (mit Futur I)	Wir werden bestimmt/vielleicht/irgendwann mal nach Tirol fahren.
	Ich werde unseren Kurs vermissen.
	Die Menschen werden noch sehr lange von einer Zeitmaschine träumen.

Zukunft
1. (meistens) mit Zeitadverb + Verb (Präsens)
   Morgen besuche ich meine Tante.
2. mit *werden* + Verb im Infinitiv. Mit Futur I kann man auch Prognosen ausdrücken.
   2050 wird es selbstfahrende Autos geben.

NOTIZEN

LISTE DER UNREGELMÄSSIGEN VERBEN

*Perfekt mit *sein*

	er/es/sie	
ab|brechen	brach ab	abgebrochen
ab|hängen	hing ab	abgehangen
ab|schließen	schloss ab	abgeschlossen
ab|waschen	wusch ab	abgewaschen
an|bieten	bot an	angeboten
an|erkennen	erkannte an	anerkannt
an|fangen	fing an	angefangen
an|kommen	kam an	angekommen*
an|nehmen	nahm an	angenommen
an|rufen	rief an	angerufen
an|sehen	sah an	angesehen
an|sprechen	sprach an	angesprochen
an|wenden	wandte an	angewandt/angewendet
an|ziehen (sich)	zog sich an	angezogen
auf|laden	lud auf	aufgeladen
auf|fallen	fällt auf	aufgefallen*
auf|fangen	fing auf	aufgefangen
auf|geben	gab auf	aufgegeben
auf|gießen	goss auf	aufgegossen
auf|stehen	stand auf	aufgestanden*
auf|treten	trat auf	aufgetreten*
aus|brechen	brach aus	ausgebrochen*
aus|fallen	fiel aus	ausgefallen*
aus|geben	gab aus	ausgegeben
aus|gehen	ging aus	ausgegangen*
aus|schlafen	schlief aus	ausgeschlafen
aus|sehen	sah aus	ausgesehen
aus|ziehen (sich)	zog sich aus	ausgezogen
befinden (sich)	befand sich	befunden
begeben (sich)	begab sich	begeben
beginnen	begann	begonnen
bekommen	bekam	bekommen
beraten	beriet	beraten
beschließen	beschloss	beschlossen
bestehen	bestand	bestanden
beweisen	bewies	bewiesen
bewerben (sich)	bewarb sich	beworben
bieten	bot	geboten
bitten	bat	gebeten
bleiben	blieb	geblieben*
brechen (sich)	brach sich	gebrochen
brennen	brannte	gebrannt
bringen	brachte	gebracht
dazukommen	kam dazu	dazugekommen*
denken	dachte	gedacht
dürfen	durfte	gedurft
ein|fallen	fiel ein	eingefallen*
ein|frieren	fror ein	eingefroren
ein|geben	gab ein	eingegeben
ein|laden	lud ein	eingeladen

LISTE DER UNREGELMÄSSIGEN VERBEN

einziehen	zog ein	eingezogen*
empfehlen	empfahl	empfohlen
enthalten	enthielt	enthalten
entscheiden	entschied	entschieden
entstehen	entstand	entstanden*
entwerfen	entwirft	entworfen
erfahren	erfuhr	erfahren
erhalten	erhielt	erhalten
erkennen	erkannte	erkannt
essen	aß	gegessen
fahren	fuhr	gefahren*
finden	fand	gefunden
fliegen	flog	geflogen*
frieren	fror	gefroren*
geben	gab	gegeben
gefallen	gefiel	gefallen
gehen	ging	gegangen*
genießen	genoss	genossen
geschehen	geschieht	geschehen*
gewinnen	gewann	gewonnen
gießen	goss	gegossen
greifen	griff	gegriffen
haben	hatte	gehabt
halten	hielt	gehalten
hängen	hing	gehangen
heben	hob	gehoben
heißen	hieß	geheißen
helfen	half	geholfen
heraus|finden	fand heraus	herausgefunden
heraus|nehmen	nahm heraus	herausgenommen
herein|kommen	kam herein	hereingekommen
herunter|laden	lud herunter	heruntergeladen
hin|fahren	fuhr hin	hingefahren*
hin|fallen	fiel hin	hingefallen*
hin|gehen	ging hin	hingegangen*
hin|kommen	kam hin	hingekommen*
hinter|lassen	hinterließ	hinterlassen
hoch|laden	lud hoch	hochgeladen
kennen	kannte	gekannt
klingen	klang	geklungen
kommen	kam	gekommen*
können	konnte	gekonnt
laden	lud	geladen
laufen	lief	gelaufen*
leid|tun	tat leid	leidgetan
leihen	lieh	geliehen
lesen	las	gelesen
liegen	lag	gelegen
los|gehen	ging los	losgegangen*
lügen	log	gelogen
mit|bringen	brachte mit	mitgebracht
mit|helfen	half mit	mitgeholfen

LISTE DER UNREGELMÄSSIGEN VERBEN

mit|kommen	kam mit	mitgekommen*
mit|nehmen	nahm mit	mitgenommen
mögen	mochte	gemocht
müssen	musste	gemusst
nach|denken	dachte nach	nachgedacht
nach|schlagen	schlug nach	nachgeschlagen
nach|sprechen	sprach nach	nachgesprochen
nehmen	nahm	genommen
nennen	nannte	genannt
raten	riet	geraten
raus|bringen	brachte raus	rausgebracht
raus|schmeißen	schmiss raus	rausgeschmissen
recht haben	hatte recht	recht gehabt
rennen	rannte	gerannt*
riechen	roch	gerochen
runter|bringen	brachte runter	runtergebracht
schaffen	schuf	geschaffen
scheinen	schien	geschienen
schlafen	schlief	geschlafen
schlagen	schlug	geschlagen
schließen	schloss	geschlossen
schneiden	schnitt	geschnitten
schreiben	schrieb	geschrieben
schwimmen	schwamm	geschwommen*
sehen	sah	gesehen
sein	war	gewesen*
singen	sang	gesungen
sitzen	saß	gesessen
sitzen|bleiben	blieb sitzen	sitzengeblieben*
sollen	sollte	gesollt
spinnen	spann	gesponnen
sprechen	sprach	gesprochen
stattfinden	fand statt	stattgefunden
stechen	stach	gestochen
stehen	stand	gestanden
steigen	stieg	gestiegen*
sterben	starb	gestorben*
streichen	strich	gestrichen
streiten	stritt	gestritten
teil|nehmen	nahm teil	teilgenommen
tragen	trug	getragen
treffen	traf	getroffen
trinken	trank	getrunken
tun	tat	getan
überdenken	überdachte	überdacht
übernehmen	übernahm	übernommen
übertreiben	übertrieb	übertrieben
überweisen	überwies	überwiesen
umgehen	umging	umgegangen*
um|sehen (sich)	sah sich um	umgesehen
um|steigen	stieg um	umgestiegen*
um|ziehen	zog um	umgezogen*

LISTE DER UNREGELMÄSSIGEN VERBEN

unterhalten (sich)	unterhielt sich	unterhalten
unterschreiben	unterschrieb	unterschrieben
verbieten	verbot	verboten
verbringen	verbrachte	verbracht
vergehen	verging	vergangen
vergessen	vergaß	vergessen
vergleichen	verglich	verglichen
verlassen	verließ	verlassen
verlieren	verlor	verloren
vermeiden	vermied	vermieden
verraten	verriet	verraten
versprechen	versprach	versprochen
verstehen	verstand	verstanden
vertragen	vertrug	vertragen
vorbei|gehen	ging vorbei	vorbei gegangen*
vorschlagen	schlug vor	vorgeschlagen
vorübergehen	ging vorüber	vorübergegangen
wachsen	wuchs	gewachsen*
waschen	wusch	gewaschen
weg|bringen	brachte weg	weggebracht
weg|fahren	fuhr weg	weggefahren*
weglaufen	lief weg	weggelaufen*
weg|werfen	warf weg	weggeworfen
weh|tun (sich)	tat sich weh	wehgetan
weiter|empfehlen	empfahl weiter	weiterempfohlen
werden	wurde	geworden*
werfen	warf	geworfen
wiegen	wog	gewogen
wissen	wusste	gewusst
wollen	wollte	gewollt
ziehen	zog	gezogen
zurück|fahren	fuhr zurück	zurückgefahren*
zurück|kommen	kam zurück	zurückgekommen*
zurück|rufen	rief zurück	zurückgerufen
zusammen|sitzen	saß zusammen	zusammengesessen

LISTE DER VERBEN MIT PRÄPOSITIONEN

Diese Verben werden in „Das Leben" A2 mit Präpositionen und Akkusativ- oder Dativergänzung verwendet. Lernen Sie die Verben immer zusammen mit den Präpositionen.

Akkusativ

achten	auf	Man muss auf die Radfahrer achten.
anmelden (sich)	für	Hast du dich schon für den Sprachkurs angemeldet?
ärgern (sich)	über	Ich ärgere mich oft über meinen Chef.
berichten	über	Sie möchte über ihre Ferien berichten.
beschweren (sich)	über	Der Junge beschwert sich über seine Lehrerin.
bewerben (sich)	um	Er bewirbt sich um eine Stelle als Krankenpfleger.
bitten	um	Sie bittet ihn um Hilfe.
da sein	für	Sie ist immer da für mich.
demonstrieren	gegen	Sie demonstrieren gegen das neue Gesetz.
denken	an	Ich denke oft an meine Schulzeit.
diskutieren	über	Wir diskutieren viel über Ernährung.
engagieren (sich)	für	Die Firma engagiert sich für ihre Interessen.
einsetzen (sich)	für	Die Partei setzt sich für Klimaschutz ein.
erinnern (sich)	an	Sie erinnert sich oft an die Schulzeit.
freuen (sich)	über	Ich freue mich über das Geschenk.
freuen (sich)	auf	Die Kinder freuen sich auf die Ferien.
führen	durch	Wir führen Sie durch die Berge.
hoffen	auf	Ich hoffe auf gutes Wetter am Wochenende.
interessieren (sich)	für	Interessierst du dich für Literatur?
kämpfen	für	Sie kämpfen für eine bessere Zukunft.
konzentrieren (sich)	auf	Meine Tochter konzentriert sich auf ihr Abitur.
kümmern (sich)	um	Mein Mann kümmert sich um den Haushalt.
nachdenken	über	Ich denke über einen neuen Laptop nach.
protestieren	gegen	Sie protestieren gegen die neue Schulreform.
reagieren	auf	Wie hat er auf deine Frage reagiert?
sorgen	für	Meine Schwester muss für ihren Sohn sorgen.
steigen	auf	Wir sind im Urlaub auf die Zugspitze gestiegen.
streiten (sich)	über	Meine Eltern streiten sich immer über die gleichen Themen.
treffen	auf	Er hat im Zug auf einen alten Freund getroffen.
unterhalten (sich)	über	Ich möchte mich mit dir über deine Zukunft unterhalten.
verlieben (sich)	in	Ich habe mich in dich verliebt.
verschicken	an	Hast du das Dokument an Frau Meyer verschickt?
weiterleiten	an	Hast du das Dokument an Frau Meyer weitergeleitet?
wenden	an	Dafür wenden Sie sich bitte an Frau Miller.
wickeln	um	Sie wickelt das Ende des Bands um den Zeigefinger.
wundern (sich)	über	Er wundert sich über seine Kinder.

Dativ

abhalten	von	Ich will euch nicht von der Arbeit abhalten.
abhängen	von	Das Reiseziel hängt vom Wetter ab.
ausbrechen	aus	Man kann immer aus dem Alltag ausbrechen
auskennen (sich)	mit	Kennst du dich mit Technik aus?
basieren	auf	Die Daten basieren auf Studien.
bedanken (sich)	bei	Er hat sich bei mir bedankt.
beschäftigen (sich)	mit	In meiner Freizeit beschäftige ich mich mit Kunst.
beschweren (sich)	bei	Du musst dich bei deiner Chefin beschweren.
bestehen	aus	Das Gericht besteht aus Nudeln und Spinat.
chatten	mit	Meine Tochter chattet viel mit ihren Freundinnen.

LISTE DER VERBEN MIT PRÄPOSITIONEN

einverstanden sein	mit	Ich bin mit dem Ergebnis einverstanden.
erholen (sich)	von	Ich erhole mich vom stressigen Alltag.
fertig sein	mit	Bist du schon fertig mit den Hausaufgaben?
halten	von	Sie halten nicht viel von ihm.
klingen	nach	Dieses Lied klingt nach Sommer.
melden	bei	Melden Sie sich bitte bei Herrn Krüger.
rechnen	mit	Ich hatte nicht mit diesem Problem gerechnet.
teilnehmen	an	Wir nehmen an der Feier teil.
träumen	von	Sie träumt von einem Haus in Spanien.
umgehen	mit	Sie ist gut mit der Situation umgegangen.
unterhalten (sich)	mit	Ich unterhalte mich gerne mit ihm.
verabreden (sich)	mit	Morgen bin ich mit Hannes verabredet.
verabschieden (sich)	von	Übermorgen müssen wir uns von Frau Müller verabschieden.
verstehen (sich)	mit	Ich verstehe mich gut mit meiner Chefin.
vertragen (sich)	mit	Er hat sich mit seiner Freundin vertragen.
vorbeifahren	an	Du musst an dem großen Haus vorbeifahren.
zusammenarbeiten	mit	Ich arbeite gerne mit meinen Kolleginnen zusam-men.

PHONETIK AUF EINEN BLICK

Wortakzent in Komposita ▶E3, E9

das Ehrenamt, der Naturschutz, der Fußballverein, das Erholungsgebiet, der Informationsabend

das Außenohr, die Schallwelle, die Hörschnecke

Kontrastakzent ▶E7

Elena meint, man kann mit den Augen sprechen.	Das ist Elenas Meinung, nicht Alis.
Elena meint, man kann mit den Augen sprechen.	Mit den Augen, nicht nur mit dem Mund.
Elena meint, man kann mit den Augen sprechen.	Nicht nur sehen, sondern auch kommunizieren.

Satzakzent und Satzmelodie (Hauptsatz + Nebensatz) ▶E2

- Während ich telefoniere, räume ich auf.
- Du räumst auf, während du telefonierst?
- Ja, ich räume auf, während ich telefoniere.

Höfliches und unhöfliches Sprechen – Der Ton macht die Musik! ▶E1

Könntest du bitte das Fenster zu machen?

Sie sollten mehr Obst essen.

Emotionales Sprechen ▶E8

- Können Sie nicht aufpassen?!
- Oh, das tut mir leid. Das wollte ich nicht.

- Das finde ich unmöglich!
- Entschuldigung! Das war nicht meine Absicht.

Die Aussprache von -heit ▶E7

In der Endung -heit hört man den Konsonanten h.

die Gesundheit – die Krankheit – die Schönheit – die Vergangenheit – die Klugheit

Die Aussprache von -ig ▶E7

Am Silbenende spricht man -ig als [iç].   die Kleinigkeit – die Tätigkeit – die Arbeitslosigkeit

Die Aussprache der Adjektivendungen -chen und -lein ▶E6

| das Würmchen | das Schirmchen | das Ärmchen | das Türmchen |
| das Würmlein | das Schirmlein | das Ärmlein | das Türmlein |

Die Aussprache von *k, c, ck* und *g* ▶E10

Mit Koffein im Kaffee kann ich mich gut konzentrieren.

Ich genieße meinen Kaffee gerne in einem gemütlichen Café.

Kalt gebrühter Kaffee hat mir schon immer gut geschmeckt.

Die Aussprache von *tz, ts, z* und *s* ▶E5, E12

Trotz der Dunkelheit ist die Katze nachts nicht anders als mittags.

Am zehnten Zehnten zogen zehn zahme Ziegen zehn Zentner Zucker zum Zoo.

Die Aussprache von *-end-* ▶E11

Am Silbenende spricht man [t]   überzeugend, quietschend

In der Silbenmitte spricht man [d]   ein überzeugendes Argument, eine laut quietschende Tür

Konsonantenhäufungen ▶E4

Jeder ist verantwortlich für seinen ökologischen Fußabdruck.

Eigentlich lebe ich sehr umweltfreundlich.

HÖRTEXTE

Einheit 1: Bildung (er)leben

1.02
- Herein!
- Guten Morgen, ich bin Emma Koretzki. Ich habe einen Termin zur Studienberatung.
- Morgen, Frau Koretzki. Bitte nehmen Sie Platz. Ich bin Adrian Bucher. Sie sind also auf der Suche nach einem Studienfach?
- Na ja, ich bin noch nicht so sicher … Meine Mutter meint, ich sollte an meine Zukunft denken und Jura oder Medizin studieren. Aber das interessiert mich nicht so sehr. Und mein Vater findet, ich müsste zuerst eine Ausbildung machen.
- Aha, hm. Das könnten Sie natürlich tun, …
- Ja, und meine Freundinnen finden, ich könnte Lehrerin werden, weil ich Kinder mag. Aber ich weiß nicht. Die Entscheidung ist echt schwierig. Ich hoffe, Sie können mir helfen.
- Na ja, das sind ja schon viele gute Tipps und Ratschläge. Ich finde, Sie sollten studieren, was Sie interessiert. Gibt es da etwas, was Sie besonders gut können oder gerne machen?
- Ja, ich schreibe gern und lese ziemlich viel. Und ich reise gern. Fremdsprachen finde ich auch sehr wichtig. Meine Noten in Deutsch, Englisch und Spanisch waren immer super. Was meinen Sie, könnte ich vielleicht irgendwas mit Medien studieren?
- Irgendwas mit Medien? Ja klar, Sie könnten z.B. Journalismus im Bachelor studieren.
- Aha. Müsste ich da eine Aufnahmeprüfung machen?
- Nein, an der Uni nicht, nicht im Bachelor. Sie haben Abitur und gute Deutsch- und Fremdsprachenkenntnisse und Sie schreiben gern. Das sind gute Voraussetzungen. Sie sollten vielleicht erst ein Praktikum bei einer Zeitung oder beim Radio machen. Und im BA könnten Sie dann ein oder zwei Semester im Ausland studieren, z.B. mit Erasmus+ …

1.03
- Das klingt toll! Wie lange dauert denn das Studium?
- Sechs Semester, also drei Jahre.
- Und was kann man mit dem BA in Journalismus beruflich machen?
- Als Journalistin recherchieren und prüfen Sie Informationen. Sie schreiben Artikel und Reportagen für Zeitungen oder Online-Medien. Oder Sie arbeiten in Unternehmen.
- In Unternehmen?
- Ja, in vielen Firmen werden auch Texte gebraucht, um z.B. über Produkte zu informieren.
- Oh, das hätte ich nicht gedacht.
- Nach dem BA könnten Sie aber auch noch einen MA, also einen Master machen.
- Cool! Könnten Sie mir bitte noch etwas mehr über die Studieninhalte im BA sagen?
- Die Inhalte sind von Uni zu Uni verschieden. Sie lernen z.B. wie man Interviews macht und Sie haben oft auch Seminare in Mediengeschichte und Medienrecht. Das ist heute ziemlich wichtig. Und ein bisschen Jura, das wollte ja Ihre Mutter.
- Ja schon, aber das stimmt: Ich sollte studieren, was mich wirklich interessiert und ich glaube, Journalismus könnte das Richtige für mich sein.
- Prima, in zwei Wochen ist unser Hochschulinformationstag, den Sie auf jeden Fall besuchen sollten.
- Gute Idee, das mache ich. Könnte ich auch noch einmal einen Termin mit Ihnen machen, wenn ich Fragen habe?
- Na klar, das geht auch.
- Dann erstmal danke für Ihre Hilfe, Herr Bucher.
- Bitte, Frau Koretzki, und noch einen schönen Tag.

1.05
- Könnten Sie bitte das Fenster schließen? Es zieht sehr.
- Stimmt. Man hat ziemlich schnell eine Erkältung. Und weil Sie das besonders höflich gesagt haben, mache ich das auch sehr gerne.

1.07
Gespräch 1
- Hallo, ich bin Hakim.
- Oh, hallo. Ich bin Stefan.
- Kennen wir uns irgendwoher?
- Öh, nein.
- Kennst du Maria schon lange?
- Nein, nicht besonders lange.
- Ich kenne Maria seit unserem ersten Semester an der Uni.
- Ach ja, interessant.
- Das Essen ist super, oder?
- Ja, es schmeckt ziemlich gut.
- Wohnst du hier in der Nähe?
- Nein, im Zentrum.
- Ich auch – die Welt ist klein. Sorry, ich muss mir schnell mal was zu trinken holen.

Gespräch 2

- Hallo, ich bin Hakim.
- Oh, hallo Hakim! Ich bin Stefan.
- Hi Stefan. Kennen wir uns irgendwoher?
- Ich glaube nicht. Ich bin erst seit drei Wochen hier. Ich arbeite mit Tom zusammen.
- Ach so, dann arbeitest du auch als Game-Designer?
- Genau, wir entwickeln gerade die neue Version von *WonderWorld*. Und was machst du so?
- Ich studiere noch. Architektur, wie Maria. Wir haben uns gleich im ersten Semester kennengelernt. Mit Maria und Tom bin ich ziemlich viel unterwegs.
- Cool, und was macht ihr so?
- Sport. Wir laufen oder spielen Volleyball. Machst du auch Sport?
- Ja, ich laufe auch. Das finde ich besonders gut, um die Stadt kennenzulernen. Wo lauft ihr denn – im Park?
- Nein, da ist immer sehr viel los. Aber komm, wir holen uns was zu trinken und ich zeig dir ein paar Wege auf dem Handy, vielleicht kommst du ja mal mit? Am Sonntag zum Beispiel, wenn …

Einheit 1 Übungen

1.08

Alexander

Mein Prof meinte, ich sollte in Madrid oder Sevilla studieren. Ich habe mich für beide Städte beworben und ein Semester an der Universität in Sevilla studiert. Die Auswahl der Uni und die Bewerbung waren einfach, weil mir das Internationale Büro an meiner Universität geholfen hat. Und ich hatte ziemlich viel Glück, weil ich sehr schnell ein Zimmer in einer WG mit Studenten aus Argentinien und Estland gefunden habe. Wir haben oft zusammen gekocht, waren in Bars und Cafés in der Stadt und haben Party gemacht. Aber Sevilla ist nicht nur eine tolle Stadt zum Leben, sondern auch zum Lernen. Die Seminare und der Sprachkurs haben mir auch in meinem Spanischstudium sehr geholfen. In Dortmund habe ich nie so viel in so kurzer Zeit gelernt. Wenn ihr in Spanien seid, solltet ihr auf jeden Fall viel reisen. Ich war viel unterwegs, um das Land und die Kultur besser kennenzulernen. Ich wusste zum Beispiel vorher gar nicht, dass man in Spanien Skifahren kann. Mein Bild von Spanien hat sich durch Erasmus+ total geändert.

Marta

In Marburg habe ich mich gleich zu Hause gefühlt. Die Stadt ist nicht groß und sehr jung. Es gibt ungefähr 23.500 Studierende und circa 80.000 Einwohnerinnen und Einwohner. Ich dachte, ich müsste mir selbst ein Zimmer suchen. Aber das Erasmus-Büro meinte, ich könnte auch im Studentenwohnheim wohnen. Es war sehr zentral und mit 300 € Warmmiete ziemlich preiswert – Glück gehabt! Wer im Zentrum wohnen möchte, sollte mit höheren Mieten rechnen. Das Erasmus-Büro hat auch eine Party organisiert, auf der ich einige Leute kennengelernt habe. Mit ihnen war ich ziemlich oft unterwegs und wir haben viel Sport gemacht. Man sollte den Grund für das Semester im Ausland aber nicht aus den Augen verlieren! Ich habe sehr viel gelernt, besonders in der Sprache und in meinem Studienfach. Erasmus sollte man auf jeden Fall als Chance sehen und Seminare und Kurse besuchen, die es zu Hause nicht gibt.

Guido

Ich habe vor zwölf Jahren Erasmus gemacht, weil es damals alle gemacht haben. Ich dachte, man könnte eine Menge Spaß haben und ein bisschen studieren. Eigentlich bin ich ohne besonders große Erwartungen nach Kassel gefahren. Vor Erasmus dachte ich, ein Architekt müsste nur wissen, wie man Häuser konstruiert. In Kassel habe ich gelernt, dass der Beruf sehr viel mehr ist. Beim Bauen spielen soziale, ökonomische und ökologische Faktoren eine wichtige Rolle. Ich finde, wir Architektinnen und Architekten sollten diese Faktoren viel mehr beachten. Unsere Städte könnten dann viel freundlicher sein! Und Erasmus hat sich für mich doppelt gelohnt. Ich habe bei einer Uni-Party Aliki kennengelernt. Sie kommt aus Griechenland und hat Germanistik studiert. Heute wohnen wir in Bari, haben zwei Kinder und Aliki arbeitet als griechische Deutschlehrerin in Italien – das ist Europa! Heute kann man zwar online studieren, aber dann macht man nicht so viele Erfahrungen. Also los, Leute, bewegt euch!

1.12

1. Ich hatte ziemlich großes Glück.
2. Ich habe sehr schnell ein Zimmer in einer WG gefunden.
3. Der Sprachkurs in Sevilla hat mir sehr geholfen.
4. Für ein Austauschsemester im Winter finde ich die Stadt besonders attraktiv.
5. Wir haben in Sevilla auch ziemlich oft Party gemacht.
6. Ich habe im Austauschsemester besonders viel Spanisch gelernt.
7. Leider habe ich in Spanien aber auch sehr viel Geld ausgegeben.

HÖRTEXTE

Einheit 2: Vorhang auf!

1.13

● Wir sind hier am Stadttheater in der Maske und sprechen mit der Maskenbildnerin, Ana Ruiz. Guten Tag, Frau Ruiz.
● Guten Tag!
● Ja, dann erzählen Sie doch mal. Was macht eine Maskenbildnerin?
● Na ja, ich schminke und frisiere die Schauspieler und Schauspielerinnen. Bei manchen Theaterstücken machen über 20 Leute mit und dann haben wir nur wenige Minuten Zeit. Alles muss perfekt funktionieren. Das wird auch oft geprobt, bis es klappt.
● Die Schauspieler und Schauspielerinnen sind ja oft sehr stark geschminkt.
● Stimmt, das müssen wir so machen. Das Publikum muss auch von ganz hinten im Saal die Gesichter gut sehen können. Wir müssen viel mit Farbe arbeiten. Und jede Maske muss genau zur Rolle passen.
● Oh, hier kommen schon die ersten Schauspielerinnen herein. Dann will ich Sie nicht länger bei der Arbeit stören. Vielen Dank!

1.14

● Wow, das sieht hier ja aus wie in einem riesigen Kleiderschrank.
● Hallo! Suchen Sie mich?
● Frau Roth-Hinrichs?
● Ja, das bin ich. Kommen Sie doch rein!
● Gerne. So viele verschiedene Kostüme ... Haben Sie die alle selbst genäht?
● Nein. Wenn wir für eine Produktion zum Beispiel Jeans und T-Shirts für die Schauspielerinnen und Schauspieler brauchen, nähe ich die natürlich nicht selbst. Aber ich muss manchmal etwas ändern oder reparieren und die Kleidungsstücke auch pflegen, damit wir sie in einer anderen Produktion wieder benutzen können.
● Aha, ja, das macht Sinn. Aber das Kostüm hier, das haben Sie genäht, oder?
● Ja, dieses Kleid habe ich sogar entworfen. Es ist aber noch nicht ganz fertig. Heute Nachmittag kommt die Schauspielerin, um es anzuprobieren. Wenn alles gut passt, mache ich den Rest bis heute Abend fertig.
● Vielleicht sollte ich für unsere Zuhörer und Zuhörerinnen noch sagen, dass das Kleid aussieht wie aus Goethes Zeiten. So etwas trägt heute niemand mehr.
● Stimmt. Aber vor 200 Jahren war die Mode so. Das muss man als Kostümbildnerin wissen. Für diese Produktion habe ich mir viele Bilder aus der Zeit angesehen. Die Recherche macht mir immer besonders viel Spaß!
● Das klingt wirklich interessant. Ich muss leider schon weiter. Vielen Dank!

1.15

● Irgendwo in dieser großen Werkstatt soll ich den Bühnenmaler treffen. Mal sehen ... Herr Burke?
● Hallo! Haben Sie mich schon lange gesucht?
● Nein, ich bin gerade erst gekommen. Hier ist also Ihre Werkstatt.
● Genau. Hier arbeiten wir, also die Bühnenhandwerker und Bühnenmaler.
● Aha. Und was ist das hier?
● Das ist noch nicht fertig. Das wird der Bühnenhintergrund für eine neue Produktion. Ich kann Ihnen gerne das Modell zeigen.
● Wow! Ich habe hier eine ganz kleine Bühne in der Hand, auf der man im Hintergrund ein altes Haus sieht ...
● ... das ich jetzt hier auf die Kulisse male. Natürlich viel größer. Unsere Kulissen sind sechs Meter hoch und zehn Meter breit. Die Zuschauer und Zuschauerinnen in den hinteren Reihen wollen ja auch alles ganz genau sehen.
● Und deshalb malen Sie so riesige Bilder! Da müssen Sie sicher auch sehr kreativ sein, oder?
● Na ja, ich glaube, das bin ich auch. Aber meistens muss ich ein Bühnenbild genauso malen, wie der Regisseur oder die Regisseurin es möchte. Die haben sehr genaue Pläne.
● Na, dann bin ich schon gespannt, wie das fertige Bühnenbild aussieht. Vielen Dank!

1.17

● Guten Tag, Frau Seidel.
● Guten Tag!
● Sie sind seit 2013 Chefdramaturgin am Deutschen Nationaltheater in Weimar.
● Ja, genau.
● Wollten Sie schon immer am Theater arbeiten?
● Na ja, das kann ich so nicht sagen. Eigentlich wollte ich Lehrerin werden. Als Kind und Jugendliche hatte ich auch nicht oft die Möglichkeit, ins Theater zu gehen. Aber ich habe schon immer sehr gerne und auch sehr viel gelesen. Und während ich in Leipzig Germanistik und Theaterwissenschaften studiert habe, bin ich zum Theater gekommen.

○ Können Sie unseren Zuhörerinnen und Zuhörern mal beschreiben, was eine Chefdramaturgin eigentlich genau macht?
● Ja. Mein Beruf ist wirklich sehr interessant. In erster Linie bin ich hier am DNT, also am Deutschen Nationaltheater in Weimar, für die Öffentlichkeitsarbeit und für die gesamte Spielplanung verantwortlich, besonders für das Schauspiel. Also, welche Stücke wir spielen wollen und welche Veranstaltungen wir außerdem anbieten. Und ich arbeite auch eng mit den Regisseurinnen und Regisseuren und den Schauspielerinnen und Schauspielern zusammen. Bei uns entsteht das Meiste in Teamarbeit.
○ Das ist interessant. Mit wem arbeiten Sie denn am meisten zusammen?
● Ich würde sagen mit den Regisseurinnen und Regisseuren und natürlich auch mit den Schauspielerinnen und Schauspielern. Aber eigentlich entsteht Theater, wie gesagt, in Teamarbeit. Ja, und ich bin auch für die Planung des Spielplans und für das inhaltliche Gesicht des Theaters verantwortlich.
○ Und wie sieht Ihr Arbeitsalltag zum Beispiel aus?
● Ein normaler Tag beginnt für mich meistens um neun. Da gibt es gleich die erste Besprechung im Theater. Wenn ich eine Produktion habe, gehe ich um zehn auf eine Probe. Es ist immer sehr wichtig, zusammen mit dem Regisseur oder der Regisseurin nach spannenden Ideen zu suchen. Am Nachmittag arbeite ich im Büro, schreibe Mails, lese viel und bereite Besprechungen vor. Und abends gehe ich häufig noch auf andere Proben. Es gehört ja auch zu meinen Aufgaben, mir die anderen Produktionen anzusehen, zum Beispiel im Tanz- oder Musiktheater. Die Ergebnisse besprechen wir dann im Team. So ein Arbeitstag endet oft erst um zehn Uhr abends.
○ Was ist in Ihrem Beruf am wichtigsten?
● Meiner Meinung nach geht es ohne Interesse an Literatur nicht. Das ist sicher am wichtigsten, denn in meinem Beruf muss man sehr viel lesen. Neue und auch ältere Theaterstücke, Romane, Erzählungen usw. Und manchmal müssen die Texte auch für das Theater neu bearbeitet werden. Man muss zum Beispiel Dialoge ergänzen oder ganze Szenen streichen, wenn das Stück sehr lang ist. Ich finde es spannend, an diesem kreativen Prozess mitzuarbeiten, und es macht mir großen Spaß, neue Stücke für das Publikum auf die Bühne zu bringen.
○ Das kann ich mir gut vorstellen. Verraten Sie uns auch noch, was Ihr größter persönlicher Erfolg war?

● Mein größter persönlicher Erfolg? ... Ja, das kann ich so gar nicht sagen, denn ich arbeite ja nie alleine, sondern immer, wie schon gesagt, in einem großen Team. Aber vielleicht kann ich sagen, dass ein Stück auf der Bühne nur dann erfolgreich sein kann, wenn das Team gut zusammenpasst. Wenn alles funktioniert und das Publikum begeistert applaudiert, ist das dann natürlich auch immer irgendwie mein Erfolg.
○ Das ist ein schönes Schlusswort. Vielen Dank für dieses Interview, Frau Seidel.

1.19

1
○ Entschuldigung, können Sie mir sagen, wo genau Dingenskirchen liegt?
● Wie, wo Dingenskirchen liegt? Das ist doch kein Dorf oder so. Dingenskirchen sagt man, wenn man sich nicht an einen Ortsnamen erinnern kann. Zum Beispiel: *Du warst doch auch schon mal in ... Dingenskirchen, oder? Mann, jetzt fällt mir der Name nicht ein. Da wohnt doch deine Schwester.*
○ Ach so. Danke!

2
○ Guten Tag, wissen Sie, wo die Pampa ist?
● Die Pampa? Keine Ahnung. Irgendwo weit weg. Das sagt man so, das liegt in der Pampa.
○ Und was bedeutet das?
● Na ja, das ist ein Ort, an dem nichts los ist. Das ist in der Pampa. Das sag ich auch immer.
○ Aha. Und Sie? Sagen Sie das auch immer so?
● Ich? Ja, manchmal. Aber die Pampa gibt es ja auch wirklich. In Südamerika, glaube ich.
○ Und wie sieht es da aus?
● Keine Ahnung. Ich war noch nie da. Aber ich glaube, dass dort nur sehr wenige Menschen leben. Große Städte gibt es in der Pampa bestimmt nicht.
○ Alles klar. Danke!

3
○ Kennen Sie die Abkürzung Jottwehdeh?
● Jottwehdeh? Ja, klar! Janz weit draußen. Jottwehdeh.
○ Und warum sagt man nicht Gehwehdeh, also ganz weit draußen?
● Na ja, das kommt aus Berlin. Da fragt man ja auch *wie jeht et* und nicht *wie geht es*.
○ Stimmt. Sagen Sie denn auch ab und zu mal, dass etwas Jottwehdeh ist?
● Ja, ab und zu. Oder ich sage *das ist am Arsch der Welt*. Das kann man aber natürlich auch nicht immer sagen. Hört sich ja nicht gut an.

HÖRTEXTE

🗨 Genau. Sie könnten auch *am Ende der Welt* sagen.
🗨 Stimmt. Oder ich sage *das ist Jottwehdeh*. Das hört sich auch besser an.
🗨 Das geht natürlich auch. Vielen Dank!

4

🗨 Entschuldigung, waren Sie schon mal in der *Walachei*?
🗨 Ich? Ja. Ist aber schon etwas länger her.
🗨 Und was haben Sie dort gemacht?
🗨 Ich habe in Bukarest einen Geschäftspartner getroffen.
🗨 In Bukarest? Das ist doch die Hauptstadt von Rumänien, oder?
🗨 Ja, genau. Und Bukarest liegt in einer Region im Süden von Rumänien, die wir auf Deutsch die *Walachei* nennen. Übrigens ist es dort sehr schön! Da sollten Sie auch mal hinfahren, wenn Sie das noch nicht kennen.
🗨 Ja. Das könnte ich machen. Aber wenn ich dann zurückkomme und meinen Freunden erzähle, dass ich in der *Walachei* war, denken die doch gleich …
🗨 Genau, dann denken die gleich, dass Sie irgendwo auf dem Land waren, in der *Pampa*. Das ist mir auch passiert. Viele wissen nicht, dass es die *Walachei* wirklich gibt!
🗨 Das stimmt. Danke!

Einheit 2 Übungen

1.21

Lasst uns auch so ein Schauspiel geben!
Greift nur hinein ins volle Menschenleben!
Ein jeder lebt's, nicht vielen ist's bekannt,
Und wo ihr's packt, da ist's interessant.
In bunten Bildern wenig Klarheit,
Viel Irrtum und ein Fünkchen Wahrheit.
So wird der beste Trank gebraut,
Der alle Welt erquickt und auferbaut.

1.22

Wir wollen auch ein Theaterstück spielen!
Ideen holen wir uns aus dem Leben!
Jeder lebt, aber viele denken nicht darüber nach.
Wir suchen uns etwas Interessantes aus.
Bunte Bilder können unklar sein,
viele Fehler und etwas Wahrheit haben.
So entsteht das beste Getränk,
das den Menschen Freude macht.

1.23

Hey Leute! Schön, dass ihr wieder dabei seid. Heute geht's bei mir um ein ganz besonderes Thema. Wer kennt es nicht? Die nächste Prüfung steht an und ihr seid aufgeregt und vielleicht auch etwas ängstlich. Im Theater nennen wir das Lampenfieber. Ich habe vor jeder Vorstellung Lampenfieber. Das ist normal. Ich bin schon viele Tage vorher total aufgeregt und stelle mir vor, was alles schiefgehen könnte. Genau wie vor einer Präsentation an der Uni oder im Beruf. Das ist wirklich Stress pur – für euch auch? Dann habe ich hier gute Tipps für euch.

Das Wichtigste ist eine gute Vorbereitung, weil sie euch viel Sicherheit geben kann. Und natürlich ganz wichtig: üben, üben, üben! Ein guter Freund oder eine Freundin hilft euch bestimmt gern. Mir helfen auch Entspannungsübungen, am liebsten draußen in der Natur. Frische Luft ist einfach herrlich!

Und dann geht es los. Atmet noch einmal ganz tief ein und aus und seht das Publikum an.
Und danach? Glückwunsch, ihr habt es geschafft – auch mit Lampenfieber! Freut euch und feiert euren Erfolg!

1.24

Ich warte auf den Zug.
Der Kurs freut sich auf die Sommerferien.
Jochen beteiligt sich an der Planung für eine Gartenparty.
Jeder Mensch ist verantwortlich für den Schutz der Natur.
Wir arbeiten mit dem Team zusammen.
Katzen gehören zu den beliebtesten Haustieren.

1.25

🗨 Hey, Dilay – gut, dass ich dich erreiche. Ich wollte dich unbedingt etwas fragen.
🗨 Hey, Simon – ich hab' leider nicht so viel Zeit. Was gibt's denn?
🗨 Stell dir vor, ich habe zwei Theaterkarten für die neue Spielzeit. Sie spielen *Romeo und Julia* von Shakespeare. Hast du Lust mitzukommen?
🗨 Oh, wie cool. Ja, auf jeden Fall. Das passt auch sehr gut. Dann kann ich mir endlich mal wieder etwas Schickes anziehen. Ich hab' noch ein tolles rotes Kleid, das passt sicher gut.
🗨 Hm, daran hab' ich noch gar nicht gedacht. Ich mag es ja eher gemütlich.
🗨 Na ja, in einer Jogginghose kannst du nicht ins Theater gehen … Hast du keinen Anzug?
🗨 Doch. Ich habe ein blaues Jackett und eine dunkle Hose. Das könnte ich anziehen.
🗨 Na, das ist doch super. Und ein weißes Hemd.
🗨 Schade, ich finde mein grünes Hemd eigentlich schöner, aber das passt natürlich nicht.
🗨 Nee, das geht nicht. Aber sag mal …

1.28

Was ist das denn? So ein Bühnenbild ist doch kein Wunschkonzert! Jetzt kommen Sie mal her und sehen sich das an. Die Kommode steht falsch. Stellen Sie sie zwischen den Schrank und das Bücherregal. Und dann hängen Sie das Poster über die Kommode. So. Und warum liegt die Zeitung auf dem Schreibtisch? Legen Sie sie auf das Sofa, wie es auch in den Regieanweisungen steht. Das kann doch nicht so schwer sein. Gut. Danke. Und jetzt stellen Sie den Stuhl noch vor den Schreibtisch und legen den Teppich zwischen das Sofa und den Schreibtisch. Genau. Jetzt ist es richtig. Mann, Mann, Mann ...

Einheit 3: Miteinander - füreinander

1.29

Guten Abend, liebe Mitbürgerinnen und Mitbürger. Ich möchte Sie sehr herzlich zu dieser Feierstunde begrüßen und freue mich, dass so viele von Ihnen heute Abend ins Rathaus gekommen sind. Wir alle wissen, wie wichtig das Ehrenamt für unsere Gesellschaft ist. Darum können wir uns alle freuen, dass jede und jeder Dritte in Deutschland sich ehrenamtlich und ohne Bezahlung engagiert. Ich bin sehr froh, dass es auch sehr viele Menschen in Unterrödingen gibt, die Verantwortung übernehmen und freiwillig helfen. Sie verbringen Zeit mit Seniorinnen und Senioren, helfen armen und wohnungslosen Menschen, arbeiten im Tier- und Naturschutz oder in Sportvereinen als Trainerin oder Trainer, um nur einige Beispiele zu nennen. Warum engagieren sich so viele? Das ist ganz einfach. Freiwillig etwas für andere tun, macht glücklich. Das haben mir die Preisträgerinnen und Preisträger in einem Gespräch heute Nachmittag auch gesagt.
Wir ehren heute Abend Friedrich Baur, der seit mehr als 25 Jahren im Umwelt- und Naturschutz aktiv ist, Paula Fröhlich, die seit ihrer Kindheit bei der Freiwilligen Feuerwehr ist und hilft, Leben zu retten, Tekla Pawlak, die seit fünfzehn Jahren ältere Menschen wöchentlich besucht und ihnen viel Zeit schenkt, sowie Marc Kling, der ein Herz für Tiere hat und seit mehr als zehn Jahren Hunde von wohnungslosen Menschen kostenlos in seiner Praxis behandelt. Sie haben ein Ehrenamt übernommen und setzen sich schon seit vielen Jahren in ihrer Freizeit und ohne Bezahlung für andere Menschen ein. Ohne ihren Einsatz würde vieles in unserer Gesellschaft nicht funktionieren. Sie alle, liebe Ehrenamtspreisträger und -preisträgerinnen, leisten etwas ganz Wichtiges für das Zusammenleben in unserer Stadt.

In einem afrikanischen Sprichwort heißt es: „Viele kleine Leute an vielen kleinen Orten, die viele kleine Schritte tun, können die Welt verändern." Genau das tun Sie und die vielen anderen freiwilligen Helferinnen und Helfer in unserer Stadt. Deshalb ist es mir eine Freude, Danke zu sagen. Ich gratuliere Ihnen allen ganz herzlich zum Ehrenamtspreis der Stadt Unterrödingen.

1.30

● ... Radio 31. Und jetzt zum Sport aus der Region.
● Im Schwarzwaldstadion war heute Nachmittag viel los. Die C-Juniorinnen vom FC Unterrödingen – das sind die Mädchen zwischen 12 und 14 – haben den Juniorinnen-Cup gewonnen. Die Mannschaft wird von Sonja Schneider trainiert. Herzlichen Glückwunsch, Sonja!
● Vielen Dank. Ja, meine Mädels haben toll gespielt!
● Wie lange trainierst du sie schon?
● Seit vier Jahren. Als ich die Mannschaft übernommen habe, waren die Mädchen erst 8 bis 10 Jahre alt. Sie haben sich toll entwickelt.
● Super. Und wie bist du zum Fußball gekommen?
● Ich komme aus einer Fußballerfamilie. Mein Vater spielte Fußball und war dann auch Trainer. Ich habe mit sechs Jahren angefangen, beim FCU Fußball zu spielen. Mit 18 wurde ich dann Profi und habe sieben Jahre lang in Frankfurt und Leverkusen gespielt. Das war eine super Zeit. Aber Profifußballerinnen verdienen nicht so viel. Deshalb habe ich auch studiert und bin jetzt Mathe- und Bio-Lehrerin hier am Gymnasium.
● Wie sieht dein Alltag als Trainerin aus?
● Also wir trainieren zweimal in der Woche, immer dienstags und donnerstags von 17 bis 19 Uhr. Ich plane und führe das Training durch. Und am Samstag oder am Sonntag finden dann die Spiele gegen andere Mannschaften statt.
● Das ist doch sehr viel Arbeit, oder? Warum machst du das?
● Fußball ist ein wunderbares Hobby. Wenn ich nicht als Trainerin arbeiten könnte, würde mir etwas fehlen. Es macht mir richtig Spaß, mit Jugendlichen zu arbeiten, auch wenn es nicht immer einfach ist.
● Und was wünschst du dir für die Zukunft?
● Im nächsten Jahr würde ich gerne wieder den Juniorinnen-Cup gewinnen. Es wäre toll, wenn noch mehr Mädchen bei uns mitspielen würden.
● Dann drück' ich euch die Daumen. Viel Glück und danke für das Gespräch.

HÖRTEXTE

1.31

– Guten Abend, liebe Bürgerinnen und Bürger. Schön, dass Sie zu unserem Infoabend gekommen sind. In der Diskussionsrunde geht es um das Neubaugebiet am Kirchberg. Soll die Stadt hier 200 neue Wohnungen bauen oder nicht? Die Bürgerinitiative *Rettet den Kirchberg* lehnt das Projekt ab. Aber es gibt auch viele Menschen in Unterrödingen, die das Projekt unterstützen. Wir wollen also heute Abend Pro- und Kontra-Argumente austauschen. Ich schlage vor, dass jede Rednerin und jeder Redner nicht länger als eine Minute spricht. Als erste Rednerin spricht Frau Lang von der BI *Rettet den Kirchberg*. Dann spricht Herr Sommer, der die Pläne der Stadt unterstützt. Bitte, Frau Lang.
– Vielen Dank, Herr Bürgermeister. Wir von der BI sind der Meinung, dass der Naturschutz wichtiger ist als der Wohnungsbau. Wenn die Stadt die Wohnungen am Kirchberg bauen würde, dann würden wir ein Stück Natur für immer verlieren. Die Wiesen und der Wald am Kirchberg bieten Erholung pur! Ich finde auch, dass wir mehr Wohnungen brauchen. Aber es gibt noch andere Flächen in Unterrödingen, die man nutzen könnte.
– Danke, Frau Lang. Jetzt Herr Sommer.
– Vielen Dank. Unterrödingen wächst. Jedes Jahr ziehen viele Menschen in unsere Stadt. Sie brauchen Wohnungen. Es gibt zu wenig Wohnungen und die Mieten sind sehr hoch. Deshalb unterstütze ich die Pläne der Stadt, am Kirchberg neue Wohnungen zu bauen. Im Gegensatz zu Frau Lang glaube ich nicht, dass es genug freie Flächen für Wohnungen in Unterrödingen gibt.
– Vielen Dank. Ich öffne jetzt die Diskussion für alle.
– Das Argument von Herrn Sommer ist richtig. Es gibt nicht genug Wohnungen. Mein Sohn sucht schon seit sechs Monaten eine Wohnung und findet keine. Wir müssen bauen, bauen, bauen, denn die Mieten in der Innenstadt sind nicht mehr bezahlbar.
– Das sehe ich ganz anders. Wenn man so viele Wohnungen am Kirchberg baut, bekommen die Bewohnerinnen und Bewohner in der Nähe vom Kirchberg große Probleme mit dem Straßenverkehr und Autolärm. Darum unterstütze ich die Bürgerinitiative.
– Das ist richtig. Das sehe ich auch so. Und wo sind die Pläne für Kitas und Schulen für die neuen Bewohner und Bewohnerinnen?
– Die Argumente von Frau Lang überzeugen mich nicht. Ich glaube, dass man in der Innenstadt nicht so billig bauen kann wie am Kirchberg. Es gibt doch noch genug Wald für alle. Meiner Meinung nach brauchen wir das Neubaugebiet dringend!
– Möchte noch jemand etwas sagen?

Einheit 3 Übungen

1.33

– Hallo liebe Zuhörerinnen und Zuhörer – heute bei *Neue Welle Unterrödingen* zu Gast: Tekla Pawlak und Friedrich Baur. Die beiden haben etwas gemeinsam: Sie setzen sich in ihrer Freizeit für andere Menschen ein, ohne Bezahlung. Von unserem Bürgermeister Matthias Sigl wurden sie jetzt mit einem Preis für ihr Engagement geehrt. Schön, dass Sie heute hier sind.
– Ja, wir freuen uns auch. Danke für die Einladung.
– Wir möchten heute mehr über Ihre Tätigkeiten im Ehrenamt erfahren. Herr Baur, Sie sind seit 25 Jahren beim Naturschutzbund aktiv. Warum?
– Unsere Natur liegt mir einfach am Herzen! Es ist wichtig, dass wir sie schützen. Beim Naturschutzbund kann ich gemeinsam mit anderen aktiv werden und etwas Gutes tun!
– Toll, dass Sie das machen. Was gehört zu Ihren Aufgaben?
– Gemeinsam mit anderen Helferinnen und Helfern plane ich Aktionen für den Schutz des Waldes. Uns ist es wichtig, die Umwelt sauber zu halten. Wir organisieren z.B. Aktionen zum Müll sammeln und alle können dann mitmachen.
– Das ist ja super. Kommen viele Menschen zu den Aktionen?
– Ja, sehr viele. Und es werden immer mehr. Gemeinsam macht es viel Spaß und die Menschen lernen wieder die Natur zu genießen.
– Das ist wirklich ein tolles Engagement! Frau Pawlak, Sie unterstützen seit fünfzehn Jahren Seniorinnen und Senioren. Was genau machen Sie da?
– Ich wollte schon immer für andere da sein. Vor fünfzehn Jahren habe ich mich dann bei einem Besuchsdienst angemeldet. Ich schenke älteren Menschen meine Zeit. Ich besuche sie zu Hause oder im Seniorenheim und bin für sie da. Die Menschen sind oft sehr allein, dann hilft manchmal schon ein gutes Gespräch. Aber ich spiele auch gern Spiele mit ihnen oder wir gehen spazieren.
– Ein tolles Engagement und sehr wichtig!
– Ja, das ist es. Und es lohnt sich. Es ist so schön, die Menschen lächeln zu sehen. Natürlich lachen wir nicht immer. Es gibt auch traurige Momente. Manche haben schon einen lieben Menschen verlo-

ren. Deshalb sind sie sehr allein. Aber dafür gibt es ja den Besuchsdienst. Und jeder kann dort aktiv werden.
● Sehr schön. Und wo können sich Interessierte melden?

1.34
● Hallo ihr beiden. Habt ihr kurz Zeit? Ich würde euch gern etwas über unser Programm erzählen.
● Ja, worum geht es denn bei euch?
● Ich will mich erstmal kurz vorstellen. Ich bin Max und wie heißt ihr?
● Ich bin Nida.
● Und ich bin Mia.
● Freut mich euch kennenzulernen! Also unsere Organisation *Welcome home!* unterstützt ausländische Studierende in ihrer ersten Zeit in Deutschland. Wir wollen ihnen helfen, dass sie sich schnell wohlfühlen und ihren Alltag gut organisieren können.
● Wow, das klingt super. Tolle Idee!
● Ja, auf jeden Fall. Und es kommt auch sehr gut an. Viele ausländische Studierende melden sich bei uns. Seid ihr schon ehrenamtlich aktiv?
● Ja, ich helfe zweimal in der Woche in einer Suppenküche aus. Da gibt es immer viel zu tun. Euer Konzept klingt auch super, aber ich habe leider nicht genug Zeit.
● Ja, das verstehe ich. Das Studium gibt es ja auch noch. Und du, Nida? Engagierst du dich auch freiwillig?
● Nein. Ich habe noch nicht das Richtige gefunden.
● Hättest du Lust bei uns mitzumachen? Wir suchen gerade wieder neue Leute.
● Ja, schon. Was muss man da genau machen?
● Als Mentorin betreust du ausländische Studierende. Du kannst ihnen z.B. die Stadt und die Uni zeigen, gemeinsam mit ihnen in die Mensa oder zum Sport gehen. Du kannst sie z.B. auch zu wichtigen Terminen begleiten, zu einem Banktermin oder so.
● Ja, das klingt super. Ich hätte Lust als Mentorin mitzumachen.
● Cool! Dann gebe ich dir erstmal noch ein paar mehr Infos.

1.35
Hey Leute, ich bin es wieder – Rabea. Willkommen zu einer neuen Folge meines Podcasts *Spieltag*. Wer mich noch nicht kennt: Ich spiele beim FC Unterrödingen in der Mannschaft der A-Juniorinnen und Fußball ist mein Leben! Heute möchte ich euch wieder einen Verein vorstellen – und was für einen! Es geht natürlich um Frauenfußball! Der VFL Wolfsburg hat echt tolle Spielerinnen. Ich sehe ihre Spiele immer im Fernsehen. Einmal war ich sogar im Stadion! Der Verein wurde am ersten Juli 2003 gegründet. Die Mannschaft spielt in Wolfsburg im AOK-Stadion. Sie spielen in der ersten Bundesliga und sind sehr erfolgreich. Sie haben sechs Mal die Deutsche Meisterschaft und sogar schon zwei Mal die Champions League gewonnen. Das sind echt tolle Erfolge! Und es geht noch weiter ...

1.37
1
● Hallo Tim, hast du schon gehört? Die Stadt denkt gerade über mehr Parkhäuser für die Innenstadt nach.
● Echt? Das fände ich super! Stell dir das vor, Prakash. Ohne Autos, die auf den Straßen parken, hätten wir endlich mehr Platz. Wir brauchen unbedingt mehr Parkhäuser.
● Hm, ja, das stimmt. Aber ich sehe das etwas anders. Die Stadt sollte lieber mal Parkhäuser für unsere Fahrräder bauen, das ist viel wichtiger. Dann würden die Fahrräder auch endlich mal sicher stehen. Ich bin eher gegen mehr Parkhäuser für Autos.

2
● Robert, wie findest du eigentlich die Idee mit den Parkhäusern für die Innenstadt?
● Ich bin total gegen das Projekt. Meiner Meinung nach ist das viel zu teuer. Woher soll die Stadt das Geld nehmen? Es gibt so viele andere Projekte, die wichtiger sind. Wenn wir z.B. mehr U-Bahnen hätten, dann müssten die Menschen nicht mit dem Auto in die Stadt fahren. Was meinst du, Nina?
● Das sehe ich auch so. Wenn jetzt alle bequem parken können, dann wird das hier nicht besser.

3
● Ich finde dieses neue Projekt mit den Parkhäusern für die Innenstadt echt super. Die Menschen müssen mit dem Auto zur Arbeit fahren und brauchen einen Parkplatz. Das Argument überzeugt mich total. Wie ist deine Meinung, Svetlana?
● Da bin ich anderer Meinung. Autos sind total schlecht für die Umwelt. Das ist für mich das wichtigste Argument. Man kann auch mit dem Fahrrad oder Bus fahren.

1.38
siehe Track 1.37, Dialog 2

HÖRTEXTE

Plateau 1

1.40

Und jetzt zum Wetter: Der Sommer macht in den nächsten Tagen kurz Pause. Nach einem sonnigen Donnerstag wird es in Wien am Freitag wolkiger und deutlich kühler. Die Temperaturen sinken auf 15 bis 17 Grad. Die Sonne scheint nur noch zeitweise. Dabei muss am Freitagnachmittag vereinzelt mit Gewittern gerechnet werden. Am Wochenende gibt es dann einen Mix aus Sonne und Wolken. Es bleibt meist trocken und kühl. Erst zu Wochenbeginn wird es wieder sommerlich warm und sonnig.

1.41

Guten Tag, meine Damen und Herren. Ich begrüße Sie herzlich zu unserer Führung durch das Burgtheater. Die Tour dauert etwas über eine Stunde. Mein Name ist Caroline Lauer. Das Burgtheater, die Wienerinnen und Wiener sagen einfach nur *die Burg*, gehört zu den wichtigsten Bühnen in Europa. Sie ist das zweitälteste Theater in Europa sowie das größte deutschsprachige Sprechtheater. Während der Führung mache ich Sie mit der Geschichte des Theaters und seiner Architektur bekannt. Sie bekommen auch Einblicke in die Organisation des Hauses und die Bühnentechnik und werfen auch einen Blick hinter die Kulissen. Zuerst gehen wir …

1.42

- Hi Anton, wie geht's?
- Hallo Yukiko. Danke, gut. Und dir?
- Bin ziemlich müde. Hab' einen Freund in Zürich besucht und bin erst spät nach Hause gekommen. Mein Zug hatte mehr als eine Stunde Verspätung.
- Oh, so ein Mist!
- Und wie war dein Wochenende? Hatte deine Mannschaft wieder ein Spiel?
- Klar. Leider haben wir aber eins zu zwei verloren, obwohl meine Jungs toll gespielt haben.
- Schade.
- Ja, aber am Abend haben wir den 100. Geburtstag unseres Fußballclubs gefeiert. Es war ein tolles Fest.
- Und waren viele Leute da?
- Ja. Ich glaube, es müssen mehr als 200 Leute gewesen sein.

1.43

- Liebe Hörerinnen und Hörer, willkommen bei unserer *Diskussion am Samstag*. Das Thema heute Nachmittag ist „Theater als Schulfach für alle – sinnvoll oder nicht?". Eingeladen habe ich Carola Bauer. Sie ist Lehrerin hier am Goethe-Gymnasium und unterrichtet Deutsch und Kunst und leitet Theaterworkshops. Mein zweiter Studiogast ist Frank Wagner. Er ist Naturwissenschaftler und hat eine 14-jährige Tochter am Goethe-Gymnasium. Frau Bauer, Ihre Schülerinnen und Schüler haben schon viele Theaterstücke aufgeführt. Warum ist Theaterspielen für Jugendliche so wichtig?
- Theaterspielen fördert viele Kompetenzen wie zum Beispiel Kreativität und Teamfähigkeit. Das haben wissenschaftliche Studien gezeigt. Theater und Theaterprojekte gibt es seit vielen Jahren an deutschen Schulen, aber es ist kein reguläres Unterrichtsfach wie Deutsch oder Mathe. Das sollte sich ändern.
- Herr Wagner, wie sehen Sie das? Sollten alle Kinder und Jugendlichen in der Schule Theaterspielen?
- Freiwillig können schon jetzt die meisten Schülerinnen und Schüler Theaterstücke aufführen. Das finde ich gut und richtig. Aber ich glaube, dass die Schule vor allem die Schülerinnen und Schüler fit für die Zukunft machen muss. Da finde ich es zum Beispiel wichtiger, ein Fach wie Programmieren einzuführen. Denn eine Welt ganz ohne Computer, Internet und Maschinen können wir uns nicht mehr vorstellen.

Einheit 4: Natur erleben

2.02

Hallo und herzlich willkommen, liebe Hörerinnen und Hörer. Ich bin Simone Ram und bin Journalistin beim *Reisemagazin*.
Heute geht es um meine Wochenendreise in das UNESCO-Biosphärenreservat Spreewald. Der Spreewald gehört zu den beliebtesten Reisezielen im Land Brandenburg. Er liegt etwa 100 Kilometer südöstlich von Berlin. Der Spreewald ist eine idyllische Flusslandschaft, in der man kilometerweit mit dem Kahn durch die vielen Spreekanäle oder mit dem Rad durch Wälder und Wiesen fahren kann. Der Spreewald ist ein Lebensraum für viele seltene Tiere und Pflanzen, die man zum Teil nur noch hier finden kann.

2.03

Obwohl ich schon mehrere Jahre in Berlin wohne, war ich noch nie da. Das wollte ich unbedingt ändern. Ich bin also mit der Regionalbahn vom Berliner Hauptbahnhof in das kleine Spreewald-Städtchen Lübbenau gefahren. Das Hotel, das mir Freunde empfohlen haben, liegt sehr schön in einem Park. Das Frühstücksbuffet war richtig gut. Mittags habe ich im Traditionsrestaurant *Wotschofska* gegessen. Es gab Fisch, der frisch aus der Spree auf den Teller kam. Absolut lecker! Am Nachmittag habe ich dann bei einer Stadtführung zuerst die historische Altstadt mit ihren engen Gassen besichtigt. Die kleinen Läden und die alten Häuser sind hübsch renoviert. Mein Tipp: Starten Sie Ihre Entdeckungstour durch Lübbenau an der Kirche St. Nikolai aus dem 18. Jahrhundert. Ein Besuch lohnt sich. Danach sind wir zum großen Spreewaldhafen gelaufen, von dem die Rundfahrten mit den großen Touristenkähnen durch die vielen Spreekanäle starten. Der Spreewald ist auch berühmt für seine Gurken. Man sollte dort unbedingt verschiedene Gurkenspezialitäten probieren. Meine Empfehlung: Lübbenauer Spreewaldgurken im Gurkenshop der Familie Krügermann kaufen. Abends gab es ein Jazz-Konzert der Extra-Klasse mit zwei wunderbaren Musikern aus England und Portugal. Am nächsten Tag stand eine Tour mit einem Spreewaldkahn auf dem Programm. Es war ein Sommertag wie aus dem Bilderbuch. Die Sonne schien, es war warm und die Luft war frisch – perfektes Wetter für eine Kahnfahrt. Wir sind fast lautlos durch die schmalen Kanäle an Wäldern, Wiesen und Feldern vorbeigefahren. Man hört keine Autos, keine Menschen, keinen Fluglärm. Nichts. Einfach nur Stille.

2.04

- Hallo und herzlich willkommen! Ich bin Nadja Brezina und begrüße Sie zu unserem *Journal am Nachmittag*. Heute geht es um das für Österreich so wichtige Thema Tourismus. Im letzten Jahr gab es fast 100 Millionen Übernachtungen in österreichischen Hotels. Die Hotelbranche wollte genauer erfahren, was ein Gast, der beruflich oder privat unterwegs ist, von seiner Unterkunft wirklich erwartet. Eine neue Studie hat das herausgefunden. Oliver Bellowitsch hat sie für uns gelesen. Hallo Herr Bellowitsch. Was waren denn die wichtigsten Erkenntnisse?
- Guten Tag, Frau Brezina. Also fast 3.000 Personen wurden für die Studie interviewt – nicht nur Geschäftsreisende, sondern auch Urlaubsreisende. Am wichtigsten ist allen Reisenden ein erholsamer und guter Schlaf. 98 % der Übernachtungsgäste möchten in einem guten Bett schlafen und in der Nacht nicht durch laute Geräusche oder Straßenlärm geweckt werden. Selbstverständlich erwarten auch alle, dass Zimmer und Bad sauber sind.
- Das überrascht nicht wirklich, oder?
- Nein. Wichtig ist beiden Gruppen auch ein schnelles und kostenloses Internet. Das war vor zehn Jahren noch anders. Damit sie ihre Smartphones, Tablets und Notebooks bequem laden können, muss es außerdem genug Steckdosen in den Zimmern geben. Die fehlen aber oft, was kritisiert wurde. Damit ein Hotel von seinen Gästen gute Online-Bewertungen bekommt, müssen auch die Mitarbeitenden freundlich sein – nicht nur an der Rezeption.
- Haben Geschäftsreisende und Urlaubsreisende auch unterschiedliche Erwartungen oder Wünsche?
- Auf jeden Fall. Besonders für Geschäftsreisende ist ein gutes und großes Frühstücksbuffet sehr wichtig. Sie erwarten auch einen Schreibtisch mit einer guten Schreibtischlampe und einem bequemen Stuhl, damit sie in ihrem Zimmer arbeiten können. Weniger wichtig sind ihnen allerdings Wellness-Angebote.
- Und der Preis?
- Der Preis für eine Übernachtung spielt natürlich bei Urlaubsreisenden eine wichtigere Rolle als bei Geschäftsreisenden. Für drei Viertel der Urlaubsreisenden ist das ein sehr wichtiger Entscheidungsfaktor. Die Umfrage hat auch gezeigt, dass Reisende auf jeden Fall die Möglichkeit haben möchten, Zimmer für Nichtraucher zu buchen. Und für Frauen, die allein reisen, spielt die Lage des Hotels eine wichtigere Rolle als für Männer.
- Vielen Dank, Herr Bellowitsch. Das sind sicher wichtige Informationen für …

Einheit 4 Übungen

2.07

- Hallo Claudi!
- Hey Yumi, wie geht's?
- Richtig gut! Ich bin super entspannt. Der Urlaub war so schön!
- Ach, das freut mich. Hat es Mirjam denn auch so gut gefallen?
- Ja, wir wären beide am liebsten noch länger geblieben.
- Dann habt ihr euch also in eurer Unterkunft wohlgefühlt, ja? Wie war nochmal der Name? Pension …
- Pension Gruber. Ich kann die Pension wirklich jedem empfehlen. Die Möbel sind zwar etwas altmodisch, aber wir haben uns trotzdem sofort wie zu Hause gefühlt. Das Ehepaar Gruber ist total freundlich und auch das Personal hat uns immer geholfen. Aber das Beste war: Eine Woche nicht putzen oder kochen.
- Oh, das könnte mir auch gefallen! Wart ihr denn zufrieden mit dem Service?

- Sehr! Das Zimmer wurde täglich sauber gemacht und das Essen war einfach traumhaft! Jeden Morgen gab es ein Frühstücksbuffet mit einer großen Auswahl, zum Beispiel frisches Obst und Eier vom Bauern aus der Region.
- Regionales Essen, das klingt toll! Was habt ihr denn tagsüber gemacht? Ihr habt doch nicht nur gegessen, oder?
- Nein, wir waren viel unterwegs. Am ersten Abend waren wir auf einem Konzert in Wien. Deshalb wollten wir dort auch Urlaub machen. In der Innenstadt waren die Hotels aber leider ausgebucht. Das war aber nicht schlimm. Mit der U-Bahn fährt man von der Pension nur 25 Minuten bis zur Innenstadt. Und außerdem konnten wir so noch einige Tage Ruhe in der Natur genießen. Familie Gruber hat uns viele Tipps für unsere Ausflüge gegeben.
- Na dann konntet ihr bestimmt gut schlafen, oder?
- Na ja, geht so. Leider hatten wir viele Mücken in unserem Zimmer. Und weil die Autobahn in der Nähe ist, war es nachts oft sehr laut. Aber genug von mir. Was habt ihr gemacht? Erzähl!
- Also, wir waren zwei Wochen …

2.08
- Grüß dich, Talia. Lange nicht gesehen. Warst du im Urlaub?
- Na, Paul. Ja, drei Wochen. War richtig toll.
- Warst du wieder in Spanien?
- Nein, dieses Jahr nicht. Obwohl ich im Sommer eigentlich am liebsten am Strand liege, wollte ich dieses Jahr umweltfreundlich verreisen. Du weißt ja, alle reden von der Klimakrise und wie schlecht Flugreisen für das Klima sind. Deshalb wollte ich nicht fliegen.
- Und wo warst du dann?
- Ich bin mit meinem Hund von Oberstdorf in Bayern über die Alpen nach Bozen in Italien gewandert. Bis Oberstdorf bin ich natürlich mit dem Zug gefahren.
- Wow! Du bist den ganzen Weg gelaufen? Allein, nur mit deinem Hund? Und dein Freund hatte keine Lust auf einen Wanderurlaub?
- Nein, er musste leider arbeiten. Aber man ist unterwegs nicht wirklich allein, denn man trifft jeden Tag viele Wanderer. Alle duzen sich. Es hat sehr viel Spaß gemacht, so viele nette Leute aus der ganzen Welt kennenzulernen. Und man hat immer ein Gesprächsthema: das Wandern und das Wetter. Und die Stimmung abends in den Hütten war auch richtig toll.
- Wie weit ist es denn bis Bozen?
- Es sind ungefähr 180 Kilometer.

- 180 Kilometer?! War das nicht sehr schwer?
- Ja, schon. Aber ich habe zu Hause natürlich trainiert und bin im Frühjahr mehrmals pro Woche mit meinem Rucksack mehrere Stunden gelaufen.
- Und wie lange warst du unterwegs?
- 14 Tage. Manche schaffen die Strecke auch in sechs bis acht Tagen. Ich war ziemlich fit, aber gleich am zweiten Tag haben mir meine Beine und Füße dann doch ziemlich wehgetan. Eigentlich wollte ich mich gar nicht so sehr anstrengen. Ehrlich gesagt war ich richtig froh, als ich in Bozen ankam.
- Und wo hast du unterwegs übernachtet?
- Meistens in Hütten. Manchmal habe ich auch in kleinen Pensionen geschlafen. Und einmal musste ich draußen schlafen, weil die Hütte ausgebucht war. Zum Glück hat es in der Nacht nicht geregnet.
- Hattest du Glück mit dem Wetter?
- Total. Ich hatte fast nur Sonnentage und es war meistens schön warm.
- Würdest du so einen Wanderurlaub noch einmal machen?
- Auf jeden Fall! Mir hat der Urlaub sehr gutgetan und meinem Hund hat es auch gefallen. Zwei Wochen ohne Handy, Radio und Fernseher. Das war herrlich! Ich habe die Ruhe genossen. Es war einfach unglaublich schön, jeden Tag die Berge zu sehen und in der freien Natur zu sein. Und was gibt es Neues in der Firma?
- Das ist unsere Haltestelle. Wir müssen aussteigen.

Einheit 5: Hin und weg!

2.11
- Bei mir im Studio begrüße ich heute Frau Hauser, die vor sieben Jahren die Familie des Bruders ihres Urgroßvaters in Brasilien gefunden hat. Frau Hauser, wie haben Sie das geschafft?
- Na ja, das war zuerst gar nicht so einfach, aber ich wusste ja aus alten Briefen ungefähr, wo Gustav Hauser und seine Frau Martha gelebt haben und wie ihre Kinder hießen.
- Und das hat Ihnen geholfen?
- Genau. Den Namen ihrer jüngsten Tochter, also Frieda Hauser, habe ich irgendwann im Internet auf der Webseite einer Schule in Blumenau gefunden, in der sie als Lehrerin gearbeitet hat. Ich war selbst total überrascht und habe dann gleich eine E-Mail an den Schuldirektor geschrieben. Ich war mir natürlich nicht sicher, ob sie wirklich die Tochter von Gustav und Martha war.
- Und dann hat sie sich bei Ihnen gemeldet?

- Nein, so schnell ging das nicht. Dann passierte erstmal ein paar Wochen gar nichts, und ich dachte schon, dass ich weitersuchen muss. Bis dann an einem Samstagabend, das weiß ich noch genau, die E-Mail kam.
- Vom Schuldirektor?
- Nee. Von Gabriel da Silva, also von dem Sohn von Frieda Hauser. Der war damals aber auch schon 65 Jahre alt! Der Direktor hat meine Mail an die Familie weitergeleitet.
- Ach so. Und wie ging es dann weiter?
- Ganz einfach. Wir haben unsere Skype-Adressen ausgetauscht und wenige Minuten später konnten wir uns auch schon sehen.
- Toll!
- Ja, aber das Tollste kommt noch! Neben Gabriel saß seine Mutter Frieda, die damals schon 94 Jahre alt war. Vor Freude mich zu sehen, konnte sie zuerst gar nichts sagen.
- Das kann ich mir vorstellen.
- Ja. Und dann haben wir uns zum ersten Mal unterhalten. Sie konnte noch ganz gut Deutsch.
- Spannend! Nach dem nächsten Lied müssen Sie uns unbedingt noch mehr erzählen.

2.12
- Bem-vindos! Ich freue mich so, dass ihr gekommen seid! Gustavo, kannst du das bitte übersetzen?
- Klar. Ela ta muito feliz que a gente ta aqui.
- Finalmente, né? A gente esperou tanto por esse dia!
- Moment, das ging jetzt viel zu schnell.
- Sie meint, dass sie schon lange auf diesen Tag gewartet haben.
- Ah, e muito obrigado pelo convite!
- Vielen Dank für die Einladung!
- Ihr müsst euch doch nicht bei mir bedanken! Ich war schon zweimal bei euch in Porto Alegre. Es war höchste Zeit, dass ihr auch mal nach Freiburg kommt. Wie war die Reise?
- Danke, gut.
- Eu achava que Alemanha ia ser diferente, achava que ia ser mais frio ...
- Habe ich richtig verstanden, dass es hier in Deutschland viel kälter ist als bei euch?
- Fast. Mein Großvater meint, dass er sich Deutschland viel kälter vorgestellt hat.
- Ach so! Sag ihm bitte, dass es hier nicht immer so warm ist wie heute.
- Ela falou que nem sempre é tao quente quanto hoje. Só alguns dias no ano.
- Ah, que pena. Fala pra ela que a gente trouxe algo pra ela. Espero que ela goste.
- Was hat sie gesagt?
- Wir haben dir auch etwas mitgebracht. Doce de leite.
- Oh, danke! Was ist das?
- Das ist eine typisch brasilianische Süßigkeit aus Milch und Zucker. Die hat Oma selbst gemacht.
- Das ist sicher lecker! Kannst du sie mal fragen, ob sie mir das Rezept geben kann?
- Bestimmt. Vó, você pode dar a receita pra ela?

2.13
Im Fokus: Ich bin dann mal weg! Auswanderung aus Deutschland heute.
Bis heute verlassen jedes Jahr viele Mitbürgerinnen und Mitbürger unser Land. Manche nur für ein paar Monate oder ein paar Jahre, andere für immer. Laut einer Studie wanderten seit 2016 über eine Million Menschen aus Deutschland aus. Warum? Eigentlich geht es den Menschen in Deutschland doch ganz gut, oder?
Die Ergebnisse der Studie zeigen, dass ein Neuanfang oder Abenteuerlust am wenigsten als Grund angegeben wurden. Die meisten Menschen verlassen ihre Heimat wegen einer besseren Stelle mit mehr Geld. Auf Platz zwei und drei der Gründe folgen Klima und Wetter und Familie und Partnerschaft. Immerhin etwas mehr als 20 % gaben an, dass sie zum Studium oder wegen der Ausbildung ins Ausland gegangen sind. Wenn Sie zu den Menschen gehören, die auch ans Auswandern denken, hat Frau Reker, die vor 15 Jahren selbst mit ihrer Familie ausgewandert ist, gleich ein paar gute Tipps für Sie. Bleiben Sie dran! Nach der Musik geht es weiter ...

2.14
- Herzlich willkommen, Frau Reker.
- Guten Tag.
- Sie sind vor 15 Jahren mit der ganzen Familie von Hamburg nach Singapur ausgewandert.
- Ja, das stimmt.
- Das ist ein großer Schritt. Worum muss man sich dann eigentlich kümmern?
- Ach, ich weiß gar nicht, wo ich anfangen soll ... Um Schulen für die Kinder, eine Wohnung, den Umzug, ... Ohne Hilfe hätten wir das nie geschafft!
- Wer hat Ihnen damals geholfen? Ich meine, an wen kann man sich wenden?
- Am besten an eine Person mit Erfahrung oder an eine Beratungsstelle. Da kann man sich auch sehr gut über alles informieren.

HÖRTEXTE

🗨 Aha. Worüber informiert eine Beratungsstelle denn beispielsweise?
🗨 Na ja, zum Beispiel über alle wichtigen Formalitäten. Also, ob ich ein Visum brauche, welche Versicherungen ich brauche, wo ich mich abmelden und dann wieder anmelden muss und so weiter.
🗨 Das ist natürlich wichtig. Worauf sollte man denn noch achten?
🗨 Auf jeden Fall auf die Regeln im Zielland. Man sollte wissen, was dort erlaubt ist und was nicht.
🗨 Und wenn man dann im Zielland angekommen ist, auf wen kann man sich dort bei Fragen am besten verlassen?
🗨 Auf wen? Also, ich würde sagen, auf Kolleginnen und Kollegen aus der Firma, ... also auf alle, die sich in dem Land schon gut auskennen.
🗨 Wie sieht es denn mit den Umzugskosten aus? Womit muss man rechnen?
🗨 Wenn man nicht für eine Firma arbeitet, die den Umzug bezahlt, muss man mit hohen Kosten rechnen. So ein Umzug kann wirklich teuer sein!
🗨 Das kann ich mir vorstellen ...

2.15

🗨 Komm, ich zeig dir mal ein paar alte Fotos, die du bestimmt noch nicht kennst.
🗨 Dann bin ich mal gespannt.
🗨 Schau mal hier, das war, als meine Großeltern ein neues Haus gebaut haben.
🗨 Ist der Mann auf der ... wie heißt das noch mal ... eine Treppe, die man tragen kann.
🗨 Du meinst eine Leiter. Genau, der Mann auf der Leiter ist mein Großvater.
🗨 Ach ja, eine Leiter. Das Wort kann ich mir irgendwie nicht merken. Und wer ist der junge Mann mit dem Musikinstrument? Ist das auch dein Großvater?
🗨 Der mit dem Akkordeon? Nein, das ist mein Vater. Er spielt schon lange nicht mehr. Eigentlich schade. Und hier siehst du meinen Onkel Karl an seinem ersten Schultag. Mit Zuckertüte.
🗨 Zuckertüte?
🗨 Die kennst du nicht? Die Zuckertüte ist eine große Tüte mit Süßigkeiten, die die Kinder am ersten Schultag bekommen. Das ist hier Tradition.
🗨 Nee, hab' ich noch nie gehört oder gesehen. Eine Zuckertüte hätte ich an meinem ersten Schultag sicher auch gerne bekommen. Aber das Auto kenne ich. So ein Auto hatten wir auch mal.
🗨 Du meinst den Käfer.
🗨 Hm?
🗨 Ich meine das Auto. Bei uns heißt es Käfer.
🗨 Ach so. Bei uns auch! Aber auf Portugiesisch sagen wir Fusca, Käfer. Und wer sind die mit dem Kind?
🗨 Das sind Onkel Richard, Tante Helga und meine freche Cousine Sabine.
🗨 Frech?
🗨 Ich fand sie jedenfalls nicht nett. Vielleicht lag es auch daran, dass sie viel älter war als ich.
🗨 Hm, das kann sein.

2.17

Ich zeichne gerne. Das hilft mir beim Nachdenken. Und nach unserem Besuch bei Inga in Freiburg habe ich mich oft gefragt, was Heimat für mich bedeutet. Ich glaube, Heimat kann überall auf der Welt sein, also überall da, wo es mir gefällt. Der Ort ist eigentlich gar nicht so wichtig. Viel wichtiger ist, dass es dort nette Leute, wie zum Beispiel gute Freundinnen und Freunde gibt. Das ist Heimat! Gute Laune und Liebe und so. Oder Moqueca Capixaba, ein Gericht aus Fisch und Reis, das meine Oma früher oft gekocht hat. Muito gostoso! Das gehört für mich genauso zu Heimat wie mein Fußballverein und mein Hund. Ja, was noch? Ach, das hätte ich fast vergessen. Natürlich auch schöne Musik wie zum Beispiel mein Lieblingslied. Wenn ich das höre, fühle ich mich wohl. Ganz egal, wo ich gerade bin. Und wenn dann noch die Sonne scheint, ... dann ist mein Heimatgefühl perfekt!

2.18

In meinen Träumen kann ich sie sehen.
Mal ist sie hier, mal ist sie da.
Und wenn ich hier bin, ist sie fern.
Und geh ich weg, dann ist sie nah.
Heimat ist da, wo ich froh bin.
Heimat ist da, wo die Sonne scheint.
Heimat ist da, wo mein Herz singt.
Heimat ist das, was uns vereint.
Sie ist da, wo ich (wo ich) mich wohl fühl.
Sie ist die Musik in meinen Ohren.
Oh, sie ist einfach überall.
Oh, sie ist da, wo Freunde sind.
Oh, sie ist einfach überall.
Denn sie ist da, wo mein Herz schlägt,
da, wo mein Herz schlägt.
In meiner Heimat finde ich Ruhe.
Ich atme durch und bin entspannt.
Sie gibt mir Hoffnung und neue Kraft.
Ich finde sie in jedem Land.
Heimat ist das, was mir Mut macht.
Heimat ist da, wo man Geschichten erzählt.
Heimat ist da, wo mein Herz lacht.
Heimat ist da, wo mir nichts fehlt.

Sie ist da, wo ich (wo ich) mich wohl fühl.
Sie ist die Musik in meinen Ohren.
Oh, sie ist einfach überall.
Oh, sie ist da, wo Freunde sind.
Oh, sie ist einfach überall.
Denn sie ist da, wo mein Herz schlägt,
da, wo mein Herz schlägt.
Denn sie ist da, wo mein Herz schlägt.

Einheit 5 Übungen

2.19

Welcher Wochentag war der 18.03.1968? Hätten Sie's gewusst? Wahrscheinlich nicht. Es gibt aber Menschen, die so eine Frage schnell und korrekt beantworten können. Zum Beispiel Olaf Möller. Der 43-Jährige Bankkaufmann aus Bonn begeisterte gestern Abend das Fernsehpublikum, denn er konnte tatsächlich zu jedem Datum vom ersten Januar 1800 bis heute den Wochentag nennen. Unglaublich? Hören Sie selbst!

- Ich stelle Ihnen gleich vier Fragen. Sind Sie bereit? Die Zeit läuft. Welcher Wochentag war der 18. Juli 1954?
- Das war ein Sonntag.
- Und das ist richtig! Nächste Frage: Der 27. März 1826 war ...?
- Ein Montag.
- Korrekt. Welcher Tag war am 4. April 1912?
- Ein Donnerstag.
- Das ist wieder richtig! Letzte Frage: Welcher Wochentag war der 1. Januar 2020?
- Der 1.1.2020 war ein Mittwoch.

Das Publikum im Saal und vor den Fernsehern war begeistert. Für die Berechnung von Wochentagen gibt es tatsächlich eine mathematische Formel, die aber ziemlich kompliziert ist. Da muss man wirklich sehr schnell rechnen! Wenn Sie zum Beispiel wissen möchten, an welchem Wochentag Sie geboren sind, dann würde ich vorschlagen, dass Sie es mal mit dem Internet versuchen ...

2.20

- Sag mal, wie ist Gustavo eigentlich mit Gustav Hauser verwandt? Hast du das verstanden?
- Ja, Gustav ist der Urururgroßvater von Gustavo. Hört sich ziemlich kompliziert an, ist aber eigentlich ganz einfach. Ich habe mir eine Skizze gemacht. Zuerst habe ich die Generationen und die Namen notiert.
- Ach, zeig mal.
- Hier. Es gibt fünf Generationen. Der Vater von Gustavo heißt Rafael. Und sein Vater, also der Großvater von Gustavo, ist Gabriel. Mit ihm hat er Inga in Freiburg besucht.
- Genau.
- Und weil Gustavos Großvater Gabriel ein Sohn von Frieda ist, ist sie Gustavos Urgroßmutter.
- Ja, klar! Und Frieda ist eine Tochter von seinem Ururgroßvater Gustav Hauser. Mit der Skizze ist es wirklich gar nicht so kompliziert!

2.21

1
- Bitte achten Sie auf die Hausordnung.
- Worauf soll ich achten?
- Auf die Hausordnung.

2
- Wir freuen uns auf euch!
- Auf wen freut ihr euch?
- Auf euch.

3
- Morgen rechnen wir mit Kälte und Regen.
- Womit rechnet ihr morgen?
- Mit Kälte und Regen.

4
- Viele träumen von einem eigenen Haus.
- Wovon träumen viele?
- Von einem eigenen Haus.

5
- Bitte wenden Sie sich an Herrn Kazem.
- An wen soll ich mich wenden?
- An Herrn Kazem.

6
- Ich erinnere mich noch gut an meine Oma.
- An wen erinnerst du dich noch gut?
- An meine Oma.

7
- Wir ärgern uns oft über den Lärm.
- Worüber ärgert ihr euch oft?
- Über den Lärm.

8
- Ich verlasse mich auf Sie.
- Auf wen verlassen Sie sich?
- Auf Sie.

9
- Er kümmert sich um die Kunden.
- Um wen kümmert er sich?
- Um die Kunden.

10
- Wir kennen uns mit Autos aus.

HÖRTEXTE

- Womit kennt ihr euch aus?
- Mit Autos.

11
- Ich beschwere mich bei der Vermieterin!
- Bei wem beschwerst du dich?
- Bei der Vermieterin.

12
- Sie informieren sich über die Kurse.
- Worüber informieren sie sich?
- Über die Kurse.

13
- Ich bin mit der Lösung einverstanden.
- Womit sind Sie einverstanden?
- Mit der Lösung.

14
- Er arbeitet mit unserem Team zusammen.
- Mit wem arbeitet er zusammen?
- Mit unserem Team.

2.22
Willkommen im Hafen der Träume! Ich nehme Sie heute mit auf eine Reise in die Vergangenheit.

Raum 1
Im Hafen ist es Zeit, Abschied zu nehmen. Für viele Auswanderer – Männer, Frauen und Kinder – ist es ein Abschied für immer. Auf dem Weg in die neue Heimat haben sie alles dabei, was ihnen wichtig ist. Die schweren Koffer und Kisten sind voll mit Arbeitsgeräten, Kleidung und Lebensmitteln. Trotz der allgemein großen Aufregung warten die Passagiere hier oft mehrere Tage ruhig auf die lange Reise über den Atlantik.

Raum 2
Während der Fahrt ist es windig und das Meer ist unruhig. Besonders im Winter werden die ersten Passagiere nach ein paar Tagen krank, denn im engen Schiffsbauch ist es dunkel, kalt und ungemütlich. Wer hier einen Schlafplatz gebucht hat, hat keine angenehme Reise. Viele Passagiere haben Briefe und Adressen von Freunden und Verwandten dabei, die schon vor ihnen ausgewandert sind. Man spricht über Heimat und Hoffnungen und macht Pläne für die ersten Tage in der neuen Welt. Wegen der Enge und des schlechten Essens gibt es viele Probleme und oft Streit.

Raum 3
Endlich! Nach Tagen auf dem Meer fliegen die ersten Vögel über das Schiff. Jetzt kann es bis zum Hafen nicht mehr weit sein! Während der letzten Stunden ihrer langen Reise über den Atlantik werden die Passagiere unruhig. Sie überprüfen ihre Papiere und ihr Gepäck. Dann bereiten sie sich auf die Ankunft im Hafen vor, wo Kontrollen, medizinische Untersuchungen und eine fremde Sprache, die sie nicht verstehen, sie erwarten.

2.23

1 Tier- und Pflanzenwelt
Tier- und Pflanzenwelt des Regenwalds
Tier- und Pflanzenwelt des brasilianischen Regenwalds

2 Ursachen und Folgen
Ursachen und Folgen des Wetters um 1900
Ursachen und Folgen des kalten Wetters um 1900

3 am Ende
am Ende einer Reise
am Ende einer langen Reise

4 die Spur
die Spur der Briefe aus Amerika
die Spur der ersten Briefe aus Amerika

2.24
Herr Meier kam wie jede Woche von einer langen Geschäftsreise zurück. Trotz der dunklen Wolken am Himmel und obwohl sein Koffer sehr schwer war, ging er auch an diesem Freitag zu Fuß vom Bahnhof nach Hause, denn er brauchte nach der langen Fahrt die Bewegung und die frische Luft.
Unterwegs dachte Herr Meier nach. Er machte sich wegen der schlechten Geschäfte der letzten Monate große Sorgen. Die Zeiten waren schwierig. Er hoffte sehr, dass er seine Arbeit nicht verlieren würde. Wenn er keine Arbeit mehr hätte, könnte er die Miete für die Wohnung und die Stromrechnung schon bald nicht mehr bezahlen. Und wenn er die Miete und die Stromrechnung nicht mehr bezahlen könnte, müsste er mit seiner alten Mutter in eine kleinere Wohnung umziehen. Und wenn seine Mutter in eine andere Wohnung umziehen müsste, wäre sie bestimmt unglücklich, weil sie dort keine Freundinnen hätte. Und er könnte ihr nicht helfen … Das machte ihm Angst und sein Koffer wurde mit jedem Schritt und jedem Gedanken noch schwerer.
Das war doch sein Kollege Schmidt, der ohne ihn zu sehen und zu grüßen fröhlich an ihm vorbei ging! Herr Meier wunderte sich und sah ihm lange nach. Er erinnerte sich, dass Herr Schmidt Urlaub hatte und mit seiner neuen Freundin ein paar Tage verreisen wollte. Der hatte Glück! Herr Meier ging langsam weiter und stellte sich einen schönen Urlaub in einem warmen Land vor. Morgens lange schlafen, dann gemütlich frühstücken, an den Strand gehen, in der Sonne liegen

und lesen. Wie schön! Als er später als sonst zu Hause ankam, stellte er überrascht fest, dass sein Koffer gar nicht mehr so schwer war …

Einheit 6: Weihnachten

2.25

- Es ist fünf nach halb fünf, schon fast dunkel, und wir stehen hier auf dem Weihnachtsmarkt in Heidelberg. Wahnsinn, ich bin total begeistert – so viele Stände mit Weihnachtsdeko und Essen und Trinken! Es riecht so gut und da vorne der riesengroße Weihnachtsbaum und – hört mal – richtig: Weihnachtsmusik und viele Leute. Warum sind die hier? Ich frag mal nach.
  Hi, bei euch ist es ja lustig! Warum mögt ihr den Weihnachtsmarkt?
- Den gibt's ja nur einmal im Jahr – immer im Dezember. Alle sind hier – Freunde und Kolleginnen.
- Ja, wir treffen uns nach der Arbeit und trinken Glühwein oder Punsch zusammen und unterhalten uns.
- Nervt da nicht die Musik?
- Nee, die gehört dazu. *Jingle Bells*, *Kling Glöckchen* und *O Tannenbaum* … da singen wir sogar mit.
- Ja, aber immer nur die erste Strophe. Dann fehlt uns der Text …
- Leider ist es immer sehr voll, besonders am Wochenende. Dann kommen sogar Touristen aus dem Ausland. Zu vielen Leuten gefällt der Weihnachtmarkt hier.
- Ist ja auch kein Wunder. Die Stände sind total schön. Es gibt viel zu sehen … und zu kaufen: Kerzen, Tee und Weihnachtsdekoration, also Kugeln in allen Farben, Räuchermännchen und Holzfigürchen, und …
- Ja, und das Essen ist auch echt gut hier. Kartoffelpuffer esse ich nur einmal im Jahr – auf dem Weihnachtsmarkt!
- Ich hole mir auch gleich noch welche. Blöd ist nur, dass alles immer teurer wird. Ein Glühwein kostet 3 Euro 50 und 4 Euro 50 für die Kartoffelpuffer. Das geht ganz schön ins Geld.
- Stimmt, das ist teuer. Aber wir sind ja nicht jeden Abend hier. Ich freue mich immer schon auf den Weihnachtsmarkt, weil die Atmosphäre absolut klasse ist. Es ist dunkel, ein bisschen kalt, es riecht nach gebrannten Mandeln, Zimt und Waffeln, die Lichter … und wir stehen hier zusammen – ich finde es wirklich gemütlich.
- Das find' ich auch. Ich bin total begeistert. Euch noch einen schönen Abend und dann frohe Weihnachten!
- Ja, dir auch – Frohe Weihnachten!

2.26

- Mama, wie machen wir das an Weihnachten?
- Na, wie immer, Sarah. Aber wir sollten schnell mal besprechen, was wir noch machen müssen.
- Hm, hast du das Essen für den ersten Weihnachtstag schon bestellt?
- Ja, schon lange, schon Ende November. Aber was machen wir an Heiligabend zu essen?
- Ich bin für Kartoffelsalat und Würstchen. Das ist lecker und geht schnell. Was meinst du?
- Ja, gute Idee! Und wir müssten noch einmal Plätzchen backen. Es sind fast keine mehr da. Sag mal, hast du schon das Geschenk für Opa und Oma besorgt?
- Nein, das muss ich noch machen. Und hast du schon die Sterne für den Weihnachtsbaum gebastelt? Oder soll ich das machen?
- Ich? Basteln? Nein, Sarah – du kannst das viel besser als ich.
- O.k. Mama, aber dann machst du den Kartoffelsalat.
- Ja, gut, ich mache den Salat. Und den Weihnachtsbaum müssen wir auch noch schmücken.
- Uff, Geschenke, Plätzchen, Kartoffelsalat, Weihnachtsbaum und Sterne – viel zu tun und übermorgen ist schon Heiligabend!

2.27

- Dann sollten wir noch besprechen, wie wir das alles machen, Sarah.
- … und nachsehen, was noch im Kühlschrank ist.
- Stimmt. Für die Plätzchen brauchen wir Butter … und Kartoffeln und Würstchen … Wir müssen also in den Supermarkt.
- Und ins Gartencenter, um den Gutschein für Oma und Opa zu kaufen.
- Ja, den Gutschein … und wir schenken ihnen wieder Gartenhandschuhe – mit Blümchen für Oma und gelbe für Opa, du weißt schon.
- Alles klar, Gutschein und Gartenhandschuhe. Gehen wir morgen zuerst in den Supermarkt oder zuerst ins Gartencenter?
- Das dauert zu lange. Ich denke, wir fahren zusammen ins Einkaufszentrum. Dann gehst du ins Gartencenter und kaufst die Geschenke, während ich im Supermarkt einkaufe, o.k.?
- Gute Idee, Mama. Und wenn wir dann wieder zu Hause sind, backst du die Plätzchen und ich bastle

HÖRTEXTE

in der Zeit die Sterne und schmücke den Baum, was meinst du?
- Die Sterne kannst du gerne basteln, aber wir sollten den Weihnachtsbaum zusammen schmücken, ja?
- Gerne, das macht zusammen auch viel mehr Spaß. Oh, fast vergessen – wir müssen noch die Kartoffeln für den Salat kochen. Wann machen wir das?
- Kein Problem. Ich koche die Kartoffeln schnell, bevor ich die Plätzchen backe. Du bastelst in der Zeit die Sterne. Was meinst du, Sarah?
- Ja, klar. Die Sterne zu basteln, geht nicht so schnell. Also, ich bastle, während du erst Kartoffeln kochst und dann Plätzchen backst. Und wenn alles fertig ist, schmücken wir zusammen den Baum. Machen wir es so?
- Der Plan ist gut! Und dann kann Weihnachten kommen!

Einheit 6 Übungen

2.30
- Hey Jona, gut, dass ich dich erreiche.
- Hallo Melli, ja, na klar. Was gibt's denn?
- Lina und ich wollen morgen auf den Weihnachtsmarkt. Hast du Lust mitzukommen?
- Oh, auf jeden Fall! Wann treffen wir uns – und wo?
- Vorm Weihnachtsbaum?
- Nee, da ist es immer so voll. Wie wär's mit 18 Uhr am Eingang neben dem Rathaus?
- Ja, das passt mir sehr gut. Ich muss auch unbedingt ein paar Geschenke kaufen!
- Ich auch. Aber zuerst müssen wir einen Glühwein trinken.
- Ja, na klar – und dann gehen wir zu dem tollen Stand mit der Weihnachtsdekoration. Da finde ich bestimmt etwas.
- Genau, und danach holen wir uns die allerbesten Kartoffelpuffer mit Apfelmus.
- Super Idee! Und zum Abschluss gibt's natürlich wieder eine Tüte gebrannte Mandeln.
- Klar, unbedingt. Wollen wir dann …

2.31
Advent, Advent,
ein Lichtlein brennt.
Erst eins, dann zwei,
dann drei, dann vier,
dann steht das Christkind vor der Tür.

2.32
- Mama, hallo?
- Ja, hallo Elke. Was gibt's denn?
- Ach, ich wollte gerade Plätzchen für Weihnachten backen, aber ich finde dein Rezept einfach nicht mehr. Kannst du mir nochmal die Zutaten und Mengen sagen? Auf jeden Fall 500 Gramm Mehl und 150 Gramm Zucker, oder?
- Ja, genau. 500 Gramm Mehl und 150 Gramm Zucker. Und dann brauchst du 350 Gramm weiche Butter. Nimm sie am besten aus dem Kühlschrank, bevor du mit dem Backen anfängst.
- Stimmt! Gut, dass du mich nochmal erinnerst.
- Dann brauchst du noch drei Eier. Und vergiss nicht das Wichtigste: Drei Esslöffel Sahne und eine Zitrone. Das gibt den besonderen Geschmack.
- Hm. Ja, das ist wichtig! Und ich brauche zuerst das Mehl und den Zucker, oder?
- Noch nicht, erst holst du die Butter aus dem Kühlschrank – das ist wirklich wichtig. Während die Butter weich wird, gibst du das Mehl und den Zucker in eine Schüssel. Dann verrührst du die Eier mit der weichen Butter.
- Und dann gebe ich die Sahne und den Zitronensaft zu den Eiern und der Butter – und rühre weiter.
- Richtig. Und zum Schluss gibst du das Mehl und den Zucker dazu. Dann darfst du aber nicht mehr rühren.
- Ich weiß, jetzt knete ich alle Zutaten zu einem schönen Teig.
- Und denk daran, bevor du weitermachst, musst du den Teig für mindestens eine Stunde in den Kühlschrank stellen. Danach …

2.33
Hallo Leute und willkommen zu einer neuen Folge von Sarahs bunter Bastelwelt! Gutscheine und Kleidung waren gestern – selbstgemachte Geschenke liegen voll im Trend! Heute gibt's eine tolle Anleitung für Sterne. Zuerst holt ihr die Dinge, die ihr zum Basteln braucht: buntes Papier, eine Schere und einen Klebestift. Wer Papier sparen möchte, kann auch eine alte Zeitung verwenden. Das sieht bestimmt auch cool aus. Und los geht's! Legt das Papier vor euch auf den Tisch. Faltet es einmal an der einen geraden Seite, öffnet es, und faltet es nun an der anderen geraden Seite. Wenn ihr das Papier wieder öffnet, seht ihr ein Plus. Legt jetzt Ecke auf Ecke und faltet das Papier noch einmal. Das wiederholt ihr auf der anderen Seite. Öffnet das Papier und schaut es euch an. Sieht aus wie ein Stern, oder? Dann nehmt ihr eine Schere und schneidet alle vier geraden Seiten bis zur Hälfte ein. Danach faltet ihr dort, wo ihr gerade geschnitten habt, also immer eine Seite auf eine andere Seite. Nehmt einen Klebestift und

klebt die Seiten gut zusammen. Und schon ist der erste Teil des Sterns fertig. Sieht doch schon super aus, oder? Jetzt nehmt ihr ein neues Papier und wiederholt alle Schritte. Zum Schluss klebt ihr beide Sterne zusammen. Und fertig! Habt ihr die Sterne gebastelt? Dann schickt mir doch gern ein Foto und …

2.36
1
- Hast du mein Ladekabel gesehen?
- Ja, das liegt aufm Tisch im Wohnzimmer.

2
- Treffen wir uns um drei vorm Café?
- Ja, das passt.

3
- Hast du Lust, durchn Park zu spazieren und ein Eis zu essen?
- Tolle Idee!

4
- Ist es noch weit?
- Wir müssen noch übern Berg. Dann sind wir da.

2.38
Willkommen zurück bei Radio 31. Freut ihr euch eigentlich schon auf den ersten Besuch auf dem Weihnachtsmarkt dieses Jahr? Auf heißen Glühwein, leckere Kartoffelpuffer und auf den großen Weihnachtsbaum?
Heute möchten wir euch von einem ganz besonderen Weihnachtsbaum aus Erfurt berichten. Sein Name war Rupfi. Er war damals in ganz Deutschland bekannt, denn er spaltete die Nation! Die einen liebten den besonderen Baum und fanden ihn einfach einzigartig. Die anderen konnten nicht verstehen, wie man so einen Baum auf den Weihnachtsmarkt stellen kann. Rupfi hatte sogar ein eigenes Profil in den sozialen Netzwerken. Dort stellte er sich persönlich vor und erzählte, dass er 27 m hoch und ungefähr 75 Jahre alt war. Er lebte in einem großen Wald, bis er schließlich auf dem Weihnachtsmarkt in Erfurt ein neues Zuhause fand. Das Problem: Er war zwar noch grün, hatte aber nicht mehr viele Nadeln und sah deswegen nicht so toll aus.
Ein Baum mit einem eigenen Auftritt in den sozialen Netzwerken – eine richtig coole Idee, oder? Jeden Tag folgten ihm mehr Fans. Es gab aber auch negative Kommentare. Manche Leute fanden ihn absolut hässlich.
Die Stadt druckte aber sogar Postkarten mit Rupfi. Das Motto hieß: Baum mit Charakter! Wir finden das klasse – und wie Rupfi sagen würde: „Ich bin nicht perfekt, aber wer ist das schon?"
Kennt ihr noch andere Geschichten von …

Plateau 2
2.39
Kinder, kommt und ratet,
was im Ofen bratet!
Hört, wie's knallt und zischt.
Bald wird er aufgetischt,
der Zipfel, der Zapfel,
der Kipfel, der Kapfel,
der gelbrote Apfel.

Kinder, lauft schneller,
holt einen Teller,
holt eine Gabel!
Sperrt auf den Schnabel
für den Zipfel, den Zapfel,
den Kipfel, den Kapfel,
den goldbraunen Apfel!

Sie pusten und prusten,
sie gucken und schlucken,
sie schnalzen und schmecken,
sie lecken und schlecken
den Zipfel, den Zapfel,
den Kipfel, den Kapfel,
den knusprigen Apfel.

2.41
- Gonzales.
- Guten Morgen, Herr Gonzales. Schön, dass ich Sie erreiche.
- Einen wunderschönen guten Morgen, Herr Schulte.
- Ich habe mir gestern Ihren Vorschlag für den Lieferservice noch einmal genau durchgelesen. Wie gesagt, die Idee gefällt mir! Aber …
- Sie geben uns also das Geld für den Aufbau des Lieferservices?
- Nicht so schnell … Wenn ich Ihnen das Geld gebe, muss ich ja wissen, dass Sie es wirklich ernst meinen.
- Ob wir es wirklich ernst meinen? Natürlich meinen wir es ernst!
- Na gut. Dann können wir also, sagen wir mal in vier Wochen, mit dem Lieferservice starten?
- In vier Wochen? Das ist Ihre Bedingung?
- Genau. Wenn Sie mir garantieren, dass der Lieferservice in vier Wochen starten kann, bin ich dabei.
- Na ja, wir haben die Küche im Marek zwar noch nicht ausgebaut und auch noch kein neues

HÖRTEXTE

Personal eingestellt, aber ... Doch, das können wir schaffen. Da sehe ich kein Problem! Natürlich muss ich zuerst noch mit Max und Tarek sprechen. Ich glaube aber, dass das kein Problem ist.
- Dann können Sie das also schaffen?
- Klar, das schaffen wir! Ich gehe gleich ins Marek. Wir melden uns dann wieder bei Ihnen.
- Moment. Für mein Geld möchte ich natürlich auch etwas von Ihnen haben. Ich gebe Ihnen das Geld und bekomme 50 Prozent vom Marek. Ich werde also Ihr Geschäftspartner. Das ist meine zweite Bedingung.
- Herr Gonzales? Sind Sie noch da?
- Ja, ja. Sie geben uns also das Geld nur, wenn Sie auch Geschäftspartner werden und 50 Prozent vom Lieferservice bekommen?
- Nein, ich habe das Risiko und möchte als Ihr neuer Geschäftspartner 50 Prozent vom Marek haben. Aber ich gebe Ihnen das Geld nur, wenn Sie mir garantieren, dass der Lieferservice in vier Wochen startet.
- O.k. Das habe ich jetzt verstanden. Wir müssen in vier Wochen mit dem Lieferservice starten und Sie wollen als Geschäftspartner 50 Prozent vom Marek.
- Genau. Ich kann den Vertrag also schon vorbereiten?
- Ja. Machen Sie das. Ich spreche jetzt gleich mit Max und Tarek und dann hören Sie wieder von mir.
- Alles klar. Bis denn, Herr Gonzales.
- Bis denn. Ich melde mich.

VIDEOTEXTE

Einheit 1: Bildung (er)leben

Clip 1.01

Elia: Hi! Na, wie geht's?
Lerner*in: Hallo Elia. Ganz gut. Und dir? Du siehst ziemlich müde aus.
Elia: Bin ich irgendwie auch. Ist gerade ein bisschen stressig. Ich habe seit ein paar Wochen einen Job im Internationalen Büro.
Lerner*in: Ach, das wusste ich gar nicht. Was machst du denn da?
Elia: Wir planen ein paar coole Aktionen für den Hochschulinformationstag. Eigentlich brauchen wir auch noch ein paar Leute. Das wär' doch was für dich!
Lerner*in: Ich weiß nicht. Ich war noch nie auf einem Hochschulinformationstag.
Elia: Echt? Dann hast du was verpasst! Das ist total interessant.
Lerner*in: Und für wen macht ihr das?
Elia: Na ja, das ist das eine Veranstaltung für alle, die dieses Jahr ihr Abi machen. Wir stellen das Studium an unserer Uni vor, also die Studienfächer, Austauschprogramme und Förderungen. Und man kann sich über den Unisport informieren und über das, was man hier in der Stadt so machen kann.
Lerner*in: Cool.
Elia: Das Beste ist, dass auch viele Studierende da sind, die über ihre Erfahrungen sprechen und Tipps geben.
Lerner*in: Und was könnte ich da machen?
Elia: Du könntest zum Beispiel über Erasmus+ berichten und deine Uni zu Hause. Es kommen sicher auch viele, die sich für ein Austauschsemester interessieren.
Lerner*in: Wann ist denn der Hochschulinformationstag?
Elia: Am siebten Mai, in zwei Wochen.
Lerner*in: Ja, das passt. Am siebten hab' ich Zeit.
Elia: Super! Ich schicke dir gleich den Link mit allen Infos.

Einheit 2: Vorhang auf!

Clip 1.02

Miray: Hey, wir haben uns ja lange nicht gesehen. Cool, dass wir uns hier treffen. Wie geht's dir?
Lerner*in: Hallo Miray. Mir geht's gut, und dir?
Miray: Ja, mir auch. Was machst du so?
Lerner*in: Ich habe echt viel zu tun. Sag mal, hast du Lust am Samstag ins Theater zu kommen? Ich spiele dort in einem Stück mit. Am Samstag ist die erste Vorstellung!
Miray: Wow, cool. Ich hätte total Lust zu kommen, aber am Samstag bin ich auf den Geburtstag von meinem Urgroßvater eingeladen.
Lerner*in: Wie, dein Urgroßvater? Wer ist denn das?
Miray: Na, das ist der Vater, nee, der Opa von meiner Mutter.
Lerner*in: Ah ok, und wie nennst du den Opa von deinem Vater?
Miray: Na, das ist doch dasselbe.
Lerner*in: Was ist dasselbe?
Miray: Na, der Opa von meinem Vater ist auch mein Urgroßvater.
Lerner*in: Ach so, hm ... und die Geschwister von deinen Großeltern? Was ist mit denen?
Miray: Das sind meine Großtanten und Großonkel.
Lerner*in: Aha, Großtanten und Großonkel. Sind das viele?
Miray: Keine Ahnung, ich kenn die alle gar nicht. Die wohnen auch alle irgendwo in der Pampa.
Lerner*in: Wie? In der Pampa? Die wohnen alle in Südamerika?
Miray: Nein! Natürlich nicht! Sie wohnen alle auf dem Land, in der Nähe von Berlin ...
Lerner*in: Ach so. Und da fährst du dann hin?
Miray: Was, wo fahr ich hin?
Lerner*in: Ich denk', du gehst am Samstag zur Geburtstagsfeier?
Miray: Was? Nein. Wir feiern bei mir zu Hause. Mein Urgroßvater wohnt bei uns!
Lerner*in: Na dann, viel Spaß!
Miray: Danke, bis dann!

Einheit 3: Miteinander – Füreinander

Clip 1.03

Adrian: Über 30 Millionen Menschen in Deutschland engagieren sich ehrenamtlich. Das ist eine ziemlich große Zahl. Wir haben eine Straßenumfrage gemacht und wollten wissen, wo die Menschen helfen und warum sie sich in ihrer Freizeit ohne Bezahlung ehrenamtlich engagieren.
Adrian: Wir machen eine Umfrage über Ehrenamt in Deutschland. Sind Sie ehrenamtlich tätig?
Hans Zimmer: Ja. Ich arbeite seit zwei Jahren ehrenamtlich in einer Kita. Bis zu meiner Rente war ich selbst Erzieher.
Adrian: Wie viele Stunden pro Woche machen Sie das?
Hans Zimmer: Ich bin jede Woche montags den ganzen Tag da. Ich habe ja viel Zeit.
Adrian: Warum machen Sie das?
Hans Zimmer: Wissen Sie, es ist ein schönes Gefühl, wenn die Kinder sich freuen. Und wenn man aktiv ist, wird man nicht so schnell alt.
Adrian: Hi! Engagierst du dich ehrenamtlich?
Hendrike Schäfers: Nein, eigentlich nicht. Ich würde ja gern helfen, aber ich habe leider keine Zeit. Nach

VIDEOTEXTE

meinem Bachelor würde ich aber gern mit Jugendlichen arbeiten.
Adrian: Na dann will ich dich gar nicht weiter aufhalten. Vielen Dank!
Adrian: Hallo, kann ich Sie kurz stören?
Heike Metz: Ja, klar!
Adrian: Wir machen eine Umfrage. Engagieren Sie sich ehrenamtlich?
Heike Metz: Ja. Einmal pro Woche helfe ich im Tierheim.
Adrian: Was genau machen Sie da?
Heike Metz: Ich gebe den Tieren Futter, ich gehe mit den Hunden spazieren und natürlich streichle ich sie viel. Das macht mir Spaß.
Adrian: Warum dieses Ehrenamt?
Heike Metz: Ich liebe Hunde und Katzen. Aber in meiner Wohnung darf ich leider keine Tiere haben.
Adrian: Na dann ist das ja eine gute Lösung.
Adrian: Hallo ihr Zwei. Wir machen eine Umfrage über Ehrenamt in Deutschland. Seid ihr ehrenamtlich tätig?
Martin Gross: Klar. Ich habe mich schon immer ehrenamtlich engagiert. Als Schüler habe ich Nachhilfeunterricht in Mathe und Französisch gegeben. Und seit einem halben Jahr helfe ich zwei Kindern aus Syrien.
Adrian: Interessant und was macht ihr da so?
Martin Gross: Ich besuche sie zweimal in der Woche und helfe ihnen bei den Hausaufgaben. Und manchmal gehen wir auch schwimmen oder Fußballspielen und so.
Adrian: Du engagierst dich gerne, oder?
Martin Gross: Ja, es macht mir einfach Spaß, den Jungs zu helfen.
Adrian: Und bei dir?
Malina Burger: Ja, ich bin seit zwei Jahren Helferin beim Berlin-Marathon. Ich gebe den Läuferinnen und Läufern Wasser und Snacks. Der Kontakt zu den anderen Helfern gefällt mir richtig gut.
Adrian: Vielen, vielen Dank!

Clip 1.04

Miray: Hey!
Lerner*in: Hallo Miray, wie war die Feier?
Miray: Ganz schön, aber ich habe jetzt leider keine Zeit. Ich muss zum Training.
Lerner*in: Ach, spielst du noch Fußball?
Miray: Ja, natürlich! Ich spiele jetzt bei den A-Juniorinnen.
Lerner*in: A-Juniorinnen?
Miray: Ja! Wir sind alle zwischen 17 und 18 Jahre alt.
Lerner*in: Und wie läuft's?

Miray: Geht so. Am Anfang habe ich in der neuen Mannschaft nicht oft gespielt. Die anderen waren besser. Aber ich habe viel trainiert und jetzt spiele ich meistens mit. Am Samstag habe ich sogar ein Tor geschossen. Und letztes Jahr haben wir den Juniorinnen-Cup gewonnen!
Lerner*in: Glückwunsch! Wie oft trainierst du in der Woche?
Miray: Zweimal und am Wochenende sind meistens Spiele.
Lerner*in: Das ist echt viel. Wie schaffst du das mit der Schule?
Miray: Na ja, es geht so. Aber ohne Fußball würde mir echt was fehlen.
Lerner*in: Ja, das kann ich mir vorstellen. Willst du auch nach der Schule weitermachen?
Miray: Das wäre schon ein Traum. Ich würde gern Profi-Fußballerin werden. Und wenn das nicht klappt, würde ich gerne Trainerin werden. Ich glaub', ich muss los. Das Training fängt gleich an. Sehen wir uns bald mal?
Lerner*in: Klar. Viel Spaß beim Training und bis bald!
Miray: Tschüss!

Plateau 1

Clip 1.05

Beraterin: Sie können eine Ausbildung beginnen oder studieren. Ohne gute bis sehr gute Deutschkenntnisse geht das nicht. Aber so wie ich das sehe, haben Sie schon viel Deutsch gelernt. Herr González?
Nico: Hm ... Tschuldigung, könnten Sie das bitte noch einmal wiederholen?
Beraterin: Ich habe gesagt, dass Sie für viele Ausbildungsberufe oder ein Studium gute bis sehr gute Deutschkenntnisse brauchen.
Nico: Ich hab' gerade mit B1-Niveau angefangen.
Beraterin: Das klingt gut.
Nico: Mhm.
Beraterin: Haben Sie die A2-Prüfung gemacht?
Nico: [Nein.] Aber ich hab' einen A2-Kurs gemacht.
Beraterin: Ich bin mir sicher, dass Sie das können. Aber ich bin mir auch sicher, dass die meisten Betriebe einen Nachweis über Ihre Deutschkenntnisse verlangen. Dafür müssen Sie eine Sprachprüfung machen.
Nico: O.k., dann mach' ich diese Sprachprüfung. Und dann kann ich eine Ausbildung machen?
Beraterin: Mal sehen. Welchen Beruf möchten Sie denn lernen?
Nico: Ich bin mir nicht sicher.
Beraterin: Sie sind sich unsicher?

Nico: Hm. Gibt es eine Schauspiel-Ausbildung?
Beraterin: Sie können in Deutschland eine Schauspielschule besuchen. Aber da gibt es eine sehr schwere Aufnahmeprüfung. Niemand kann Ihnen garantieren, dass Sie nach der Ausbildung auch als Schauspieler arbeiten können. Die Situation auf dem Arbeitsmarkt ist für Schauspieler sehr schwierig.
Nico: Hab' ich schon gehört, ja.
Beraterin: Sie können es natürlich versuchen. Haben Sie denn vielleicht noch andere Interessen? Oder gibt es etwas, das Sie sehr gut können?
Nico: Ja! Ich kann Fahrräder und Mopeds reparieren.

Tarek: Ist das die letzte?
Max: Ja.
Tarek: Hilfst du mir?
Max: Ich muss noch ein paar Getränke servieren. Die Gäste an Tisch 3 haben schon bestellt, als du in der Küche warst.
Tarek: Kein Problem, das krieg' ich auch alleine hin.
Nico: Oh!
Tarek: Hi Nico! Danke schön.
Max: Hey!
Nico: Bitte schön. Was macht ihr?
Max: Was meinst du?
Nico: Die Kisten.
Max: Ach so. Wir liefern die Lebensmittel, die am Wochenende übriggeblieben sind, an soziale Institutionen, die sie gebrauchen können.
Nico: Cool.
Max: Und wo kommst du jetzt her?
Nico: Ich komme gerade von der Agentur für Arbeit. Ich will ja bald meine Ausbildung beginnen.
Max: Echt? Super!
Nico: Ich helf' dir!
Tarek: O.k. Oh! Och, Nico.

Clip 1.06
Lisa: Ich habe meinen Terminplan verlegt. Hast du ihn gesehen?
Sebastian: Ähm ... Nein.
Lisa: Verdammt! Egal. Ich kann weitersuchen, während ich telefoniere.
Sebastian: Achtung! Frisch gewischt.
Nina: Cool!
Sebastian: Mhm ...
Nina: Was macht Lisa?
Sebastian: Tja, die macht wieder alles gleichzeitig. Die telefoniert, während sie die Sachen zusammenpackt. Und es stört mich auch überhaupt nicht, dass sie hier ständig durch das frisch gewischte Wohnzimmer rennt, während sie telefoniert.
Nina: Ach, komm schon! Du siehst doch, dass Lisa Stress hat.
Sebastian: Bist du jetzt wieder auf ihrer Seite?
Nina: Wir haben uns wieder vertragen, ja. Außerdem ist Streit auch ein Stressfaktor, und ich muss mich entspannen. Sag mal, hast du Toilettenpapier gekauft?
Sebastian: Toilettenpapier? Das ist ... Stressfaktoren, überall Stressfaktoren!

Clip 1.07
Nico: Hey!
Selma: Nico! Was machst du hier?
Nico: Ich bin hier, weil ich dich sehen will.
Selma: Wie war dein Termin bei der Agentur für Arbeit?
Nico: Sehr gut. Ich werde eine Ausbildung zum ähm – wie ist das Wort? – Zweiradmechatroniker machen. Ich werde eine Ausbildung zum Zweiradmechatroniker machen.
Selma: Was ist das?
Nico: Ich arbeite in einer Werkstatt und muss da Fahrräder und Motorräder reparieren.
Selma: Also alles mit zwei Rädern?
Nico: Ja. Die Ausbildung dauert drei Jahre.
Selma: Das klingt super.
Nico: Ja. Find' ich auch, denn ich muss endlich Geld verdienen.
Selma: Geht das?
Nico: Zuerst muss ich eine Sprachprüfung bestehen und dann kann ich die Ausbildung beginnen.
Selma: Das schaffst du, Nico. Jetzt sei doch mal optimistisch! So schwer ist die Prüfung auch nicht. Du musst dich gut darauf vorbereiten.
Nico: Ja, ich weiß. Und was ist mit dir?
Selma: Ich möchte studieren, aber ich weiß noch nicht so genau, was. Es gibt so viele Studienfächer! Aber im Moment brauch' ich vor allen Dingen einen Job.
Nico: Und suchst du schon?
Selma: Ich kann schlecht einen Job suchen, wenn ich immer zu Hause bleiben muss.
Nico: Es geht um deine Zukunft! Bis bald!

Pepe: Nico ... Ich war die letzten Jahre kein guter Bruder. Ich ... ich war nicht für dich da.
Nico: Vergiss es! Ich will nicht mehr zurückschauen. Was passiert ist, ist passiert. Fertig.
Pepe: Ja.
Nico: Jetzt sind wir beide hier und fangen neu an.

VIDEOTEXTE

Einheit 4: Natur erleben

Clip 1.08

Lust auf Urlaub in der Natur? Wir haben die schönsten Ziele in Biosphärenreservaten in Deutschland, Österreich und der Schweiz herausgesucht. Denn das Gute liegt so nah und die Biosphärenreservate bieten besonders viel für Klein oder Groß – egal ob Kultur, Natur oder Sport. Hier ist für alle etwas dabei!
In Deutschland gibt es 16 Biosphärenreservate: am Meer, im Wald, an Flüssen oder in den Bergen. In unserem Nachbarland Österreich gibt es fünf Biosphärenreservate und in der Schweiz zwei.
Genießen Sie Sonne, Wind und Meer an der Nordsee. Machen Sie Wattwanderungen und beobachten Sie Vögel. Mit viel Glück sieht man vielleicht sogar einen Seehund!
Im Spreewald können Sie die vielen Flusslandschaften mit dem Kanu entdecken. Und mit etwas Glück können Sie auch wilde Tiere fotografieren.
Wer lieber bergauf und bergab unterwegs ist und durch bunte Blumenwiesen laufen möchte, kann z. B. schöne Urlaubstage im Schwarzwald oder im Entlebuch verbringen und dort auch kleine alte Städte entdecken. Und wer es noch sportlicher mag, kann klettern, in den Alpen von Hütte zu Hütte wandern, Mountainbike-Touren machen oder im Winter Skifahren.
Egal ob Meer, Flusslandschaft oder Berge – in allen Biosphärenreservaten kann man viel erleben und jede Menge Spaß haben. Die Biosphärenreservate freuen sich auf Ihren Besuch!

Clip 1.09

Adrian: Hey! Schön, dich zu sehen.
Lerner*in: Hi Adrian! Wie geht's dir? Ich hab' gehört, ihr habt Urlaub auf einem Hausboot gemacht.
Adrian: Ja, das stimmt. Wir hatten keine Lust mehr auf Hotel und Camping. Und wollten einfach mal was Neues ausprobieren.
Lerner*in: Und wo wart ihr?
Adrian: Im Spreewald, in Brandenburg.
Lerner*in: Das ist doch ein Biosphärenreservat, oder?
Adrian: Genau.
Lerner*in: Das kenne ich aus dem Fernsehen. Die Natur sieht traumhaft aus.
Adrian: Das ist sie auch! Es war so schön.
Lerner*in: Und deine Tochter? Hat sie sich gelangweilt?
Adrian: Nee, überhaupt nicht. Es gab so viel zu entdecken. Wir haben Radtouren gemacht und Picknicks. Und haben so viele Tiere gesehen, das fand sie besonders spannend. Und jeden Tag schwimmen! Vom Boot direkt ins Wasser - wunderbar!
Lerner*in: Wow, das klingt nach einem richtig tollen Urlaub!
Adrian: Oh ja! Das solltest du auch mal ausprobieren! Jetzt muss ich aber wirklich mit der Arbeit anfangen. Wir sehen uns.
Lerner*in: Ja, bis später!

Einheit 5: Hin und weg!

Clip 1.10

Diego: Ja, cool! Was machst du denn hier?
Lerner*in: Das könnte ich dich auch fragen.
Diego: Oh, Entschuldigung. Ihr kennt euch nicht, oder? Das ist Jaque.
Lerner*in: Hallo Jaque.
Jaque: Hallo. (sagt etwas auf Portugiesisch)
Lerner*in: Was hat sie gesagt?
Diego: Sie hat gesagt, dass sie leider kein Deutsch versteht. Sie kommt aus Brasilien.
Lerner*in: Das ist ja interessant. Da möchte meine Freundin gerne mal studieren.
Diego: (sagt etwas auf Portugiesisch)
Jaque: (sagt etwas auf Portugiesisch)
Lerner*in: Habe ich richtig verstanden, dass das kein Problem ist?
Diego: Genau. In Brasilien gibt es viele tolle Unis.
Lerner*in: Kannst du sie mal fragen, welche sie empfehlen würde?
Diego: Ja, gerne, aber leider müssen wir schon gehen. Komm doch morgen mal vorbei. Dann haben wir mehr Zeit. (sagt etwas auf Portugiesisch)
Jaque: Ah, o.k. ja!
Lerner*in: Ja, gerne. Ich ruf dich an.
Diego: O.k., dann bis morgen!
Lerner*in: Tschüss!

Einheit 6: Weihnachten

Clip 1.11

Petra: Hey. Gut, dass es endlich mit unserem Treffen klappt – es gibt noch so viel zu besprechen für die Weihnachtsfeier.
Lerner*in: Ja, das stimmt! Was müssen wir machen?
Petra: Wir müssen uns z.B. dringend um die Einladung kümmern.
Lerner*in: Ja, das ist wichtig. Das sollten wir zuerst machen.
Petra: Das finde ich auch. Und Essen und Getränke brauchen wir auch noch. Wollen wir das Essen eigentlich wieder bestellen?
Lerner*in: Nein, das ist so teuer.
Petra: Hast du eine andere Idee?

Lerner*in: Ja, wir machen eine Liste und alle können notieren, was sie mitbringen.

Petra: Super! Aber die Getränke sollten wir einkaufen.

Lerner*in: Wollen wir auch noch ein paar Spiele für die Feier vorbereiten?

Petra: Ja, aber kannst du das machen? Du hast da bestimmt coolere Ideen – du bist immer so kreativ.

Lerner*in: Na klar, aber du kümmerst dich dann um die Dekoration, o.k.?

Petra: Klar, das mache ich gern. Schreiben wir die Einladung zusammen? Ich verschicke sie dann.

Lerner*in: Ja, gut. Und ich bereite die Liste für das Essen vor und schicke sie an alle.

Petra: … und du überlegst dir ein paar Spiele! Wenn wir fertig sind, gehen wir zusammen die Getränke ein paar Tage vorher einkaufen, ja?

Lerner*in: So machen wir das!

Petra: O.k., dann müssen wir jetzt nur noch die Einladung besprechen.

Plateau 2

Clip 1.12

Pepe: Hast du kurz Zeit?
Tarek: Ja.
Max: Hey!
Pepe: Hey! Es gibt Neuigkeiten! Wir haben einen Investor!
Max: Yes!
Tarek: Was? Einfach so?
Pepe: Nicht ganz. Er gibt uns vier Wochen Zeit. Das heißt, wir müssen den Lieferservice in einem Monat starten.
Tarek: In einem Monat? Wozu soll das denn gut sein?
Pepe: Na ja, er will sehen, dass wir es wirklich ernst meinen.
Max: Wir meinen es ernst! Deshalb brauchen wir auch mehr Zeit zum Planen und so. Das schaffen wir nie im Leben in vier Wochen!
Tarek: Wozu brauchen wir am meisten Zeit?
Max: Na ja, wir brauchen bestimmt viel Zeit zum Ausbauen der Küche. Das dauert mindestens drei bis vier Wochen – wenn es gut läuft.
Tarek: Außerdem brauchen wir noch … ein paar Wochen, um neues Personal einzustellen. Das geht auch nicht so einfach. Die müssen ja auch noch eingearbeitet werden.
Max: Und du? Was musst du noch machen?
Pepe: Ich erstelle die App und die Webseite und überarbeite den Businessplan. Aber das geht relativ schnell.
Max: Das wird stressig. Ich weiß nicht, ob wir das schaffen. Die Arbeit im Restaurant ist ja auch noch da. Wir können ja nicht einfach schließen.
Tarek: Können wir den Termin nicht verschieben?
Pepe: Nein. Und es gibt noch eine Bedingung …
Tarek: Auf gar keinen Fall!
Pepe: Aber wieso? Dadurch ist das Risiko für euch nicht so hoch.
Tarek: Pepe, ich weiß nicht, ob du uns richtig verstanden hast, aber es gibt kein Risiko mehr, weil es nämlich keinen Deal mehr gibt.
Max: Ich weiß auch nicht, ob das 'ne gute Idee ist. Der will für sein Geld 50 Prozent von unserem Geschäft haben! Das ist viel zu viel!
Tarek: Das war doch klar, dass der uns nicht einfach so viel Geld gibt.
Pepe: Nein, das war nicht klar. Und ich hätte nicht gedacht, dass er euer Geschäftspartner werden will und 50 Prozent fordert.
Tarek: Die bekommt er ganz sicher nicht, denn wir brauchen ihn nicht. Mir war die ganze Sache sowieso viel zu riskant!
Max: Tarek …
Tarek: Was denn? Mich wundert, dass du unser Restaurant größer machen willst. Bist du unzufrieden?
Max: Nein.
Pepe: Max? Was ist der Plan?
Max: Es tut mir leid, Pepe. Tarek hat recht. Es ist unser Restaurant. Wir wollen keinen Investor.

Clip 1.13

Lisa: Woher stammt Inges Familie? Was glaubt ihr? Na? Wer möchte es versuchen?
Schüler: Ich glaube, dass sie aus Deutschland kommt.
Inge: Ja … und nein. Der Ort, aus dem meine Familie kommt, liegt heute in Polen. Und als Deutschland den Krieg verloren hat, mussten meine Eltern unsere Heimat verlassen. Da war ich noch nicht geboren.
Schülerin: Gab es damals genauso viele Flüchtlinge wie heute?
Inge: Ha! Sogar mehr. Und die Menschen kamen in ein Land, in dem sehr viel kaputt war. Immerhin konnten sie die Sprache verstehen. Denn sie haben auch zu Hause Deutsch gesprochen. Das war sicher ein großer Vorteil. Da hat es deine Familie nicht so leicht.
Schüler: Ist das Ihre Familie?
Inge: Ja genau. Das ist meine Familie. Das kleine Mädchen bin ich. Das war für mich ein ganz besonderer Tag, weil ich das erste Mal mein neues Kleid anhatte. Es war etwas Besonderes. Meine Eltern hatten nicht sehr viel Geld damals.

VIDEOTEXTE

Lisa: Selma, du hast auch Fotos mitgebracht.
Selma: Ja. Also, die Fotos zeigen meine Heimatstadt in Syrien. Das ist die Straße, in der wir gewohnt haben.
Lisa: Wirklich schön. Wenn ich das sehe, denke ich sofort an Urlaub.
Selma: Ja, es gab viele Touristen, als noch Frieden war. Aber jetzt ist alles anders.
Schüler: Willst du wieder zurück? Denkst du oft an deine Heimat?
Selma: Ich denke sogar sehr oft an meine Heimat. Hier ist es auch schön, aber ich möchte gerne wieder zurück nach Hause. Aber im Moment ist das nicht möglich. Wir versuchen jetzt, hier ein neues Leben zu beginnen.
Lisa: Vielen Dank für die tollen Geschichten und die Fotos. Das war's auch schon wieder.
Schüler: Darf ich mit Ihnen und Selma noch ein Foto machen?
Inge: Klar.

Clip 1.14
Nico: Hi Yara!
Yara: Schau dir das Fahrrad an, Nico! Wunderschön, oder?
Nico: Na ja.
Yara: Als ich nach Deutschland gekommen bin, hatte ich auch so ein Fahrrad. Es ist leider irgendwann kaputtgegangen.
Nico: Ist das nicht auch kaputt?
Yara: Was? Nein!
Nico: Na ja, das Fahrrad sieht aus wie Schrott.
Jacques: Er weiß ja nicht, was er da sagt. Schrott!
Yara: Nein, das weiß er wirklich nicht.
Jacques: Als ich in deinem Alter war, hab' ich von diesem „Schrott" geträumt!
Yara: Nico, das ist Otto.
Nico: Hallo, ich bin Nico, der Neffe von Yara. Ich wollte nicht unhöflich sein.
Jacques: Ist schon gut.
Yara: Mach's gut, Otto. Und vielen Dank! Das Fahrrad bedeutet mir viel!
Jacques: Pass gut drauf auf!
Yara: Tschüss! ... Nico!
Nico: Stabil ist es nicht. Schrott!

Pepe: Hey!
Nico: Huhu!
Yara: Hey! Du kannst mal Nicos Bewerbung für die Schauspielschule lesen. Er will's jetzt doch versuchen.
Nico: Was? Wozu das denn?
Yara: Wozu? Du bist gut! Es ist wichtig, dass alles korrekt ist.
Pepe: Also! Name, Adresse, Telefonnummer, Geburtsdatum, Geburtsort, Nationalität: Spanier. Das ist so weit in Ordnung. Hm ... Schulausbildung ist hier ... Sprachkenntnisse, Computerkenntnisse – o.k., Interessen und Fähigkeiten ... Seit wann interessierst du dich denn für modernes Theater?
Pepe: Ich würd' vorschlagen, wir schauen uns mal dein Motivationsschreiben an.
Nico: Na los, fangen wir an.
Pepe: Also hier können wir auf jeden Fall noch 'n paar Formulierungen ändern. Hm ... Dein Motivationsschreiben muss überzeugender sein. Mach es persönlich. Warum willst du auf diese Schule und warum bist du der Richtige dafür? Du interessierst dich doch für das Studium, oder?
Nico: Klar! Danke, Pepe. Bis morgen.

WORTLISTE

Die alphabetische Wortliste enthält den Wortschatz der Einheiten. Zahlen, grammatische Begriffe sowie Namen von Personen, Städten und Ländern sind nicht in der Liste enthalten. Wörter, die nicht zum Zertifikatswortschatz gehören, sind kursiv ausgezeichnet..

Die Zahlen geben an, wo die Wörter das erste Mal vorkommen – 10/1b bedeutet zum Beispiel Seite 10, Aufgabe 1b.

Die . oder ein _ unter Buchstaben des Worts zeigen den Wortakzent:
a = ein kurzer Vokal; a = ein langer Vokal.

Bei den Verben ist immer der Infinitiv aufgenommen. Bei Nomen finden Sie immer den Artikel und die Pluralform.
(Sg.) = Dieses Wort gibt es (meistens) nur im Singular.
(Pl.) = Dieses Wort gibt es (meistens) nur im Plural.

A

	abbrechen, er bricht ab, er hat abgebrochen	15/4b
das	Abenteuer, die Abenteuer	11/2b
	abenteuerlich	28/1a
die	Abenteuerlust (Sg.)	76/3a
	abhängen (von), es hängt ab (von), es hat abgehangen (von)	190/2c
	abonnieren, er abonniert, er hat abonniert	176/2b
	abräumen, er räumt ab, er hat abgeräumt	90/2a
	abreisen, er reist ab, er ist abgereist	63/4
	abschließen, er schließt ab, er hat abgeschlossen	124
die	Absicht, die Absichten	129/2a
der	Abwasch (Sg.)	90/2a
	abwechslungsreich	60
	abwesend	128/2b
	abwischen, er wischt ab, er hat abgewischt	176/2b
der	Advent, die Advente	90/1a
die	*Adventszeit, die Adventszeiten*	90/1a
	ahnen, er ahnt, er hat geahnt	111
das	Akkordeon, die Akkordeons	77/5a
	alkoholfrei	141/6b
	allerbester, allerbeste, allerbestes	88
	allerdings	133/9b
das	Alltagsproblem, die Alltagsprobleme	140/2a
die	*Almhütte, die Almhütten*	62/1a
die	*Alufolie, die Alufolien*	176/2b
der	*Amateurfußball (Sg.)*	40/2a
die	Analyse, die Analysen	126/1b
	anerkennen, er erkennt an, er hat anerkannt	61
die	Angst, die Ängste	138
	anhören, er hört an, er hat angehört	188
	anmachen, er macht an, er hat angemacht	20/9a
	anregen, er regt an, er hat angeregt	92/2a
	ansprechen, er spricht an, er hat angesprochen	125
	anstrengen (sich), er strengt sich an, er hat sich angestrengt	71/11
	anwendbar	176/1b
	anzünden, er zündet an, er hat angezündet	90/1a
das	Apfelmus, die Apfelmuse	89/5
der/die	Apotheker/in, die Apotheker / die Apothekerinnen	174/1b
	applaudieren, er applaudiert, er hat applaudiert	25/4a
der	Applaus, die Applause	27/4b
der/die	Arbeitgeber/in, die Arbeitgeber / die Arbeitgeberinnen	124
	arbeitsfrei	141/6b
der/die	Arbeitskollege/Arbeitskollegin, die Arbeitskollegen / die Arbeitskolleginnen	160/6
die	Arbeitslosigkeit, die Arbeitslosigkeiten	115/5c
der	Arbeitsmarkt, die Arbeitsmärkte	125
die	Arbeitsstelle, die Arbeitsstellen	124
die	Architektur, die Architekturen	15/4a
der	Ärger (Sg.)	129/1
die	Armut (Sg.)	78/1a
die	Art, die Arten	93/6a
	auf der einen Seite... auf der anderen Seite	92/2c
der	Aufbau (Sg.)	179/4b
	auffallen, er fällt auf, er ist aufgefallen	174/1b
	auffangen, er fängt auf, er hat aufgefangen	143/7b
die	Auffassung, die Auffassungen	42/1c
	auffordern, er fordert auf, er hat aufgefordert	15/5c
	aufgeben, er gibt auf, er hat aufgegeben	138
	aufgießen, er gießt auf, er hat aufgegossen	162/1b
die	Auflage, die Auflagen	112/1c

160 einhundertsechzig

WORTLISTE

	aufmerksam	129/3a
die	Aufnahmeprüfung, die Aufnahmeprüfungen	12/1b
	aufregen (sich), er regt sich auf, er hat sich aufgeregt	129/1b
die	Aufregung, die Aufregungen	84/11a
der	Auftritt, die Auftritte	24
	ausfallen	114/4a
das	Auslandssemester, die Auslandssemester	13/3b
das	Außenohr, die Außenohren	143/5b
der	Austausch, die Austausche	10
das	Auswanderermuseum, die Auswanderermuseen	78/1a
	auswandern, er wandert aus, er ist ausgewandert	75/6
die	Auswanderung, die Auswanderungen	74
der/die	Auszubildende, die Auszubildenden	10
	autofrei	141/6b
	automatisch	13/4c
	automatisiert	189/4b

B

das	Baby, die Babys	120/9c
der/die	Bäckereifachverkäufer/in, die Bäckereifachverkäufer / die Bäckereifachverkäuferinnen	11
der/die	Barista, die Baristas	161
	barrierefrei	138
die	Barrierefreiheit (Sg.)	140/2a
	basteln, er bastelt, er hat gebastelt	90/1b
die	Bastelschere, die Bastelscheren	192/2
das	Baumhaus, die Baumhäuser	62/1a
der	Baumwollstoff, die Baumwollstoffe	174/1b
	beauftragen, er beauftragt, er hat beauftragt	174/1b
der	Bedarf, die Bedarfe	125
	bedienen, er bedient, er hat bedient	25/1c
	befestigen, er befestigt, er hat befestigt	143/7c
	befinden (sich), er befindet sich, er hat sich befunden	63/2
	begeben (sich), er begibt sich, er hat sich begeben	24
	begegnen, er begegnet, er hat begegnet	113/3a
der	Beginn (Sg.)	75
	behandeln, er behandelt, er hat behandelt	38
die	Behinderung, die Behinderungen	138
	beispielsweise	76/3b
die	Bekleidungsfirma, die Bekleidungsfirmen	139/3a
der/die	Beleuchter/in, die Beleuchter / die Beleuchterinnen	25/1c
die	Beleuchtung, die Beleuchtungen	25/1c
	bemerken, er bemerkt, er hat bemerkt	25/1c
das	Benzin, die Benzine	188
die	Beobachtung, die Beobachtungen	126/1b
die	Beratungsstelle, die Beratungsstellen	76/3b
der	Bereich, die Bereiche	10
der/die	Bergbauer/Bergbäuerin, die Bergbauern / die Bergbäuerinnen	64/1c
	bergig	60
	berlinerisch	28/2c
der	Berufsalltag (Sg.)	64/1c
der/die	Berufseinsteiger/in, die Berufseinsteiger / die Berufseinsteigerinnen	125
der/die	Berufsschullehrer/in, die Berufsschullehrer / die Berufsschullehrerinnen	11/2b
	berühren, er berührt, er hat berührt	164/2a
der/die	Beschäftigte, die Beschäftigten	126/1b
der/die	Beschenkte, die Beschenkten / die Beschenkten	91/4b
	beschließen, er beschließt, er hat beschlossen	113/3a
der	Besen, die Besen	57/2b
	besetzen, er besetzt, er hat besetzt	164/2a
die	Besonderheit, die Besonderheiten	114/1a
	besorgen, er besorgt, er hat besorgt	90/1b
die	Besprechung, die Besprechungen	26/1a
die	Beständigkeit, die Beständigkeiten	93/6b
das	Beste (Sg.)	60
	bestimmen, er bestimmt, er hat bestimmt	179/3a
der	Besuchsdienst, die Besuchsdienste	39
	beteiligt	25
die	Bevölkerung, die Bevölkerungen	142/1a
	bewältigen, er bewältigt, er hat bewältigt	138
der/die	Bewerber/in, die Bewerber / die Bewerberinnen	125
das	Bewerbungsgespräch, die Bewerbungsgespräche	127/3b
	bewerten, er bewertet, er hat bewertet	61
die	Bezahlung, die Bezahlungen	38
	bezeichnen, er bezeichnet, er hat bezeichnet	100/17a
der	Bildschirm, die Bildschirme	189

einhunderteinundsechzig **161**

WORTLISTE

die	**Billion**, die Billionen	174/1b
	biologisch	163/2a
die	**Biosphäre**, die Biosphären	61
das	**Biosphärenreservat**, die Biosphärenreservate	60
der	**Bischof**, die Bischöfe	111
	bitter	160/5b
der	**Blick**, die Blicke	25
der	**Bord**, die Borde	78/1a
	böse	114/1a
die	**Branche**, die Branchen	125
die	**Bratwurst**, die Bratwürste	88
der	**Brauch**, die Bräuche	111/3a
	brauen, er braut, er hat gebraut	31/4a
	brennen, es brennt, es hat gebrannt	90/1a
das	**Brett**, die Bretter (Pl.)	24
die	**Brücke**, die Brücken	206/1i
	brühen, er brüht, er hat gebrüht	161
das	**Bühnenbild**, die Bühnenbilder	24
der/die	**Bühnenhandwerker/in**, die Bühnenhandwerker / die Bühnenhandwerkerinnen	24
der/die	**Bühnenmaler/in**, die Bühnenmaler / die Bühnenmalerinnen	24
der	**Bundesstaat**, die Bundesstaaten	93/6c
die	**Burg**, die Burgen	60
die	**Bürgerinitiative**, die Bürgerinitiativen	42/1a

C

die	**Chance**, die Chancen	11/2b
	charmant	108/3a
der/die	**Chefdramaturg/in**, die Chefdramaturge / die Chefdramaturginnen	26/1a
das	**Christkind**, die Christkinder	90/1a
der	**Coffeeshop**, die Coffeeshops	161
	Corona	112/1c
das	**Couchsurfing** (Sg.)	62/1a
der	**Cup**, die Cups	41/3a

D

	da sein (für jmnd.), er ist für jmnd. da, er war für jmnd. da	39
der	**Dachboden**, die Dachböden	75
	darin	192/1e
der	**Darm**, die Därme	111
	darum	11/3
	das Eis brechen	15/3
der	**Daumen**, die Daumen	41/3b
	davon	192/1e
	dazukommen, er kommt dazu, er ist dazugekommen	127/3b
der	**Deal**, die Deals	106/1d
	definitiv	125/4b
	demonstrieren (gegen), er demonstriert (gegen), er hat demonstriert (gegen)	42/1a
das	**Denkmal**, die Denkmäler/Denkmale	110
	deswegen	43/3b
	deutlich	93/7
	dicht	60
die	die **Röntgenstrahlen** (Pl.)	175
der	**Diesel**, die Diesel	188
der	**Dieselmotor**, die Dieselmotoren	188
	Dingenskirchen	28/2a
der	**Direktflug**, die Direktflüge	78/1a
die	**Diskussionsrunde**, die Diskussionsrunden	43/2a
die	**Disziplin**, die Disziplinen	138
	divers	191/5d
der	**Döner**, die Döner	174/1b
	doppelt	11/2b
	drahtlos	188
	drehen, er dreht, er hat gedreht	190/1
	drüben	14/1b
der	**Duft**, die Düfte	88
die	**Dunkelheit** (Sg.)	79/4a
	durchführen, er führt durch, er hat durchgeführt	41/3b

E

	ebenfalls	188
die	**Ecke**, die Ecken	97/7a
	ehemalig	159
	ehren, er ehrt, er hat geehrt	38
das	**Ehrenamt**, die Ehrenämter	38
	ehrenamtlich	39/1a
der	**Eierpunsch**, die Eierpunsche	89/5
	eilig	190/2c
der	**Eindruck**, die Eindrücke	111/1
	einerseits... andererseits	92/2c
	einfrieren, er friert ein, er hat/ ist eingefroren	177/4b
die	**Eingangstür**, die Eingangstüren	140/2b
	einheitlich	113/3a
der	**Einklang**, die Einklänge	61
der	**Einsatz**, die Einsätze	38
der	**Einsendeschluss**, die Einsendeschlüsse	206/1i
	einsetzen (sich) (für), er setzt sich ein (für), er hat sich eingesetzt (für)	38
die	**Einstellung**, die Einstellungen	174
	einteilen, er teilt ein, er hat eingeteilt	125
der	**Eintrittspreis**, die Eintrittspreise	78/1a

der	Einwegbecher, die Einwegbecher	162/1b
	einzigartig	100/17a
das	Eisfach, die Eisfächer	177/4b
der	Eisklump, die Eisklumpe/Eisklümpe	174/1b
der	Elefant, die Elefanten	191/5d
das	Elektroauto/E-Auto, die Elektroautos / E-Autos	188
die	Elektronenstrahlen (Pl.)	174/1b
die	Elektrotechnik (Sg.)	124
die	E-Mobilität (Sg.)	124
	enden, es endet, es hat geendet	26/1a
das	Engagement, die Engagements	38
	engagieren (sich) (für), er engagiert sich, er hat sich engagiert	41/4a
der	Engel, die Engel	92/1a
das	Engelchen, die Engelchen	92/1a
	entfernt	28/2c
die	Entfernung, die Entfernungen	143/7a
der	Entscheidungsfaktor, die Entscheidungsfaktoren	62/1b
	entsorgen, er entsorgt, er hat entsorgt	162/1b
	entweder ... oder ...	128/2a
	entwerfen, er entwirft, er hat entworfen	24
die	Entwicklung, die Entwicklungen	124
	erben, er erbt, er hat geerbt	106/1g
der	Erdbeerkuchen, die Erdbeerkuchen	129/4
der/die	Erfinder/in, die Erfinder / die Erfinderinnen	162/1b
die	Erfindung, die Erfindungen	174
	erfreuen (sich), er erfreut sich, er hat sich erfreut	93/6b
	erfüllen, er erfüllt, er hat erfüllt	164/2a
das	Ergebnisprotokoll, die Ergebnisprotokolle	128/2b
	erhalten, er erhält, er hat erhalten	38
	erholsam	62/1b
das	Erholungsgebiet, die Erholungsgebiete	42/1c
die	Erholungskur, die Erholungskuren	111
die	Erinnerung, die Erinnerungen	92/2a
die	Erkenntnis, die Erkenntnisse	62/1b
	erlebnisreich	114/1a
	erleichtern, es erleichtert, es hat erleichtert	176/1b
die	Ernte, die Ernten	162/1b
	ernten, er erntet, er hat geerntet	162/1b
	eröffnen, er eröffnet, er hat eröffnet	164/2a
die	Eröffnung, die Eröffnungen	25
	erreichbar	125/4b
der	Ersatzschlüssel, die Ersatzschlüssel	192/1c
	erstaunlich	188
die	Erwartung, die Erwartungen	11/2b
der/die	Erzieher/in, die Erzieher / die Erzieherinnen	39/1a
die	Europäische Union (Sg.)	10
	eventuell	193/3b
das	Examen, die Examen/Examina	113/3a
die	Existenz, die Existenzen	75
	exklusiv	92/2a
	experimentieren, er experimentiert, er hat experimentiert	174/1b
der	Exportschlager, die Exportschlager	88

F

die	Fachkraft, die Fachkräfte	125
die	Fahrraddemo, die Fahrraddemos	42/1a
die	Fahrtdauer, die Fahrtdauern	28/5a
das	Fahrzeug, die Fahrzeuge	188
	fair	162/1b
	falten, er faltet, er hat gefaltet	97/7a
	familienfreundlich	63/3a
das	Farbfoto, die Farbfotos	113/5a
	faszinierend	11/4a
	fegen, er fegt, er hat gefegt	57/2b
der	Feierabend, die Feierabende	64/1c
die	Feierstunde, die Feierstunden	39/3a
das	Ferienlager, die Ferienlager	39/4a
die	Ferne (Sg.)	60
das	Festspiel, die Festspiele	111
das	Festtagslied, die Festtagslieder	93/7
	fettig	179/6a
die	FFP2-Maske, die FFP2-Masken	114/1b
die	Filiale, die Filialen	11/2b
der	Filterkaffee, die Filterkaffees	160
	finanziell	10
das	Fitnessstudio, die Fitnessstudios	40/1b
	flach	60
	fleißig	25
die	Flexibilität (Sg.)	126/1b
	fließend	63/2
	flirten, er flirtet, er hat geflirtet	11/4a
das	Flügelchen, die Flügelchen	92/2a
die	Flusslandschaft, die Flusslandschaften	61/5
der	Föhn, die Föhne	179/6a
die	Folie, die Folien	178/2a
	fördern, er fördert, er hat gefördert	10
die	Förderung, die Förderungen	10
die	Formalität, die Formalitäten	76/3b
	formen, er formt, er hat geformt	176/2b
das	Formular, die Formulare	190/2c
die	Forschung, die Forschungen	124

WORTLISTE

das	Forschungsprojekt, die Forschungsprojekte	191/5b
die	Fortbildung, die Fortbildungen	40/2a
das	Fotomotiv, die Fotomotive	113/3a
die	Fotoplatte, die Fotoplatten	174/1b
	frech	77/5a
der/die	Freiwillige, die Freiwilligen / die Freiwilligen	64/1c
die	Freude, die Freuden	38
der	Freundeskreis, die Freundeskreise	92/2a
die	Freundlichkeit, die Freundlichkeiten	113/3a
der	Friedhof, die Friedhöfe	113/3a
	frieren, er friert, er hat/ist gefroren	174/1b
	frisieren, er frisiert, er hat frisiert	24
die	Frisur, die Frisuren	25/1c
der	Früchtepunsch, die Früchtepunsche	89/5
der	Früchtetee, die Früchtetees	89/5
das	Frühstücksbuffet, die Frühstücksbuffets	62/1b
das	Fünkchen, die Fünkchen	Ü31/4a
	für etwas sein, er ist für, er war für	43/2b
	füreinander	38
der	Fußabdruck, die Fußabdrücke	60
der	Fußballclub, die Fußballclubs	40/2a
der	Fußballplatz, die Fußballplätze	40/2a

G

die	Galle, die Gallen	111
der	Gartenhandschuh, die Gartenhandschuhe	90/1c
die	Gasse, die Gassen	61/4b
die	Gastfamilie, die Gastfamilien	11/2b
der/die	Gastgeber/in, die Gastgeber / die Gastgeberinnen	14/2b
	gebrauchen, er gebraucht, er hat gebraucht	192/2
	gegen etwas sein, er ist gegen, er war gegen	43/2b
das	Gegenargument, die Gegenargumente	93/7
die	Gegenwart (Sg.)	111/2
das	Gehalt, die Gehälter	124
das	Gehirn, die Gehirne	143/5b
das	Gehörknöchelchen, die Gehörknöchelchen	143/5b
	gehörlos	143/5b
der	Gehweg, die Gehwege	140/2a
die	Gemeinschaft, die Gemeinschaften	40/2a
das	Geräusch, die Geräusche	176/2b
	gerecht	162/1b
der	Gesang, die Gesänge	114/1a
die	Geschäftsreise, die Geschäftsreisen	62/1c
der/die	Geschäftsreisende, die Geschäftsreisenden	62/1b
der	Geschäftstermin, die Geschäftstermine	78/1a
	geschehen, er geschieht, er ist geschehen	191/5b
der	Geschmack, die Geschmäcke	92/3
die	Geschmackssache (Sg.)	92/2a
der	Geschwindigkeitsrekord, die Geschwindigkeitsrekorde	188
die	Gesellschaft, die Gesellschaften	38
das	Gesellschaftsspiel, die Gesellschaftsspiele	91/4b
das	Gesicht, die Gesichter	25/2a
	gespannt	25
der	Gewinn (Sg.)	164/2a
das	Gewürz, die Gewürze	89/5
die	Glaskanne, die Glaskannen	162/1b
der	Glasreiniger, die Glasreiniger	57/2b
	gleichzeitig	28/3a
das	Glöckchen, die Glöckchen	88
der	Glockenturm, die Glockentürme	111
das	Glücksgefühl, die Glücksgefühle	160
der	Glühwein, die Glühweine	88
das	Gold (Sg.)	179/5b
der/die	Goldgräber/in, die Goldgräber / die Goldgräberinnen	174/1b
die	Goldmedaille, die Goldmedaillen	138
das	Grab, die Gräber	113/3a
das	Graffiti, die Graffitis	92/3
das	Gras, die Gräser	79/4a
	gratis	164/2a
	greifen, er greift, er hat gegriffen	31/4a
die	Grenze, die Grenzen	139
die	Großtante, die Großtanten	28/2a
das	Grün (Sg.)	60
die	Gründung, die Gründungen	106/1g
	gucken, er guckt, er hat geguckt	114/1a
das	Gute (Sg.)	60

H

die	Hafermilch, die Hafermilche[n]	161
das	Häkchen, die Häkchen	174/1b
	halten (von), er hält (von), er hat gehalten (von)	162/1c
der	Hammer, die Hämmer	176/1a
das	Handbike, die Handbikes	138
die	Handlung, die Handlungen	28/3a
die	Handschrift, die Handschriften	75
das	Handwerk, die Handwerke	125
der	Handyempfang, die Handyempfänge	63/4
	hässlich	92/1

das	Hauptgeschäft, die Hauptgeschäfte	11/2b
die	Hauptrolle, die Hauptrollen	24
	hauptsächlich	125
das	Hausboot, die Hausboote	62/1a
	hausgemacht	164/2a
der/die	Hauslehrer/in, die Hauslehrer / die Hauslehrerinnen	113/3a
der	Hausmüll (Sg.)	162/1b
	heben, er hebt, er hat gehoben	160
das	Heimatgefühl, die Heimatgefühle	79/5b
die	Heiterkeit, die Heiterkeiten	114/1a
	herausnehmen, er nimmt heraus, er hat herausgenommen	140/1a
	heraussuchen, er sucht heraus, er hat herausgesucht	61/1
	hereinkommen, er kommt herein, er ist hereingekommen	25/2a
der/die	Herrscher/in, die Herrscher / die Herrscherinnen	189
	herunterdrücken, er drückt herunter, er hat heruntergedrückt	162/1b
die	Heuernte, die Heuernten	64/1c
	hilfsbereit	158/3c
der	Himmel, die Himmel	85/14c
	hinten	93/7
	hinunter	111/5a
	hinzufügen, er fügt hinzu, er hat hinzugefügt	42/1c
	hip	160/3b
	historisch	60
die	Hochschule, die Hochschulen	10
der	Hochschulinformationstag, die Hochschulinformationstage	12/3a
der	Hochzeitstag, die Hochzeitstage	62/2
die	Hoffnung, die Hoffnungen	79/7b
die	Holzfigur, die Holzfiguren	92/3
das	Holzfigürchen, die Holzfigürchen	88
der/die	Hörakustiker/in, die Hörakustiker / die Hörakustikerinnen	138
das	Hörproblem, die Hörprobleme	142/1b
die	Hörschnecke, die Hörschnecken	143/5b
der	Hörtest, die Hörtests	142/1b
die	Hotelbranche, die Hotelbranchen	62/1b
	hügelig	60
	husten, er hustet, er hat gehustet	25
die	Hymne, die Hymnen	93/6c

I

	idyllisch	61/4a
	ignorieren, er ignoriert, er hat ignoriert	129/4
	im Gegensatz zu ...	43/2a
	immergrün	93/6a
	immerhin	76/3a
der	Impfpass, die Impfpässe	164/2a
	in die Hose gehen	174
	in Gang halten	15/4a
die	Industrie, die Industrien	189/4b
der/die	Influencer/in, die Influencer / die Influencerinnen	128/2a
der	Infoabend, die Infoabende	43/2a
	informativ	113/5a
die	Infrastruktur, die Infrastrukturen	126/1b
	inhaltlich	26/1c
die	Inklusion, die Inklusionen	138
	inklusiv	138
das	Inland (Sg.)	126/1b
das	Innenohr, die Innenohren	143/5b
	innovativ	92/2a
	integrieren, er integriert, er hat integriert	39/4a
	interaktiv	78/1a
	interkulturell	126/1b
	investieren, er investiert, er hat investiert	174
der/die	Investor/Investorin, die Investoren / die Investorinnen	106/1d
	inzwischen	164/2a
	irgendwann	14/1c
	irgendwas	12/1a
	irgendwer	14/1b
	irgendwie	28/2a
	irgendwoher	15/4a
der	Irrtum, die Irrtümer	31/4a
	je ... desto ...	140/3

J

das	Jobticket, die Jobtickets	126/1b
	Jottwehdeh	28/2a
der	Journalismus (Sg.)	12/1b
das	Judo (Sg.)	40/1b
die	Jugend (Sg.)	164/2a
der/die	Junior/Juniorin, die Junioren / die Juniorinnen	40/2a

K

die	Kaffeebohne, die Kaffeebohnen	160
der/die	Kaffeegenießer/in, die Kaffeegenießer / Kaffeegenießerinnen	161
der	Kaffeegenuss, die Kaffeegenüsse	162/1
der/die	Kaffeehersteller/in, die Kaffeehersteller / die Kaffeeherstellerinnen	163/2a

WORTLISTE

der	Kaffeekonsum (Sg.)	162/1b
das	Kaffeepulver, die Kaffeepulver	160/2
der	Kaffeesatz, die Kaffeesätze	162/1b
der	Kahn, die Kähne	61
	kaltstellen, er stellt kalt, er hat kaltgestellt	91/3
der	Kampf, die Kämpfe	125
	kämpfen (für), er kämpft (für), er hat gekämpft (für)	42/1a
die	Kapsel, die Kapseln	162/1b
die	Kapselmaschine, die Kapselmaschinen	162/1b
der	Kartoffelpuffer, die Kartoffelpuffer	89/5
die	Kartoffelstärke, die Kartoffelstärken	176/2b
der	Käsekuchen, die Käsekuchen	129/4
die	Kerze, die Kerzen	88
	kilometerweit	61/4a
die	Kinderarbeit, die Kinderarbeiten	162/1b
die	Kindheit (Sg.)	39
die	Kirche, die Kirchen	60
die	Kita, die Kitas	39/1a
der	Kitsch (Sg.)	92/2a
	kitschig	92/2a
der	Klang, die Klänge	88
die	Klarheit, die Klarheiten	31/4a
die	Klassenfahrt, die Klassenfahrten	192/1c
	klatschen, er klatscht, er hat geklatscht	143/7a
	kleben, er klebt, er hat geklebt	97/7a
der	Klebestift, die Klebestifte	97/7a
der	Klebstoff, die Klebstoffe	174/1b
der/die	Kleinbauer/in, die Kleinbauern / die Kleinbäuerinnen	162/1b
die	Klette, die Kletten	177/4b
der	Klettverschluss, die Klettverschlüsse	174/1b
die	Klimaerwärmung (Sg.)	64/1c
	klimafreundlich	60
die	Klimakrise, die Klimakrisen	71/11
die	Klugheit, die Klugheiten	113/3a
	knapp	204
	kneten, er knetet, er hat geknetet	96/5b
das	Koffein (Sg.)	160
die	Kokosnuss, die Kokosnüsse	176/1a
das	Komitee, die Komitees	139/3a
	kommend	42/1c
die	Kommunikationsfähigkeit, die Kommunikationsfähigkeiten	126/1b
der/die	Konditor/Konditorin, die Konditoren / die Konditorinnen	108/3a
die	Konditorei, die Konditoreien	108/3a
der	Konflikt, die Konflikte	124
	konkret	191/5b
die	Konsequenz, die Konsequenzen	139
	konstruieren, er konstruiert, er hat konstruiert	11/2b
der	Kontinent, die Kontinente	60
	kontinental	63/2
die	Kooperation, die Kooperationen	10
die	Körpersprache, die Körpersprachen	15/4c
die	Kosmetik (Sg.)	91/4b
	kostenfrei	141/6b
das	Kostüm, die Kostüme	24
der/die	Kostümbildner/in, die Kostümbildner / die Kostümbildnerinnen	24
die	Kraft, die Kräfte	79/6a
	kreieren, er kreiert, er hat kreiert	174/1b
der	Krimskrams (Sg.)	192/1c
	kritisieren, er kritisiert, er hat kritisiert	140/2b
die	Kugel, die Kugeln	89/6a
die	Kulisse, die Kulissen	24
der	Kult, die Kulte	160/3
der/die	Kulturliebhaber/in, die Kulturliebhaber / die Kulturliebhaberinnen	60
	kündigen, er kündigt, er hat gekündigt	164/2a
die	Kunstausstellung, die Kunstausstellungen	178/1
das	Kunstwort, die Kunstwörter	174/1b
die	Kupferniete, die Kupfernieten	174/1b
das	Kurhaus, die Kurhäuser	110
der	Kurpark, die Kurparks	110
der	Kurzurlaub, die Kurzurlaube	65/6
die	Küste, die Küsten	61/5

L

das	Lampenfieber (Sg.)	24
	landen, er landet, er ist gelandet	162/1b
die	Landschaft, die Landschaften	60
das	Landschaftsgemälde, die Landschaftsgemälde	92/3
die	Landung, die Landungen	191/5d
das	Laufband, die Laufbänder	189
	lautlos	61/4b
die	Lebenslinie, die Lebenslinien	75
die	Lebensmittelfarbe, die Lebensmittelfarben	89/5
die	Lebensqualität, die Lebensqualitäten	140/2b
der	Lebensraum, die Lebensräume	61
die	Leber, die Lebern	111
der	Lebkuchen, die Lebkuchen	88
die	Lehre, die Lehren	10
	lehren, er lehrt, er hat gelehrt	93/6b

WORTLISTE

der/die	Lehrende, die Lehrenden	10
die	Lehrkraft, die Lehrkräfte	10
die	Leistung, die Leistungen	126/1b
	leuchten, er leuchtet, er hat geleuchtet	174/1b
die	Lichtfigur, die Lichtfiguren	92/1a
der	Liebesapfel, die Liebesäpfel	89/5
die	Lieferung, die Lieferungen	179/5b
der	Lifehack, die Lifehacks	176/1a
die	Lizenz, die Lizenzen	40/2a
	loben, er lobt, er hat gelobt	38
der	Lockdown, die Lockdowns	112/1c
	locker	11/4a
der	Lohn, die Löhne	163/2a
	lohnen (sich), es lohnt sich, es hat sich gelohnt	61/4b
	losgehen, er geht los, er ist losgegangen	176/2b
	löslich	160/2
der	Luftballon, die Luftballons	150/18b
die	Lüge, die Lügen	208/3f

M

das	Mädel, die Mädels	41/3b
der	Magen, die Mägen	111
die	Magie (Sg.)	88
	mahlen, er mahlt, er hat gemahlt	160
die	Mahlzeit, die Mahlzeiten	78/1a
die	Mandel, die Mandeln	88
	männlich	191/5d
die	Marke, die Marken	126/1b
das	Marketingkonzept, die Marketingkonzepte	127/3b
der	Markttrend, die Markttrends	126/1b
die	Maske, die Masken	24
der/die	Maskenbildner/in, die Maskenbildner / die Maskenbildnerinnen	24
der	Master, die Master	12/3a
die	Masterarbeit, die Masterarbeiten	133/9b
die	Mediengeschichte (Sg.)	12/3a
das	Medienrecht, die Medienrechte	12/3a
das	Mehl, die Mehle	89/5
	mehrmals	160/6
der	Mehrwegbecher, die Mehrwegbecher	162/1b
der/die	Meister/in, die Meister / Meisterinnen	41/6
die	Meisterschaft, die Meisterschaften	40/2a
	melancholisch	54/2a
die	Menge, die Mengen	11/2b
	menschenleer	28/2c
	menschlich	40/2a

der/die	Mentor/Mentorin, die Mentoren / die Mentorinnen	39/4a
	mietfrei	106/1g
der	Milchschaum, die Milchschäume	161
die	Minibar, die Minibars	62/1b
die	Mischung, die Mischungen	11/4a
das	Missverständnis, die Missverständnisse	129/3a
	mitarbeiten, er arbeitet mit, er hat mitgearbeitet	26/1c
der/die	Mitbürger/in, die Mitbürger / die Mitbürgerinnen	39/3a
	miterleben, er erlebt mit, er hat miterlebt	111
die	Mitmach-Aktion, die Mitmach-Aktionen	114/1a
	mitspielen, er spielt mit, er hat mitgespielt	41/3b
das	Mittel, die Mittel	176/1b
	mittelgroß	111
das	Mittelohr, die Mittelohren	143/5b
der	Mittelpunkt, die Mittelpunkte	15/5c
die	Möbelmanufaktur, die Möbelmanufakturen	124
	möglicherweise	189/4b
	monatlich	10
der	Mönch, die Mönche	110
das	Monoski (Sg.)	139/3a
	montags	39/1a
das	Moped, die Mopeds	56/1e
die	Motivation, die Motivationen	142/1b
das	Motivationsschreiben, die Motivationsschreiben	108/3g
	motiviert	124
der	Motor, die Motoren	56/1e
die	Mücke, die Mücken	62/1a
der	Mückenstich, die Mückenstiche	65/2a
die	Mühe, die Mühen	174
die	Mülltonne, die Mülltonnen	58/3b
die	Mülltüte, die Mülltüten	58/3b
der	Mund, die Münder	114/4a
der	Mund-Nasen-Schutz (Sg.)	114/1a
das	Musical, die Musicals	111
die	Musikkassette, die Musikkassetten	192/1c
das	Muss (Sg.)	160

N

	nachdem	127/4a
	nachdenklich	54/2a
die	Nachfrage, die Nachfragen	43/2c
die	Nachhaltigkeit (Sg.)	162/1b

WORTLISTE

der	**Nachhilfeunterricht,** die Nachhilfeunterrichte	39/1a
	nachschlagen, er schlägt nach, er hat nachgeschlagen	112/1c
der	**Nachttisch,** die Nachttische	192/1c
die	**Nadel,** die Nadeln	93/6a
die	**Naht,** die Nähte	174/1b
	naschen, er nascht, er hat genascht	88
die	**Nationalität,** die Nationalitäten	28/1a
das	**Naturparadies,** die Naturparadiese	61/5
der	**Naturschutz** (Sg.)	39/3a
der	**Naturschutzbund** (Sg.)	38
	nebeneinander	143/7c
	nervös	24
das	**Netzwerk,** die Netzwerke	125
der	**Neuanfang,** die Neuanfänge	76/3a
der	**Neubau,** die Neubauten	42/1c
das	**Neubaugebiet,** die Neubaugebiete	42/1c
	neugierig	88
die	**Neuigkeit,** die Neuigkeiten	106/1d
das	**Nichtraucherzimmer,** die Nichtraucherzimmer	62/1b
die	**Nietenhose,** die Nietenhosen	174/1b
	nirgends	24
	nötig	141/5b
	notwendig	219
	nützlich	174

O

	obwohl	60
die	**Öffentlichkeitsarbeit** (Sg.)	26/1a
der	**Ohrring,** die Ohrringe	192/1c
	ökologisch	11/2b
	ökonomisch	11/2b
das	**Olivenöl,** die Olivenöle	177/4d
die	**Online-Bewertung,** die Online-Bewertungen	63/4
die	**Orangenschale,** die Orangenschalen	89/5
die	**Orientierung,** die Orientierungen	143/7b
	original	88
	originell	92/2a

P

die	**Palme,** die Palmen	115/7a
die	**Pampa** (Sg.)	28/2a
die	**Pandemie,** die Pandemien	112/1c
der	**Papierfilter,** die Papierfilter	162/1b
	paralympisch	138
das	**Patent,** die Patente	174/1b
der/die	**Pendler/in,** die Pendler / die Pendlerinnen	140/2b
die	**Pension,** die Pensionen	63/2
	perfektionieren, er perfektioniert, er hat perfektioniert	174/1b
das	**Personal** (Sg.)	62/1b
die	**Personalabteilung,** die Personalabteilungen	124
die	**Persönlichkeit,** die Persönlichkeiten	113/3c
	pflanzen, er pflanzt, er hat gepflanzt	162/1b
die	**Phantasie** (Fantasie), die Phantasien (die Fantasien)	24
der/die	**Philosoph/in,** die Philosophen / die Philosophinnen	10
die	**Physik** (Sg.)	191/5d
das	**Platt** (Sg.)	111/4
das	**Plätzchen,** die Plätzchen	90/1b
	Pleiten, Pech und Pannen	174
das	**Plus,** die Plus	124
die	**Poesie,** die Poesien	115/7b
	politisch	221
das	**Porzellan,** die Porzellane	174/1b
der/das	**Poster,** die Poster / Posters	141/7a
die	**Praxis** (Sg.)	11/4a
der/die	**Preisträger/in,** die Preisträger / die Preisträgerinnen	39/3a
	proben, er probt, er hat geprobt	25
	problemlos	125
die	**Produktion,** die Produktionen	25
der/die	**Produktmanager/in,** die Produktmanager / die Produktmanagerinnen	126/1b
	produzieren, er produziert, er hat produziert	92/2a
die	**Prognose,** die Prognosen	188
	programmierbar	179/5b
die	**Programmierung,** die Programmierungen	179/5b
der	**Projekttag,** die Projekttage	141/4a
	protestieren (gegen), er protestiert (gegen), er hat protestiert (gegen)	42/1a
das	**Protokoll,** die Protokolle	124
das	**Publikum,** die Publika	25
der	**Pulli** (Abk. von der Pullover), die Pullis	91/4b
der	**Punsch,** die Punsche	89/6a
die	**Puppe,** die Puppen	91/4b
die	**Pyramide,** die Pyramiden	88

Q

die	**Qualifikation,** die Qualifikationen	126/1b
	qualifiziert	125
die	**Quelle,** die Quellen	91/4b
	quietschen, er quietscht, er hat gequietscht	176/2b

WORTLISTE

R

die	**Rampe**, die Rampen	141/7a
der	**Rand**, die Ränder	143/7c
der	**Rasierschaum**	176/2b
der	**Rat**, die Räte	13/3c
das	**Räuchermännchen**, die Räuchermännchen	88
die	**Raumfahrt**, die Raumfahrten	191/5d
	rechnen, er rechnet, er hat gerechnet	80/1a
	rechnen (mit), er rechnet (mit), er hat gerechnet (mit)	11/2b
die	**Rechtschreibung**, die Rechtschreibungen	112/2
	recyceln, er recycelt, er hat recycelt	162/1b
die	**Rede**, die Reden	38
der/die	**Redner/in**, die Redner / die Rednerinnen	43/2a
der/die	**Referent/in**, die Referenten / die Referentinnen	178/2a
	reformieren, er reformiert, er hat reformiert	113/3a
der	**Regenwald**, die Regenwälder	84/12c
die	**Regieanweisung**, die Regieanweisungen	28/3a
die	**Regionalbahn**, die Regionalbahnen	61/4b
der/die	**Regisseur/in**, die Regisseure / die Regisseurinnen	25/1c
	regnerisch	164/2a
	rein	14/1b
der	**Reisebericht**, die Reiseberichte	61
die	**Reiselust** (Sg.)	62/1
der/die	**Reisende**, die Reisenden	78/1a
die	**Relativität**, die Relativitäten	190/1b
der/die	**Rennfahrer/in**, die Rennfahrer / die Rennfahrerinnen	188
die	**Reportage**, die Reportagen	12/3a
der/die	**Reporter/in**, die Reporter / die Reporterinnen	160/5a
der	**Rest**, die Reste	25/2a
	retten, er rettet, er hat gerettet	39/3a
die	**Rezeption**, die Rezeptionen	62/1b
	richtig liegen, er liegt richtig, er hat richtig gelegen	189
	riesengroß	89/6a
	riesig	25/2a
	riskant	106/1d
der	**Roboter**, die Roboter	189/4b
der	**Rollstuhlbasketball**, die Rollstuhlbasketbälle	139/3a
die	**Rolltreppe**, die Rolltreppen	140/2b
	romanisch	111
das	**Röntgen** (Sg.)	174/1b
die	**Rosinen** (Pl.)	88
	rösten, er röstet, er hat geröstet	164/2a
die	**Rückfahrkarte**, die Rückfahrkarten	78/1a
das	**Rückflugticket**, die Rückflugtickets	78/1a
der	**Ruf**, die Rufe	111
die	**Ruine**, die Ruinen	111
der	**Rum**, die Rums	89/5
	runterbringen, er bringt runter, er hat runtergebracht	13/4a
	russisch	28/1a

S

der	**Saal**, die Säle	25
die	**Sauberkeit** (Sg.)	62/1b
	saugen, er saugt, er hat gesaugt	90/2a
die	**Schallwelle**, die Schallwellen	143/5b
das	**Scharnier**, die Scharniere	176/2b
das	**Schauspiel** (Sg.)	26/1a
der	**Scheinwerfer**, die Scheinwerfer	25/1c
der/die	**Schiedsrichter/in**, die Schiedsrichter / die Schiedsrichterinnen	40/2a
der	**Schiffsbauch**, die Schiffsbäuche	78/1a
das	**Schirmchen**, die Schirmchen	93/5
die	**Schlafmöglichkeit**, die Schlafmöglichkeiten	63/5
das	**Schlafsofa**, die Schlafsofas	63/2
	schlagen, er schlägt, er hat geschlagen	79/6a
die	**Schlagsahne** (Sg.)	89/5
das	**Schloss**, die Schlösser	60
der	**Schluck**, die Schlucke/Schlücke	28/3a
das	**Schlusswort**, die Schlussworte	26/1c
	schmal	61/4b
	schmerzfrei	141/6b
	schminken (sich), er schminkt sich, er hat sich geschminkt	25/1c
	schmücken, er schmückt, er hat geschmückt	90/1b
die	**Schnecke**, die Schnecken	143/5b
die	**Schneekugel**, die Schneekugeln	92/3
der/die	**Schneider/in**, die Schneider / die Schneiderinnen	174/1b
der	**Schock**, die Schocks	138
	schonen, er schont, er hat geschont	60
die	**Schönheit**, die Schönheiten	114/1a
die	**Schublade**, die Schubladen	192/2
	schütteln, er schüttelt, er hat geschüttelt	115/7a
	schwach	160/5b
die	**Schwerhörigkeit**, die Schwerhörigkeiten	142/1a
der	**Secondhandladen**, die Secondhandläden	157/2h

WORTLISTE

der	Seehund, die Seehunde	61/1
die	Seele, die Seelen	164/2a
	sehenswert	78/1a
	selbstbewusst	11/2b
	selbstklebend	174/1b
die	Selbstpräsentation, die Selbstpräsentationen	127/5
	selbstverständlich	62/1b
	sensationell	188
	servieren, er serviert, er hat serviert	63/2
das	Sightseeing	64/1c
das	Signal, die Signale	143/5b
das	Silber (Sg.)	179/5b
der	Sinn (Sg.)	25/2a
die	Sitzungsleitung, die Sitzungsleitungen	128/2b
der	Sitzvolleyball (Sg.)	141/4a
	sogenannt	143/7b
	solange	11/4a
	solcher, solche, solches	92/2a
	somit	60
	sorgenfrei	141/6b
	sorgenvoll	114/1b
	soziologisch	191/5b
	spalten, er spaltet, er hat gespaltet	92/2a
	spektakulär	189
der	Spiegel, die Spiegel	176/2b
die	Spielplanung, die Spielplanungen	26/1a
die	Spielzeit, die Spielzeiten	24
	spinnen, er spinnt, er hat gesponnen	206/1d
das	Spray, die Sprays	65/2a
das	Sprichwort, die Sprichwörter	38
	sprühen, er sprüht, er hat gesprüht	176/2b
das	Spülmittel, die Spülmittel	57/2b
die	Spur, die Spuren	84/12c
die	Spurensuche, die Spurensuchen	75
das	Stadion, die Stadien	40/1b
der	Stadtrand, die Stadtränder	42/1c
das	Stadttheater, die Stadttheater	25/2a
	ständig	57/2a
die	Station, die Stationen	113/3b
der	Staub, die Staube/Stäube	90/2a
	stechen, er sticht, er hat gestochen	64/1c
	stecken, er steckt, er hat gesteckt	115/7a
die	Stellenanzeige, die Stellenanzeigen	124
der	Stichpunkt, die Stichpunkte	178/2b
der	Stiel, die Stiele	174/1b
die	Stille (Sg.)	143/5a
die	Stimme, die Stimmen	113/5
das	Stipendium, die Stipendien	11/3
die	Stofftasche, die Stofftaschen	Ü/13a
der	Strahl, die Strahlen	174/1b
der	Straßenlärm (Sg.)	62/1b
das	Streichholz, die Streichhölzer	174/1b
	stressfrei	141/6b
die	Strophe, die Strophen	93/6c
das	Stückchen, die Stückchen	111
das	Studentenwohnheim, die Studentenwohnheime	11/2b
die	Studienberatung, die Studienberatungen	12/1b
das	Studienfach, die Studienfächer	11/2b
der	Studiengang, die Studiengänge	11/4a
	stürmisch	78/2a
die	Suppenküche, die Suppenküchen	39/4a
der	Swimmingpool, die Swimmingpools	63/3a
der/die	Systemadministrator/in, die Systemadministratoren / die Systemadministratorinnen	126/1b

T

die	Tagesordnung, die Tagesordnungen	128/2a
der	Tagesordnungspunkt, die Tagesordnungspunkte	128/2b
das	Tal, die Täler	112/2
die	Tanne, die Tannen	93/6a
der	Tannenbaum, die Tannenbäume	88
der/die	Tänzer/in, die Tänzer / die Tänzerinnen	25/4a
der	Taschenrechner, die Taschenrechner	192/1c
die	Tat, die Taten	112/2
	tätig sein, er ist tätig, er war tätig	39/1a
	tatsächlich	125
	tauchen, er taucht, er hat/ist getaucht	143/7c
die	Teamarbeit, die Teamarbeiten	26/1a
die	Teamfähigkeit, die Teamfähigkeiten	115/5c
der/die	Teamleiter/in, die Teamleiter / die Teamleiterinnen	127/3b
die	Teamsitzung, die Teamsitzungen	128/2
	technisch	25/1c
die	Technologie, die Technologien	124
die	Teilnahme (Sg.)	43/2b
der	Tesafilm, die Tesafilme	174/1b
die	Theateraufführung, die Theateraufführungen	60
die	Theaterprobe, die Theaterproben	111/5a
die	Theaterwissenschaften (Pl.)	26/1a
die	Theorie, die Theorien	11/4a
das	Ticken (Sg.)	142/3a
der	Tierschutz (Sg.)	39/3a
der	Tiger, die Tiger	191/5d
der/die	Tischler/in, die Tischler / die Tischlerinnen	74
die	Tischlerei, die Tischlereien	74
	toasten, er toastet, er hat getoastet	163/3a
der	Tod, die Tode	75/3
der	Todestag, die Todestage	111

der **Ton**, die Töne		13/4c
das **Tor**, die Tore		115/7a
die **Trainerlizenz**, die Trainerlizenzen		41/4a
der **Trank**, die Tränke		31/4a
die **Traumreise**, die Traumreisen		60
treffen (auf), er trifft (auf), er ist getroffen (auf)		11/4a
trendig		160/3b
trocknen, er trocknet, er hat getrocknet		179/6a
das **Trommelfell**, die Trommelfelle		143/5b
tropfen, er tropft, er hat getropft		177/4c
der **Trost** (Sg.)		93/6b
trotz		78/1a
das **Tuch**, die Tücher		176/2b
der **Turm**, die Türme		111/5a
das **Türmchen**, die Türmchen		93/5

U

überarbeitet	177/3b
überdenken, er überdenkt, er hat überdacht	174
die **Überfahrt**, die Überfahrten	78/1a
übermorgen	90/1b
die **Übersee** (Sg.)	75
die **Überseereise**, die Überseereisen	78/1a
die **Überstunde**, die Überstunden	125
überwachen, er überwacht, er hat überwacht	189
überzeugen, er überzeugt, er hat überzeugt	11/2b
umgangssprachlich	28/2c
umgehen (mit), er geht (mit) um, er ist (mit) umgegangen	125/4b
umrühren, er rührt um, er hat umgerührt	160/2
umsehen (sich), er sieht sich um, er hat sich umgesehen	25
umsonst	64/1c
umweltbewusst	162/1
unbefristet	124
unbekannt	174/4a
unberührt	60
undeutlich	142/3a
unglaublich	28/1a
unklar	129/3a
unkompliziert	162/1b
unordentlich	129/3a
unpersönlich	142/3c
die **Unterhaltungselektronik**, die Unterhaltungselektroniken	91/4b
die **Unterkunft**, die Unterkünfte	61
unterrichtsfrei	141/6b
die **Unterrichtssprache**, die Unterrichtssprachen	127/3b
unterschreiben, er unterschreibt, er hat unterschrieben	106/1g
die **Unterstützung**, die Unterstützungen	13/3c
die **Urgroßmutter**, die Urgroßmütter	81/5a
der **Urgroßvater**, die Urgroßväter	28/2a
der/die **Urlauber/in**, die Urlauber / die Urlauberinnen	60
der/die **Urlaubsgast/Urlaubsgästin**, die Urlaubsgäste / die Gästinnen	63/4
der/die **Urlaubsreisende**, die Urlaubsreisenden	62/1b

V

die **Vase**, die Vasen	92/3
vegan	128/2a
veraltet	24
der/die **Veranstaltungstechniker/in**, die Veranstaltungstechniker / die Veranstaltungstechnikerinnen	25/1c
die **Verantwortung**, die Verantwortungen	39/3a
verantwortungsvoll	158/3c
verbessern, er verbessert, er hat verbessert	124
verbieten	169/6a
die **Verbreitung**, die Verbreitungen	93/6a
vereinen, er vereint, er hat vereint	79/6a
vergehen, er vergeht, er ist vergangen	190/1b
das **Vergnügen**, die Vergnügen	161
das **Verhalten**, die Verhalten	10
verkleiden (sich), er verkleidet sich, er hat sich verkleidet	114/1a
die **Verliebtheit**	114/3
vermarkten, er vermarktet, er hat vermarktet	127/3b
vermeiden, er vermeidet, er hat vermieden	162/1b
vermüllt	39
vermuten, er vermutet, er hat vermutet	193/3b
vermutlich	54/2a
die **Vermutung**, die Vermutungen	12/1a
die **Veröffentlichung**, die Veröffentlichungen	63/5
verpacken, er verpackt, er hat verpackt	90/2a
verraten, er verrät, er hat verraten	26/1c
verreisen, er verreist, er ist verreist	64/1a
verschieden	138
die **Version**, die Versionen	15/4a
verspäten (sich), er verspätet sich, er hat sich verspätet	190/1a

WORTLISTE

das	Verständnis, die Verständnisse	129/2a
	verständnisvoll	158/3c
die	Verwandtschaft, die Verwandtschaften	28/2a
die	Verzeihung (Sg.)	129/2a
	verzichten, er verzichtet, er hat verzichtet	64/1c
die	Vielfalt (Sg.)	88
die	Viertelstunde, die Viertelstunden	129/3a
die	Vision, die Visionen	188
das	Vögelchen, die Vögelchen	92/1a
	völlig	206/1d
	vollständig	113/3a
die	Vollzeit (Sg.)	126/1b
die	Voraussetzung, die Voraussetzungen	12/1b
	vorbei	190/2b
	vorbeigehen, er geht vorbei, er ist vorbeigegangen	25/3b
die	Vorbereitung, die Vorbereitungen	178/2b
das	Vorbild, die Vorbilder	138
die	Vorfreude (Sg.)	88
der	Vorgang, die Vorgänge	139
	vorgestern	188
der	Vorhang, die Vorhänge	25
	vormittags	160
	vorschlagen, er schlägt vor, er hat vorgeschlagen	12/1a
	vorsichtig	138
	vorstellbar	91/4b
die	Vorstellung, die Vorstellungen	43/2c
das	Vorstellungsgespräch, die Vorstellungsgespräche	124
	vorübergehen, es geht vorüber, es ist vorübergegangen	24
der	Vorwurf, die Vorwürfe	129/3a

W

die	Waffel, die Waffeln	89/6a
die	Wahl, die Wahlen	125
der	Wahnsinn (Sg.)	89/6a
	während	28/3a
die	Wahrheit, die Wahrheiten	31/4a
	wahr	40/2a
	wahrscheinlich	174
die	Walachei (Sg.)	28/2a
die	Wärmflasche, die Wärmflaschen	179/6a
die	Wartezeit, die Wartezeiten	190/2c
der	Wasserhahn, die Wasserhähne	177/4c
das	Watt, die Watten	60
das	Wattenmeer, die Wattenmeere	60
	weder ... noch ...	111
	wegen	78/1a
	wegfahren, er fährt weg, er ist weggefahren	28/2a
	weiblich	10
der	Weihnachtsbaum, die Weihnachtsbäume	88
die	Weihnachtsdekoration, die Weihnachtsdekorationen	88
das	Weihnachtslied, die Weihnachtslieder	88
der	Weihnachtsmann, die Weihnachtsmänner	89/1
der	Weihnachtsmarkt, die Weihnachtsmärkte	88
die	Weihnachtsmarkttasse, die Weihnachtsmarkttassen	88
die	Weihnachtspyramide, die Weihnachtspyramiden	88
das	Weiterbildungsangebot, die Weiterbildungsangebote	126/1b
die	Weiterbildungsmöglichkeit, die Weiterbildungsmöglichkeiten	142/1b
	weiterentwickeln (sich), er entwickelt sich weiter, er hat sich weiterentwickelt	40/2a
der	Wellness-Bereich, die Wellness-Bereiche	62/1b
	weltberühmt	174/1b
der	Welterfolg, die Welterfolge	174/1b
	wenden (sich) (an), er wendet sich (an), er hat sich gewendet (an)	76/3b
die	Werbeaktion, die Werbeaktionen	128/2a
der/die	Werkstudent/in, die Werkstudenten / die Werkstudentinnen	124
	wert	60
die	Wichtigkeit (Sg.)	62/1c
	wickeln (um), er wickelt (um), er hat gewickelt (um)	143/7c
	wiedererkennen, er erkennt wieder, er hat wiedererkannt	92/2a
	wild	60
	winzig	174/1b
	wirken, er wirkt, er hat gewirkt	88
die	Wirtschaft, die Wirtschaften	127/3b
	wirtschaftlich	218
	wischen, er wischt, er hat gewischt	57/2b
der	Wischer, die Wischer	57/2b
die	Wissenschaft, die Wissenschaften	61
	wöchentlich	39/3a
	wofür	77/4c
der	Wohnraum, die Wohnräume	63/2
	wohnungslos	38
der	Wolkenkratzer, die Wolkenkratzer	189
	worum	76/3b

	wundervoll	114/1a
das	Würmchen, die Würmchen	93/5

Z

	zahlreich	60
der	Zauberwürfel, die Zauberwürfel	192/1a
der	Zeitdruck (Sg.)	127/5
der/die	Zeitforscher/in, die Zeitforscher / die Zeitforscherinnen	189/4b
das	Zeitgefühl, die Zeitgefühle	190/1a
die	Zeitkapsel, die Zeitkapseln	192/1c
die	Zeitreise, die Zeitreisen	78/1a
der	Zeltstoff, die Zeltstoffe	174/1b
die	Zimmertür, die Zimmertüren	140/1a
der	Zimt	89/5
	zitieren, er zitiert, er hat zitiert	38
der	Zitronensaft, die Zitronensäfte	89/5
die	Zuckertüte, die Zuckertüten	77/5a
der	Zufall, die Zufälle	174
	zufällig	174
die	Zufallserfindung, die Zufallserfindungen	174
	zuletzt	77/4c
	zumachen, er macht zu, er hat zugemacht	13/4d
	zunächst	125/4a
	zurückbewegen (sich), er bewegt sich zurück, er hat sich zurückbewegt	191/5b
	zurückschicken, er schickt zurück, er hat zurückgeschickt	128/2a
	zusammenpassen, er passt zusammen, er hat zusammengepasst	26/1c
	zusammensitzen, er sitzt zusammen, er hat/ist zusammengesessen	190/1b
	zusätzlich	179/5b
	zwar ..., aber...	92/2c

QUELLENVERZEICHNIS

Bildquellen
Cover Cornelsen/Anja Rosendahl, Daniel Meyer; **U2** (PagePlayer-App Logo) Cornelsen/ Raureif; (Badge Google Play) Google Play and the Google Play logo are trademarks of Google LLC.; (Badge Apple App Store) Apple and App Store are registered trademarks of Apple Inc.; **U4** Cornelsen/Anja Rosendahl, Daniel Meyer; (Nicos Weg Logo): © DW.com/nico
S. 4 (Sterne, Aufgaben mit GeR-Bezug) Cornelsen/werkstatt für gebrauchsgrafik; **S. 5** (Filmstill 1–2) Cornelsen/Gunnar Rossow Cinematography; (Filmstill 3) © DW.com/nico; (PagePlayer-App Logo) Cornelsen/Raureif; (Badge Google Play) Google Play and the Google Play logo are trademarks of Google LLC.; (Badge Apple App Store) Apple and App Store are registered trademarks of Apple Inc.; **S. 6** (1) stock.adobe.com/EdNurg; (2) Shutterstock.com/Jonas Petrovas; (3) stock.adobe.com/benjaminnolte; (Theatermasken) Shutterstock.com/Oxy_gen; **S. 7** (4) stock.adobe.com/Eduard; (5) stock.adobe.com/holger.l.berlin; (6) stock.adobe.com/Fotowerk/hailey_copter; **S. 8** (7) © Bad Hersfelder Festspiele/S.Sennewald; (8) stock.adobe.com/StockPhotoPro; (9) Shutterstock.com/Dan Race; **S. 9** (10) Shutterstock.com/amenic181; (11) Shutterstock.com/Parinya; (12) Shutterstock.com/Corona Borealis Studio; **S. 10** (EU-Emblem) Shutterstock.com/Gil C; (Personen-Icon) Shutterstock.com/TotemArt; (Laptop-Icon) Shutterstock.com/Nadiinko; (Geld-Icon) Shutterstock.com/cve iv; (Lampen-Icon) stock.adobe.com/olkita; (Haus-, Doktorhut-Icon) Shutterstock.com/Iconic Bestiary; (unten links) stock.adobe.com/Maksym Povozniuk; (unten mittig) stock.adobe.com/Mangostar; (unten rechts) stock.adobe.com/Périg MORISSE/Production Perig; **S. 11** (oben links) stock.adobe.com/EdNurg; (Europakarte) Shutterstock.com/M.KOS; (Personen-Icon) stock.adobe.com/Maksim; **S. 12** (oben links) stock.adobe.com/contrastwerkstatt; **S. 14** (unten links) stock.adobe.com/miya227; **S. 16** (EU-Fahne) Shutterstock.com/Gil C; **S. 17** (links) stock.adobe.com/EdNurg; (a) stock.adobe.com/Mangostar; (b) stock.adobe.com/Périg MORISSE/Production Perig; (c) stock.adobe.com/Maksym Povozniuk; **S. 18** (Karopapier) Shutterstock.com/The_Pixel; (Foto) stock.adobe.com/contrastwerkstatt; **S. 19** (Icon 1) Shutterstock.com/creativepriyanka; (Icon 2–7) Shutterstock.com/Sergey Cherednichenko; **S. 20** (Foto) Shutterstock.com/Sophie Picard; **S. 22** (oben rechts) Cornelsen/Gunnar Rossow Cinematography; **S. 24** (oben rechts) Shutterstock.com/Jonas Petrovas; (oben links) Shutterstock.com/Kokulina; (Mitte links) Shutterstock.com/ALPA PROD; (unten rechts) Shutterstock.com/Anna Jurkovska; (unten links) stock.adobe.com/Luka; **S. 25** (oben links) Shutterstock.com/gnepphoto; (rechts oben) Shutterstock.com/Chris Cornish; (rechts unten) stock.adobe.com/fotopic; (Theatermasken) Shutterstock.com/Oxy_gen; **S. 26** (Beate Seidel) Deutsches Nationaltheater und Staatskapelle Weimar / Candy Welz; (Kopfhörer) Shutterstock.com/Alexander Lysenko; **S. 28** (Tschick) Rowohlt Taschenbuch Verlag; **S. 29** (Foto) „TSCHICK" Eine Inszenierung des Schauspiel Leipzig. Mit Mitgliedern des Theaterjugendclubs „Sorry, eh!" und des Schauspielensembles; von Wolfgang Herrndorf; Bühnenfassung von Robert Koall © Foto: Rolf Arnold; **S. 30** (oben) Cornelsen/VDL; (Parpierschnipsel) Shutterstock.com/STILLFX; **S. 31** (1) Shutterstock.com/Kokulina; (2) Shutterstock.com/ALPA PROD; (3) stock.adobe.com/Luka; **S. 32** (Porträtfoto) Deutsches Nationaltheater und Staatskapelle Weimar / Candy Welz; **S. 33** (a) stock.adobe.com/krasyuk; (b) stock.adobe.com/Studio Uphotopia/Kim Yang Won; (c) stock.adobe.com/Copyright: Dmitry Naumov; (d) stock.adobe.com/somemeans; (e) stock.adobe.com/T.S-Fotodesign; (f) stock.adobe.com/Taeksang; (g) Shutterstock.com/kedrov; (h) stock.adobe.com/Gordana Sermek; (i) stock.adobe.com/Veniamin Kraskov; (Frau) Shutterstock.com/mimagephotography; (Mann) Shutterstock.com/Ebtikar; **S. 35** (a) stock.adobe.com/Fotowerk/hailey_copter; (b) stock.adobe.com/Iakov Filimonov/JackF; (c) stock.adobe.com/Christian Schwier/Christian; (d) stock.adobe.com/Copyright: Sergey Novikov (serrnovik) ripicts.com; (e) stock.adobe.com/Halfpoint; (f) stock.adobe.com/Artem; (unten rechts) Cornelsen/Gunnar Rossow Cinematography; **S. 38** (Foto) stock.adobe.com/benjaminnolte; (Handschlag-Icon) stock.adobe.com/blankstock; **S. 39** (oben rechts) stock.adobe.com/Tatyana A. – tataks/Tatyana; (Mitte links) stock.adobe.com/auremar; (Mitte rechts) stock.adobe.com/mad_production; (Personen-Icon) stock.adobe.com/blankstock; **S. 40** (oben rechts) stock.adobe.com/Copyright 2008, Mike Watson Images Limited./moodboard; (Foto auf Website) stock.adobe.com/lassedesignen; **S. 41** (oben links) Shutterstock.com/Elnur; (oben rechts) stock.adobe.com/vectorich; **S. 42** (oben) stock.adobe.com/Tim Eckert/Tim; (Mitte) stock.adobe.com/pusteflower9024; **S. 45** (Handschlag-Icon) stock.adobe.com/blankstock; (Foto) Shutterstock.com/Bangkok Click Studio; **S. 46** (Fußball-Icon) Shutterstock.com/R Market Stock; (Foto auf Website) stock.adobe.com/lassedesignen; **S. 47** (Vereinslogo) stock.adobe.com/vectorich; (Filmstill, oben rechts) Cornelsen/Gunnar Rossow Cinematography; (1) Shutterstock.com/Mladen Zivkovic; (2) Shutterstock.com/Focus and Blur; (3) Shutterstock.com/matimix; (4) Shutterstock.com/Jacob Lund; **S. 48** (Andrej) Shutterstock.com/Rawpixel.com; (Lena) Shutterstock.com/wavebreakmedia; (Nesriin) Shutterstock.com/fizkes; **S. 50** (Paul) Shutterstock.com/Syda Productions; (Nora) Shutterstock.com/fizkes; (Miray) Shutterstock.com/kryzhov; (Tekla) Shutterstock.com/fizkes; (Sonja) Shutterstock.com/Monkey Business Images; (Friedrich) Shutterstock.com/lovelyday12; (Prakash) Shutterstock.com/AJP; (Tim) Shutterstock.com/Cookie Studio; (Nina) Shutterstock.com/Krakenimages.com; (Robert) Shutterstock.com/fizkes; (Antonio) Shutterstock.com/Luis Molinero; (Svetlana) Shutterstock.com/WAYHOME studio; **S. 53** (unten rechts) Shutterstock.com/Roman Samborskyi; **S. 54/55** (Hintergrund) Shutterstock.com/JSvideos; **S. 56** (Nicos Weg Logo, Filmstill) © DW.com/nico; (Motorroller) stock.adobe.com/creativeteam; (Smileys) stock.adobe.com/Ivan Kopylov; **S. 57** (Filmstills) © DW.com/nico; **S. 58** (Nicos Weg Logo, Filmstills) © DW.com/nico; **S. 60** (DACH-Karte) Cornelsen/Peter Kast; (Watt) stock.adobe.com/powell83; (Rhön) stock.adobe.com/Eduard; (Entlebuch) stock.adobe.com/MRG/ueuaphoto; (Kopfhörer) Shutterstock.com/Alexander Lysenko; **S. 61** (DACH-Karte) Cornelsen/Peter Kast; (Hände-Icon) Shutterstock.com/Marina Shevchenko; (Berge-Icon) Shutterstock.com/Tasha Vector; (Spreewald) stock.adobe.com/Konrad Maas/KMPhoto; (Wienerwald) stock.adobe.com/romanple; **S. 62** (1) stock.adobe.com/Nguyen Duc Quang; (2) stock.adobe.com/Patrick Daxenbichler; (3) stock.adobe.com/Patrick Daxenbichler; (4) stock.adobe.com/Biker; **S. 64** (oben links) stock.adobe.com/sutthinon602; (Mitte rechts) Shutterstock.com/riopatuca; (unten links) Shutterstock.com/DisobeyArt; **S. 66** (Foto) Shutterstock.com/Light Design Photo; **S. 67** (a) stock.adobe.com/Petair; (b) stock.adobe.com/Matthias; (c) stock.adobe.com/J.M. Image Factory; (d) stock.adobe.com/momentsoutside; (e) stock.adobe.com/animaflora; (unten rechts) stock.adobe.com/Werner Fellner; **S. 68** (oben rechts) Shutterstock.com/Alexander Grumeth; (unten links) Shutterstock.com/Zoran Zeremski; (unten rechts) Shutterstock.com/Monkey Business Images; **S. 69** (oben rechts) Cornelsen/Gunnar Rossow Cinematography; (a) Shutterstock.com/Juergen Faelchle; (b) Shutterstock.com/Marina Bakush; (c) Shutterstock.com/Asukanda; (d) Shutterstock.com/photopia; (e) Shutterstock.com/Bearok; (f) Shutterstock.com/makasana photo; (unten rechts) stock.adobe.com/refresh(PIX); **S. 70** (Foto) stock.adobe.com/loreanto; (Person-Icon, Haus-Icon, Rauchverbot-Icon) Shutterstock.com/DStarky; (Tasche-Icon) Shutterstock.com/davooda; (Standort-Icon, Sprechblase) Shutterstock.com/ANT 7; (Hund-Icon) Shutterstock.com/Kapreski; (Internet-Icon) Shutterstock.com/BARS graphics; **S. 71** (Foto) Shutterstock.com/Daniela Staerk; **S. 74** (Stifte) Shutterstock.com/feeling lucky; (Hintergrund) stock.adobe.com/Anhees; **S. 75** (Person-Icon) Shutterstock.com/WonderfulPixel; (Werkzeug-Icon, Klick-Icon) Shutterstock.com/FNDigital; (Haus-Icon) Shutterstock.com/90miles; (Foto) Shutterstock.com/IKO-studio; (Standort-Icon) Shutterstock.com/Grow studio; **S. 76** (Foto 1) Shutterstock.com/Erich Sacco; (Foto 2) Shutterstock.com/Paulo Vilela; (Foto 3) Shutterstock.com/AshTproductions; **S. 77** (Foto 1) stock.adobe.com/kuco; (Foto 2) stock.adobe.com/CupOfSpring; (Foto 3) Shutterstock.com/John-Fs-Pic; (Foto 4) Shutterstock.com/frescomovie; **S. 78** (Mitte) stock.adobe.com/holger.l.berlin; **S. 79** (Foto) MUNICH SUPERCREW; **S. 80** (Mitte) Shutterstock.com/Kanoktuch; (unten rechts) Shutterstock.com/IKO-studio; **S. 82** (Filmstill) Cornelsen/Gunnar Rossow Cinematography / Still enthält Abb. von (Katze) Shutterstock.com/bellena, (Wiese) Shutterstock.com/Andrii Siryi, (Gewürze) Shutterstock.com/Zolnierek, (Environment Poster) stock.adobe.com/Rawpixel.com; (Reisender-Icon) Shutterstock.com/Janis Abolins; **S. 84** (a) Shutterstock.com/Michael Rosskothen; (b) Shutterstock.com/Eky Studio; (c) Shutterstock.com/Olga Pink; (unten rechts) Shutterstock.com/Kunlaphat Raksakul; **S. 85** (unten rechts) stock.adobe.com/02 giugno 2015/nuvolanevicata; **S. 86** (Personen-Icon) Shutterstock.com; (Erdbeer-Icon) Shutterstock.com; (Brötchen-Icon) Shutterstock.com; (Boot-Icon) Shutterstock.com/davooda; (Sonne-Icon) Shutterstock.com; **S. 88** (Männchen-Icon) stock.adobe.com/valeriyakozoriz; (unten rechts) stock.adobe.com/emmi; (unten links) stock.adobe.com/Fotowerk/hailey_copter; (Hintergrund) stock.adobe.com/Alex Waltner/Alex; **S. 89** (Weihnachtsmarkttassen) stock.adobe.com/shosmikov; (Mandeln und Nüsse) stock.adobe.com/Ildi; (Chengdu-Weihnachtsmarkt) Shutterstock.com/BearFotos; (Manchester-Weihnachtsmarkt) Shutterstock.com/manuta; (Weihnachtspyramide) stock.adobe.com/Jan Christopher Becke/eyetronic; (Weihnachten-Icons) stock.adobe.com/valeriyakozoriz; (Hintergrund) stock.adobe.com/Alex Waltner/Alex; **S. 90** (Adventskranz) stock.adobe.com/cloudless; (oben links) stock.adobe.com/Krakenimages.com; (1) Shutterstock.com/Tiger

QUELLENVERZEICHNIS

Images; (2) stock.adobe.com/Kathrin39; (3) stock.adobe.com/Halfpoint; (4) stock.adobe.com/Sławomir Fajer; (5) stock.adobe.com/MclittleStock; (6) stock.adobe.com/golubovy; (7) stock.adobe.com/Gina Sanders/Erwin Wodicka; (8) stock.adobe.com/oranguta007; **S. 92** (1) stock.adobe.com/Photocreo Bednarek/www.photocreo.com; (2) stock.adobe.com/tsuguliev; (3) stock.adobe.com/Horváth Botond/Botond Horvath; (4) stock.adobe.com/jo.pix; (Schneekugel) Shutterstock.com/koya979; **S. 93** (Noten) Kontrapunkt Satzstudio Bautzen; (Tannebaum) stock.adobe.com/Smileus; **S. 94** (a) stock.adobe.com/bilderhexchen; (b) Shutterstock.com/Maria Sbytova; (c) Shutterstock.com/VasiliyBudarin; (d) Shutterstock.com/Brent Hofacker; (e) Shutterstock.com/Ildi Papp; (f) Shutterstock.com/New Africa; **S. 96** (Adventskranz) Shutterstock.com/mapman; (Plätzchen) Shutterstock.com/Africa Studio; (Block) Shutterstock.com/iunewind; (Sternschnuppe-Icon) Shutterstock.com/wildfloweret; (Teig) Shutterstock.com/Vladimir Volodin; **S. 97** (Tannenbaum) Shutterstock.com/winyuu; **S. 98** (Filmstill) Cornelsen/Gunnar Rossow Cinematography; (Karopapier) Shutterstock.com/The_Pixel; **S. 100** (unten rechts) stock.adobe.com/Lawiesen; **S. 103** (Bratapfel) Shutterstock.com/JeniFoto; **S. 104/105** (Hintergrund) stock.adobe.com/Vahit Telli; **S. 106** (Nicos Weg Logo, Filmstill) © DW.com/nico; **S. 107** (Fotos) © DW.com/nico; **S. 108** (Nicos Weg Logo, Filmstill, Fotos) © DW.com/nico; (DW Logo) Deutsche Welle; **S. 112** (Foto) stock.adobe.com/wodicka@aon.at/Erwin Wodicka/Gina Sanders; **S. 113** (oben links) Shutterstock.com/wavebreakmedia; (Verkehrsschild) stock.adobe.com/fotomek; **S. 114** (Foto) Shutterstock.com/AnnaStills; **S. 116** (Foto) stock.adobe.com/RRF; **S. 120** (wortreich Logo) wortreich in Bad Hersfeld; **S. 121** (oben links) Shutterstock.com/koya979; (oben rechts) stock.adobe.com/jo.pix; **S. 123** (Foto) Shutterstock.com/Jacob Lund; **S. 124** (Orangensaft) Shutterstock.com/Wildeside

Textquellenverzeichnis
S. 28 Wolfgang Herrndorf, Tschick © 2010, Rowohlt · Berlin Verlag GmbH, Berlin; **S. 54** Erich Fried: Liebesgedichte. Verlag Klaus Wagenbach GmbH, Berlin; **S. 104** Keto von Waberer